国宏智库丛书（2019）

决胜全面建成小康社会

吴晓华　孙长学　等著

中国计划出版社

图书在版编目（CIP）数据

决胜全面建成小康社会 / 吴晓华等著. -- 北京 :
中国计划出版社，2020.9
（国宏智库丛书. 2019）
ISBN 978-7-5182-0979-8

Ⅰ. ①决… Ⅱ. ①吴… Ⅲ. ①小康建设－研究－中国
Ⅳ. ①F124.7

中国版本图书馆CIP数据核字(2018)第286943号

国宏智库丛书（2019）
决胜全面建成小康社会
吴晓华　孙长学　等著

中国计划出版社出版发行
网址：www.jhpress.com
地址：北京市西城区木樨地北里甲11号国宏大厦C座3层
邮政编码：100038　电话：（010）63906433（发行部）
北京虎彩文化传播有限公司印刷

787mm×1092mm　1/16　18印张　231千字
2020年9月第1版　2020年9月第1次印刷

ISBN 978-7-5182-0979-8
定价：68.00元

本书课题组成员

吴晓华　孙长学　郭春丽　王利伟

张铭慎　李　璐　苏　铭　卞　靖

于晓莉　邢　伟　刘志成　王　元

安淑新

总　序

自 1999 年以来，中国宏观经济研究院每年都从课题研究中，选出一些为社会各界比较关注的优秀成果，结集为《中国宏观经济丛书》公开出版。2015 年入选首批国家高端智库试点单位以来，中国宏观经济研究院进一步加强智库建设，连续几年在全国智库排名中位列前几名，其中，2016 年在部委直属事业单位智库系统影响力排名中位居第一。为进一步加大对中国宏观经济研究院优秀研究成果的宣传力度，持续扩大中国宏观经济研究院的学术影响力、决策影响力、社会影响力和国际影响力，中国宏观经济研究院进一步整合院内优秀研究成果，集中打造《国宏智库丛书》品牌，加强与同行的学术交流，更好地为经济管理部门、科研机构和社会各界提供服务。

《国宏智库丛书》（2019）是中国宏观经济研究院优秀课题研究成果的集合，包括经济高质量发展、全面建成小康社会、竞争政策实施和房地产市场调控等领域的研究成果。

由于水平所限，丛书内容难免有不足之处，我们诚恳期待社会各界进行批评指正，以帮助我们不断提高研究水平和丛书质量。

中国宏观经济研究院
《国宏智库丛书》编委会
2019 年 10 月

前　言

全面建成小康社会是实现中华民族伟大复兴中国梦的第一个百年奋斗目标，如期全面建成小康社会，是我们党向人民、向历史作出的庄严承诺。习近平总书记多次就全面建成小康社会发表重要论述。如期实现全面建成小康社会各项目标，关键在于补齐“短板”。正如习近平总书记指出的，经济社会发展中的短板特别是主要短板，是影响如期实现全面建成小康社会目标的主要因素，必须尽快把这些短板补齐。在党的十六大、十七大推进全面建设小康社会基础上，党的十八大站在新的历史起点承前启后，延续中国小康奋斗目标，确立了全面建成小康社会总目标与总要求。党的十八大以来，全面建成小康社会取得重大新进展。当前，我国正处在两个一百年奋斗目标的历史交汇点，为顺利向第二个百年奋斗目标进军，必须确保全面建成小康社会各项目标如期完成。在决胜全面建成小康社会的关键时期，在党的十九大召开之年，我们承担了《解决好发展中的难题、补齐发展中的短板，确保如期实现全面建成小康社会奋斗目标研究》这个重点课题，倍感压力和责任重大。

课题立项以来，课题组兢兢业业，精心组织设计和推进课题实施，但进展中的难度依然很大。这是一个命题作文，是在当前决胜全面建成小康社会的特定时空环境下研究，节点很明确。鉴于小康是个老话题了，各方面的研究汗牛充栋，我们怎么破题并做出新意，一直是课题组面临的难题。为此，我们在研究工作中主要从几个方面努力：一是请老专家指导，多次召开课题专家咨询会，并用几个半天时间，逐位邀请我院老专家老领导单独讲解。二是注重边研究边学习研讨，课题组在每个阶段，都组织内部研讨会，就重点问题定期深入讨论，数次在研讨会前，专门邀请中国社科院等高端智库的专家来给课题组讲课，受益匪浅。三是注重实地调查研究，课题组先后组织人员赴四川广安市、重庆市及武隆区、云南省昆明市和普洱市、广东省深圳市、广西壮族自治区百色市等地调研。在每个地方，我们都组织填写问卷，个别地方还让年轻人待下来蹲点调查，与贫困户和扶贫干部逐个面谈。实地调研充分深化了课题组人员对全面小康问题现状的认识，增加了接地气的感性了解，也获得了大量来自基层的实际素材和问卷结果，为课题研究打下了较好基础。研究报告是课题组集体努力的成果，我院一批青年骨干研究人员张铭慎、王利伟、李璐、卞靖、苏铭、于晓莉、邢伟、刘志成等参与了相关调研和短板问题研究，另有部分专家参与了全面建成小康社会的形势及科学内涵研究等专题研究。

要解好难题、补齐短板，本项课题研究的一个重大难点，就是如何界定区别短板与难题，是一直困扰课题组如何进行研究设计的问题。参考美国管理学家提出的木桶理论，本意是一只木桶能装多少水，不取决于最高的木板有多高，而取决于最短的木板有多短。经多次讨论，我们认为，短板应从对标全面建成小康社会的目标指标入手，针对既定目标的完成情况，识别达到全面小康目标滞后、薄弱和可能拖后腿的具体方面。相比较来说，难题更偏重于中长期问题，偏重于制约发展的体制性、根本性问题。因此，在中期汇报和多个讨论场合，不少专家也给我们提出了辨析短板和难题的中肯建议。经过大家共同努力，课题组最终在研究报告中形成一些思考和分析结果，提出了当前决胜全面建成小康社会形势面临 7 个转折性变化，值得引起重视。从全面小康进展和基层人民群众的调查情况看，“十三五”时期以来，全面建成小康社会进程中有13个指标快于或能够满足预期均速，有6项指标慢于预期均速，有3项指标后续变化存在隐忧。其中，研究与试验发展经费投入强度、科技进步贡献率、居民人均可支配收入增长、万元GDP用水量下降、单位GDP二氧化碳排放降低、森林发展等指标进展慢于预期。经济增速、户籍城镇化率、农村贫困人口脱贫等指标的后续演化态势值得关注。非经济目标实现情况对全面建成小康社会具有重要影响，人民群众非常关心生态环境、民主法治、公共服务领域的目标进展和满意度。通过专家访谈、问卷调查和对标分析，对照全面建成小康社会目标，本报告认为要确保如期实现全面小康第一个百年奋斗目标，要着力补齐9个方面的短板，需要破解7个发展中的难题。基于此，报告提出了几点决胜阶段的政策建议。

报告形成于党的十九大召开之前，在全党、全国各族人民齐心协力决胜决战全面建成小康社会的最后关键几年，全面建成小康社会各项任务进展和形势年年都在发生巨大变化。党的十八大以来，我国脱贫攻坚取得了决定性成就。党的十九大提出推进三大攻坚战，目前脱贫攻坚目标任务已接近完成，贫困人口从2012年底的9 899万人减少到2019年底的551万人，贫困发生率由10.2%降至0.6%，区域性整体贫困基本得到解决。2019年，我国国内生产总值接近100万亿元，人均国内生产总值首次突破1万美元大关。因此，仅从一两年的进展态势难以全面及时准确反映全面小康短板难题的最新趋势和变化，这也是本报告的一大不足。根据出版需要，我们在基本保留报告形成时的分析研判结论基础上，对2017年、2018年及之后的数据和进展情况尽量做了补充更新。鉴于时间紧、任务重、研究能力水平有限，一些问题尚待进一步深入研究，不足之处敬请专家和广大读者批评指正。

2020年是全面建成小康社会和“十三五”规划收官之年，就在书稿即将付梓之际，新型冠状病毒肺炎疫情暴发，这是新中国成立以来在我国发生的传播速度最快、感染范围最广、防控难度最大的一次重大突发公共卫生事件。尽管新冠肺炎疫情不会对我国全面建成小康社会目标如期完成构成根本影响，但确实意外增加了全面小康收官过程的变数和难度，同时也暴露出生物安全、公共卫生应急管理体系等存在的短板弱项。习近平总书记多次指出，要抓好涉及决胜全面建成小康社会、决战脱贫攻坚的重点任务，不能有缓一缓、等一等的思想。全面建成得到人民认可、经得起历史检验的小康社会，补短板是硬任务。我们将持续跟踪研究全面建成小康社会的新进展、新动态。

中国宏观经济研究院全面小康研究课题组

2020 年 3 月

目 录

总 论 篇

专 题 篇

地 方 篇

总 论 篇

第一章
全面建成小康社会解难题补短板研究

内容提要

全面建成小康社会是实现中华民族伟大复兴中国梦的关键一步。对标党的十八大和十八届五中全会关于全面建成小康社会的目标要求，本报告系统阐述了我国全面小康面临的形势、短板和难题，研判新的形势变化对实现全面小康决胜阶段目标的影响，从指标进度和群众实际感受两个方面识别全面小康的若干短板，分析发展中的重大难题与矛盾，提出决胜阶段的举措建议。

一、全面建成小康社会的概念内涵不断发展并凝聚成行动共识

我国古代历史上就已出现小康社会的思想启蒙，邓小平同志在改革开放初期首次明确提出小康社会的战略构想，党的十三大、十四大、十五大、十六大、十七大和十八大对小康社会的认识不断深化。党的十九大进

一步提出新时代新要求[1]赋予全面小康“经济更加发展、民主更加健全、科教更加进步、文化更加繁荣、社会更加和谐、人民生活更加殷实”的内涵，小康社会的内涵日益丰富。

（一）历史上的小康思想启蒙：对美好社会理想的孜孜向往

在我国传统文化中，“小康”一词最早出现在《诗经·大雅·民劳》：“民亦劳止，汔可小康。”作为一种理想社会模式，提出在《礼记·礼运》，是与“大道之行也，天下为公”的“大同”相对应的概念，专指天下为家、温馨和睦与讲究礼仪的社会，“小康社会”的通俗含义就是生活比较安定的社会。如果说“大同”是在家庭结构建立之前呈现的一种社会状态的话，那么“小康”则是在家庭成为社会最小构成细胞后的社会发展目标。此后，从孔子到孙中山，很多思想家都把“小康社会”作为美好的社会理想进行了描述，体现了中华民族对宽裕殷实生活的美好向往，也成为中华民族自古以来追求的理想社会状态的代名词。

（二）邓小平的小康社会构想：中国式现代化的战略构想

“小康社会”是邓小平在党的十一届三中全会以后，在设计中国现代化进程时，继承传统思想遗产，反思历史经验教训，立足客观现实国情，放眼世界现代化发展大势，将民族复兴愿望和民生幸福追求融为一体而提出的一个具有新的时代内涵的新概念。1979 年，在会见来访的日本首相大平正芳时，邓小平第一次用“小康”来描述“中国式的现代化”。邓小平不仅描绘了小康社会的发展蓝图，还构想了奔小康和建设小康社会的跨

---

[1] 研究报告形成于党的十九大之前，在党的十九大召开后，进行了一些补充更新。

世纪发展战略，即“三步走”发展战略，并在党的十三大上得到了全党的确认，即：第一步，解决温饱问题；第二步，进入小康阶段；第三步，用50年左右时间进入中等发达国家行列。与我国传统文化中的小康思想明显不同，邓小平提出的“小康社会”是社会主义初级阶段中的一个发展阶段，其“翻两番、现代化”的特征是古代典籍中所没有的。同时，它也是我国迈向现代化社会过程中的标志性阶段，在物质文明、精神文明等多方面都具有特殊含义。

（三）党对小康社会的认识深化：从“全面建设小康”到“全面建成小康”的跨越

邓小平对小康社会的一系列探索，为之后全面建设和建成小康社会理论的形成和发展奠定了坚实的理论和实践基础。20世纪90年代，以江泽民为总书记的党中央，带领人民从容应对各方面的困难和挑战，推进改革开放，加快社会主义现代化建设步伐，提前实现国民生产总值翻两番的战略目标，完成了人民生活由温饱到小康的历史性跨越。1997年，江泽民在党的十五大上提出小康阶段的“新三步走战略”，即：第一个10年，全面建设小康；第二个10年，达到富裕小康水平；第三步，到2050年，基本实现现代化。2000年，江泽民提出“三个代表”重要思想，为小康社会建设提供了新的科学的指导思想。2002年，江泽民在党的十六大报告中正式提出“经济更加发展、民主更加健全、科教更加进步、文化更加繁荣、社会更加和谐、人民生活更加殷实”的全面建设小康社会的奋斗目标。

党的十六大以后，以胡锦涛为总书记的党中央，面对复杂多变的国际环境和艰巨繁重的改革发展任务，在新的历史起点上，紧紧抓住新世纪的战略机遇期，带领全国各族人民，努力践行科学发展观，开创了全面建设小康社会的新局面。2007 年，胡锦涛在党的十七大报告中，在深入总结建设小康社会经验的基础上，提出了实现全面建设小康社会的新的奋斗目标，并从经济、政治、文化、社会和生态文明五个方面提出了一系列新的要求。之后，党中央为推进全面建设小康社会提出了一系列新思路和新举措，在社会主义经济建设、政治建设、文化建设、社会建设和生态文明建设上取得了新的巨大成就，开辟了全面建设惠及十几亿人口的更高水平的小康社会的新前景。

党的十八大顺应国内外形势的新变化，在党的十六大、十七大确立的全面建设小康社会目标的基础上，提出了全面建成小康社会目标的新的更高要求，即到 2020 年实现全面建成小康社会。全面建成小康社会的核心在“全面”，这个“全面”既体现在覆盖的人群是全面的，是不分地域的全面小康，是不让一个人掉队的全面小康，同时又体现在涉及的领域是全面的，覆盖了经济建设、政治建设、文化建设、社会建设、生态文明建设和党的建设。建成更高水平、更高质量、更加公平、更加和谐、更加绿色并惠及全体人民的小康社会，呈现出党的十八大描绘的全面建成小康社会的宏伟蓝图，把全面建成小康社会的美好图景更具体更生动地呈现在全国人民面前，承载着全国人民对过上更好生活的新期待。从“全面建设”到“全面建成”，虽一字之变，但充分彰显了我们党 2020 年实现全面小康奋斗目标的坚定信心。从 2012 年到 2020 年，是全面建成小康社会的最后阶段。该阶段承接了实现社会主义现代化和中华民族伟大复兴的大战略，是中国社会从小康走向现代化和民族复兴的关键一步。党的十八大描绘了全面建成小康社会、加快推进社会主义现代化的宏伟蓝图，向全国人民发出了向实现“两个一百年”奋斗目标进军的时代号召，“两个一百年”成为全国各族人民共同的奋斗目标。

党的十九大进一步围绕“决胜全面建成小康社会，开启全面建设社会主义现代化国家新征程”，提出从2020年到21世纪中叶的“两阶段”战略安排，即从2020年到2035年，在全面建成小康社会的基础上，再奋斗15年，基本实现社会主义现代化；从2035年到21世纪中叶，在基本实现社会主义现代化的基础上，再奋斗15年，把我国建成富强民主文明和谐美丽的社会主义现代化强国。小康社会内涵演进与深化见表1–1。

表1–1 小康社会内涵演进与深化

重要阶段	小康社会的主要内涵
1979年12月邓小平会见日本首相大平正芳时首提小康概念	我们要实现四个现代化，是中国式的现代化。我们的四个现代化概念，不是像你们那样的现代化概念，而是“小康之家”。到20世纪末，中国的四个现代化即使达到了某种目标，我们的国民生产总值人均水平也还是很低的。要达到第三世界中比较富裕一点的国家的水平，比如国民生产总值人均1 000美元，也还得付出很大的努力。就算达到那样的水平，同西方来比，也还是落后的。所以，我只能说，中国到那时也还是一种小康的状态
1982年，党的十二大	从1981年到20世纪末的20年，我国经济建设总的奋斗目标是，在不断提高经济效益的前提下，力争使全国工农业的年总产值翻两番，即由1980年的7 100亿元增加到2000年的28 000亿元左右。实现了这个目标，我国国民收入总额和主要工农业产品的产量将居于世界前列，整个国民经济的现代化过程将取得重大进展，城乡人民的收入将成倍增长，人民的物质文化生活可以达到小康水平
1987年10月，党的十三大	党的十一届三中全会以后，我国经济建设的战略部署大体分三步走。第一步，从1981年到1990年，实现国民生产总值比1980年翻一番，解决人民的温饱问题。这个任务已经基本实现。第二步，从1991年到20世纪末，使国民生产总值再增长一倍，人民生活达到小康水平。第三步，到21世纪中叶，再翻两番，人均国民生产总值达到中等发达国家水平，人民生活比较富裕，基本实现现代化
1990年，党的十三届七中全会	对小康目标做了更详细阐述：人民生活从温饱到小康，生活资料更加丰裕，消费结构趋于合理，居住条件明显改善，文化生活进一步丰富，健康水平继续提高，社会服务设施不断完善
1997年，党的十五大	提出面向21世纪前50年的“新三步走战略”，即：第一步，在第一个10年，全面建设小康；第二步，在第二个10年，达到富裕小康水平；第三步，到2050年，基本实现现代化。提出“经济、政治、文化协调发展”的“三位一体”格局，小康内涵不断丰富

续表 1–1

重要阶段	小康社会的主要内涵
2002 年，党的十六大	人民生活总体上实现了由温饱到小康的历史性跨越。提出全面建设小康社会的奋斗目标。我国正处于并将长期处于社会主义初级阶段，现在达到的小康还是低水平的、不全面的、发展很不平衡的小康。在 21 世纪头 20 年，集中力量，全面建设惠及十几亿人口的更高水平的小康社会
2007 年，党的十七大	进一步发展了“小康社会”内涵。在全面建设小康社会目标基础上提出：努力实现经济又好又快发展；扩大社会主义民主，更好保障人民权益和社会公平正义；加强文化建设，明显提高全民族文明素质；加快发展社会事业，全面改善人民生活，建设生态文明，基本形成节约资源能源和保护生态环境的产业结构、增长方式、消费方式
2012 年，党的十八大	明确指出我国进入全面建成小康社会的决胜阶段，进一步丰富了小康社会的内涵。形成了经济建设、政治建设、文化建设、社会建设、生态文明建设“五位一体”的全面建成小康社会总布局，是不分地域、不让一个人掉队、惠及 13 亿中国人的全面小康
2015 年，党的十八届五中全会	“十三五”规划建议，赋予“小康”更高标准、更丰富的内涵。提出全面建成小康社会、全面深化改革、全面依法治国、全面从严治党的战略布局，牢固树立和贯彻落实创新、协调、绿色、开放、共享的发展理念，以供给侧结构性改革为主线，统筹推进“五位一体”建设和党的建设，确保如期全面建成小康社会
2017 年，党的十九大	赋予小康社会“经济更加发展、民主更加健全、科教更加进步、文化更加繁荣、社会更加和谐、人民生活更加殷实”的内涵，提出“决胜全面建成小康社会，开启全面建设社会主义现代化国家新征程”，指出从 2017 年到 2020 年，是全面建成小康社会决胜期；从 2020 年到 2035 年，在全面建成小康社会的基础上，再奋斗 15 年，基本实现社会主义现代化；从 2035 年到 21 世纪中叶，在基本实现现代化的基础上，再奋斗 15 年，把我国建成富强民主文明和谐美丽的社会主义现代化强国

资料来源：课题组根据有关重大文献整理。

“新三步走战略”“两个一百年”奋斗目标及党的十九大作出从全面建成小康社会到基本实现现代化，再到全面建成社会主义现代化强国的“两阶段”战略安排，体现了以习近平同志为核心的党中央既要实现全面建成小康社会的第一个百年目标，也思考了更为长远的战略问题，要肩负起实现社会主义现代化和中华民族伟大复兴中国梦的重大历史使命，还要把治国理政的一系列根本问题置于中华民族伟大复兴中国梦的战略框架内来把握，从而开启了新的伟大历史征程。

二、党的十八大以来全面建成小康社会取得重大新进展

党的十八大以来，在以习近平同志为核心的党中央的坚强领导下，坚持稳中求进总基调，坚持新发展理念，以推进供给侧结构性改革为主线，统筹推进“五位一体”总体布局，协调推进“四个全面”战略布局，中国特色社会主义迈入新时代。我国积极推进社会主义经济建设、政治建设、文化建设、社会建设、生态文明建设，全面建成小康社会各方面取得重大进展，为确保 2020 年如期完成全面建成小康社会奋斗目标创造了有利条件，也为最后攻坚克难奠定了坚实基础。

（一）经济建设：我国在全球经济版图和治理格局中的位势大幅上升

一是我国经济保持较快增长。2013—2019 年，国内生产总值年均增长 7.0%，高于同期世界和发展中经济体的平均增长水平。2019 年中国国内生产总值 990 865 亿元，接近 100 万亿元大关，稳居世界第二位；人均国内生产总值 70 892 元，按年平均汇率折算达到 10 276 美元，首次突破 1 万美元大关，与高收入国家差距进一步缩小。2019 年，中国国内生产总值比上年增长 6.1%，明显高于全球经济增速，在经济总量 1 万亿美元以上的经济体中位居第一；对世界经济增长贡献率达 30% 左右，占全球经

济份额超过16%，成为持续推动世界经济增长的主要动力源。

二是创新能力实现跃升、新动能加速壮大。我国成为第一个跻身全球创新25强的中等收入经济体，在研发经费投入、人力资源储备、知识产出量和市场规模方面的优势持续扩大，“天宫”“蛟龙”“天眼”“悟空”“墨子”和大飞机等重大科技成果相继问世。2016年，中国国内有效发明专利拥有量首次超过百万件，成为继美日之后第三个跻身国内发明专利拥有量“百万件俱乐部”的国家。2016年，中国的研发强度（R&D支出占GDP的比重）达到2.11%，2018年，这一比重上升至2.19%。2018年以来，我国以更大力度支持基础研究，不仅在深空深海探测、极地科考、北斗导航、5G商用方面取得积极进展，企业的创新能力也不断提升。目前，中国以企业为主体的技术创新体系逐步完善，企业研发投入占全社会研发投入比重超过70%，超过4成规模以上工业企业开展了技术创新活动。2019年，全国新设市场主体2 179万户，日均新设企业达到2万户，较2018年提升0.2万户，活跃度为70%左右，133.9万户企业通过简易注销退出市场。总体来看，市场主体的“新陈代谢”率保持在一个正常稳定的水平，市场的动态循环更加畅通。

三是全面深化改革蹄疾步稳，为经济社会发展增强了动力。通过出台涵盖财税、金融、国企、科技体制、“放管服”等诸多方面的改革措施，对经济社会发展有决定性影响的“四梁八柱”初步形成，加速迈向治理体系和治理能力的现代化，有力推进供给侧结构性改革取得实质性进展。从供给结构看，2019年，服务业在GDP中比重达到53.9%，高技术制造业增加值占规模以上工业增加值比重提高到14.4%。从需求结构看，消费成为经济增长主要推动力。2013—2016年，最终消费支出对经济增长的年均贡献率为55%，高于资本形成总额贡献率8.5个百分点。2019年，最终消费支出对国内生产总值增长的贡献率为57.8%，资本形成总额的贡献率为31.2%，显示消费的贡献持续提升且领先资本形成总额贡献率的幅度持续扩大。伴随着供给侧结构性改革的深入，市场预期和信心有效提振，行业兼并重组结构调整大力推进，工业企业利润持续改善，经济增长的质量和效益进一步提升。

四是中国在改善全球治理中的不可替代性更加突出。一方面，中国在履行消除贫困、应对气候变化、国际维和、人道主义救援等国际义务方面已成为不可或缺的重要力量。以脱贫为例，联合国2015年发布的《千年发展目标报告》显示，中国对全球减贫的贡献率超过70%。世界银行认为中国正在推行的脱贫攻坚行动，将会成为全球反贫困事业的教科书。另一方面，中国在捍卫自由贸易、维护多边体制与促进共同繁荣方面的国际话语权和影响力持续提升。美国布鲁金斯学会、卡内基国际和平基金会等智库报告认为，“一带一路”倡议为沿线国家带来普惠效应。得益于充分利用联合国、G20、WTO等多边治理框架引导全球关注“包容发展”和“绿色创新”等议题，中国正成为推动全球治理机制改革的积极力量。

（二）文化建设：中国特色社会主义文化成为激励全党全国各族人民奋勇前进的强大精神力量

一是将文化自信纳入“四个自信”体系之中。党的十八大以来，习近平总书记高度重视文化建设，在多个场合提到文化自信，特别是在庆祝中国共产党成立95周年大会的讲话上，首次将文化自信提升为继道路自信、理论自信和制度自信之后，中国特色社会主义的“第四个自信”。文化具有强大的感召力和凝聚力，坚定文化自信将进一步增强中华民族内心深处的自信心和自豪感，为广大干部群众提供坚定的信心、进取的勇气和创新的活力，为实现全面小康社会目标提供不竭的精神动力和强大的文化保障。

二是文化软实力进一步提升。核心价值观是文化软实力的灵魂，是文化软实力建设的重点。党的十八大以来，以习近平同志为核心的党中央从建设社会主义文化强国的战略高度，不断推进社会主义核心价值体系建设，大力培育和践行社会主义核心价值观，更好地构筑起了中国精神、中国价值和中国力量，为全面建成小康社会凝心聚力。同时，党的十八大以来，文化走出去步伐加快，对外文化交流呈现全方位、多层次、宽领域的新特征。到2018年底，我国已与约160个国家签署了文化合作协定，初步形成了覆盖世界主要国家和地区的政府间文化交流与合作网络。在162个国家和地区建立了500多所孔子学院和1 000多个中小学孔子课堂。同时，围绕“一带一路”倡议，开创了丝绸之路国际艺术节、丝绸之路国际电影节、丝绸之路文化之旅、海上丝绸之路国际艺术节等品牌活动，全方位展示了“文化中国”的形象，提升了中华文化的国际影响力。文化软实力的提升有利于弘扬优秀传统文化、加强道德规范、增强精神动力、形成强大感召力，进而提升人民幸福感，积极促进全面小康社会目标的实现。

三是文化事业发展取得显著成效。党的十八大以来，文化事业繁荣发展，基本公共服务标准化均等化工作进展明显。全国博物馆、公共图书馆、美术馆、文化馆（站）等公共文化服务机构全部实现免费开放，农村广播电视在实现村村通的基础上正向户户通升级，乡镇综合文化站工程实现乡乡设有文化站，农家书屋工程基本覆盖所有行政村，初步建成了包括国家、省、地市、县、乡、村和城市社区在内的六级公共文化服务网络体系，让更多的城乡居民享受到优质的精神文化生活，进一步夯实了文化小康建设的基础。

四是文化产业蓬勃发展。在宏观经济下行压力较大的背景下，文化产业作为朝阳产业、绿色产业，实现了逆势增长，在推动经济发展、优化产业结构、提升发展质量中发挥着越来越重要的作用。人民群众文化消费需求日趋旺盛，文化消费成为新兴消费热点，各类文化市场发展繁荣，互联网上网服务行业、文化娱乐行业转型升级初见成效。文化产业逐渐成为经济增长新动能和新引擎，文化产业增加值从 2013 年的 18 071 亿元增长到 2018 年的 41 171 亿元，年均增速达 17.9%，占同期 GDP 的比重从 3.48% 上升到 4.3%。

（三）社会建设：提高居民收入、加强精准扶贫、推进基本公共服务均等化和改善社会治理有明显进步

一是居民收入和新增就业稳步提高，中等收入群体持续扩大。2018 年，全国居民人均可支配收入 28 228 元，较上一年增长 6.5%，比国内生产总值增速低 0.1 个百分点，超过人均国内生产总值增速 0.4 个百分点。2013—2018 年，全国居民收入年均实际增长 7%，超过经济增速。消费升级步伐加快。2018 年，全国居民恩格尔系数为 28.4%，比 2012 年下降 3 个百分点，接近联合国划分的 20%～30% 的富足标准。就业稳步增长。2013—2015 年，城镇新增就业保持在每年 1 300 万人以上，“十三五”以来年均新增就业 1 000 万人以上。人均预期寿命由 2010 年的 74.83 岁提高到 2018 年的 77 岁。常住人口城镇化率由 53.7% 上升到 59.6%。

二是大力推进精准扶贫精准脱贫，扶贫攻坚取得决定性进展。党的十八大以来，我国扎实推进精准扶贫，对贫困人口开展建档立卡，向 12.8 万个贫困村派驻驻村工作队，减贫持续推进。截至 2018 年末，全国农村贫困人口从 2012 年末的 9 899 万人减少至 1 660 万人，累计减少 8 239 万人；贫困发生率从 2012 年的 10.2% 下降至 1.7%，累计下降 8.5 个百分点。脱贫攻坚阻断了贫困的代际传递，让老百姓彻底拔掉穷根，增强造血功能。

三是基本公共服务均等化持续推进，人民群众获得感增强。2018 年末，参加城镇职工基本养老、城镇居民基本养老、城镇基本医疗、失业、工伤和生育保险人数分别比 2012 年末增加 11 469 万、4 022 万、80 863 万、4 418 万、4 875 万和 4 990 万人。中央先后启动并实施了校舍安全、行政村幼儿园、就业服务平台、乡镇卫生院、保障性住房等一批重点工程项目，地方政府结合实际需要加强基础设施和硬件设备建设，使贫困地区的一些历史欠账问题得到部分解决，为实现基本公共服务均等化奠定了坚实的物质基础。

四是推进民生发展与保持社会稳定的制度体系不断健全。具体表现为促进居民增收、加大扶贫攻坚、推进基本公共服务均等化的政策框架体系更加完整，制度内容和服务项目更加规范，服务标准和政策保障更加细化，管理运行和监管更加有序。其中，城乡居民基本医疗保险制度整合取得实质性进展，2016 年个人卫生支出占卫生总费用的比重下降到 30% 以下，2018 年占比 28.7%，基本医保总体实现全覆盖，覆盖城乡居民的社会保障体系基本建成。公共安全体系不断完善，公共安全整体防控能力日益增强，全国严重暴力犯罪案件持续下降，有效防范化解了重点人群、重点领域安全风险，维护了社会大局持续稳定，人民群众安全感稳步提升。

（四）生态文明建设：绿色发展理念更加深入人心

一是生态文明制度体系加快形成。党的十八大把生态文明建设作为“五位一体”总体布局的重要组成部分，从新的历史起点出发，作出“大力推进生态文明建设”的战略决策，并把绿色发展作为推进生态文明建设的主要实践方式。《关于加快推进生态文明建设的意见》《生态文明体制改革总体方案》陆续出台，生态文明顶层设计逐步完善。《中华人民共和国环境保护法》2014 年修订，《大气污染防治行动计划》《水污染防治行动计划》和《土壤污染防治行动计划》相继颁布，生态环保法治建设不断健全。通过建立自然资源资产负债表、领导干部自然资源资产离任审计、区域生态文明建设目标评价与考核、环境保护责任终身责任追究、党政领导干部生态环境损害责任追究制度，有法必依的法治氛围正在形成。通过完善体制机制，山水林田湖草的“命运共同体”已经初具规模，绿色发展理念加速融入生产生活，经济发展与生态改善初步实现良性互动。

二是能源资源消耗强度大幅下降。我国制订并深入实施大气、水、土壤污染防治行动计划，强化污染防治，提升资源利用效率。2017 年，全国 338 个地级及以上城市可吸入颗粒物（PM_{10}）平均浓度比 2013 年下降 22.7%，京津冀、长三角、珠三角区域细颗粒物（$PM_{2.5}$）平均浓度比 2013 年分别下降 39.6%、34.3%、27.7%，北京市 $PM_{2.5}$ 平均浓度从 2013 年的 89.5 微克 / 立方米降至 58 微克 / 立方米。2017 年，全国地表水优良水质断面比例不断提升，Ⅰ ~ Ⅲ类水体比例达到 67.9%，劣Ⅴ类水体比例下降到 8.3%。2017 年，单位国内生产总值能耗、用水量分别比 2013 年下降 17.7% 和 24.6%，能耗下降相当于节约 9.6 亿吨标准煤。

三是生态环境治理明显加强。党的十八大以来，我国开展压减燃煤、淘汰黄标车、整治排放不达标企业行动，启动大气污染防治强化督查，并成立中央环保督察组进行巡视，做到立查立改，加强震慑。同时，持续开展植树造林，加强生态系统修复。2017 年，完成造林面积 736 万公顷，其中人工造林面积 390 万公顷；森林抚育面积 830 万公顷；新增水土流失治理面积 5.6 万平方公里。2017 年，城市生活垃圾无害化处理率为 97.7%，比 2013 年提高 8.4 个百分点；城市建成区绿化覆盖率为 40.9%，比 2013 年提高 1.2 个百分点，城市环境综合治理能力不断提高。

（五）民主法治建设：风清气正的政治新生态正在加速形成

一是中国特色社会主义民主政治蓬勃发展。党的十八大以来，我国民主政治发展的实践，突出体现了加强和改善党的领导的时代特征，党总揽全局、协调各方的领导核心作用充分彰显。党中央专门制定了加强社会主义协商民主的意见，明确了7种协商渠道，同时完善党务公开、政务公开、司法公开和各领域办事公开制度，加强中国特色新型智库建设，成为党民主决策、科学决策的制度性安排和关键性举措。党中央审议通过了《关于改进完善专题询问工作的若干意见》，明确要求每年安排国务院领导同志向全国人大常委会作专项工作报告，到会听取审议意见、回答询问，专题询问更加规范化、机制化和常态化。统战部的数据显示，在农村地区58.1万个村委会中，98%实行了直接选举，并制订村规民约和村民自治章程，村民平均参选率超过95%；在城市地区，全国已有社区居民委员会10万个，志愿者540万名。

二是社会主义法治国家加快建成。2014年10月，党的十八届四中全会专题研究全面依法治国重大问题并作出《关于全面推进依法治国若干重大问题的决定》，这是我们党历史上第一次专题研究、专门部署全面依法治国。党的十八大以来，全国人民代表大会及其常委会统筹考量立新废旧、修法释法并举和法律间协调衔接，共制定修改法律121件，作出有关法律解释、有关法律问题的决定数十件，截至2016年底，现行有效的法律共计257件，中国特色社会主义法律体系日益完备。推进依法行政和司法体制改革，为加快法治政府建设和实现公正司法创造了有利条件。

三是反腐败斗争压倒性态势正在形成。党的十八大以来，全党以零容忍态度惩治腐败。坚持“打虎”“拍蝇”“猎狐”并举，重拳反腐为全面从严治党破局。截至2016年底，中央纪委共立案审查中管干部240人，全国纪检监察机关给予纪律处分超过119万人，从90多个国家和地区追回外逃人员近3 000人，打破“刑不上大夫”“法不责众”的观念。作为全面从严治党的重要抓手和重要保障，党内监督方式方法不断改革创新，中央巡视共开展12轮，对277个地方、单位党组织进行了“政治体检”，对16个省区市开展“回头看”，对4个单位进行“机动式”巡视，实现党的历史上首次一届任期内中央巡视全覆盖。反腐倡廉建设净化了风气，有利于形成公平竞争的市场环境、公正透明的法治环境、高效廉洁的政务环境，有力推动了经济社会持续健康发展。创新创业群体及新生力量正在成为社会活力的“生力军”。

三、决胜阶段全面建成小康社会面临的形势变化

当前，全面建成小康社会不断取得重大突破，我国国际地位与话语权空前提升。但是近年来，特别是2016年以来，国内外形势发生了新变化，出现了新动向，表现出新特征，与全面建成小康社会既定目标逐一对表，我们发现如下7个值得高度关注的转折性变化。

（一）经济逆全球化波澜再起，全球化带来的战略机遇期窗口收紧

近年来全球经济复苏乏力，主要经济体宏观经济政策取向分化，“黑天鹅”事件频发，全球治理话语权争夺激烈。总体来看，发达国家技术进步带来就业相对减少、资本和劳动间收益差距不断扩大、金融资本全球化运作带来巨大风险、中产阶级受移民冲击被边缘化，公开反对贸易投资自

由化、反对市场开放，都是本轮经济逆全球化的重要诱因。经济逆全球化的波及范围更加广泛，导致用好我国战略机遇期面临更多重大挑战。西方各国的极端保守势力相继上台，欧洲多国民族主义、民粹主义和保护主义政党势力明显上升，贸易保护主义继续强化，世界贸易增长速度降低，贸易对全球经济重要性呈现下降趋势（见图 1-1）。2019 年全球贸易量下跌 0.4%，尽管降幅不大，但却是 2009 年以来首次下跌，反映出美国贸易保护主义、中美贸易战、德国制造业低迷等因素对国际贸易的冲击和影响。在此背景下，投资与贸易环境可能继续恶化，地缘政治可能进入高度敏感期，我国推进“一带一路”、区域全面经济伙伴关系等开放战略将面临更为复杂的局面。经济逆全球化的影响冲击更加剧烈，导致延长我国战略机遇期面临更多艰难抉择。受逆全球化影响，未来中国经济的负向溢出效应收紧了我国战略机遇窗口期。

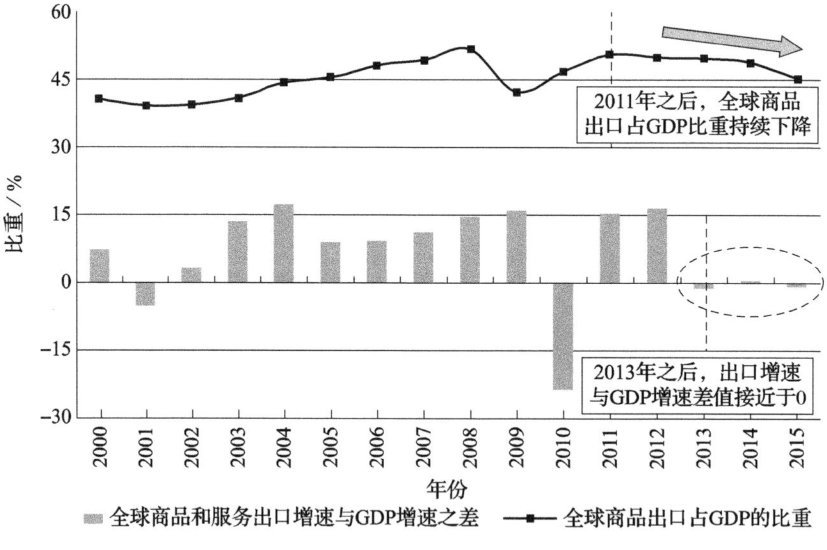

图 1-1　贸易对全球经济重要性呈现持续下降趋势

数据来源：Wind 数据库。

（二）供需结构错配，经济持续健康发展的新旧动力接续困难

近年来，我国经济中越来越多的结构性矛盾指向供给侧，一方面，无效供给和低端供给过多，供给不能及时对需求升级作出响应。产能过剩和库存过大是无效供给和低端供给的主要表现，钢铁、煤炭、石化、有色、建材等传统行业周期性结构性过剩交织，三四线城市和部分二线城市商品房库存规模偏大、消化周期长。另一方面，有效供给和中高端供给不足。我国供给体系和产品品质明显不适应需求变化和消费结构升级要求。供给结构调整受体制机制约束，供需结构错配扭曲了资源配置、制约了效率提高，使得我国当前经济增长面临传统动能逐步减弱而新动能难以形成的双重挤压。新动能虽然具有较高的增速，但由于体量小，短期内难以弥补传统动能增速下滑带来的动力缺口，新旧动能转换接续困难。

2010 年 3 月至 2016 年 6 月，我国 5 000 户工业企业设备能力利用水平景气扩散指数如图 1–2 所示。该指数显示，5 000 户工业企业设备能力利用

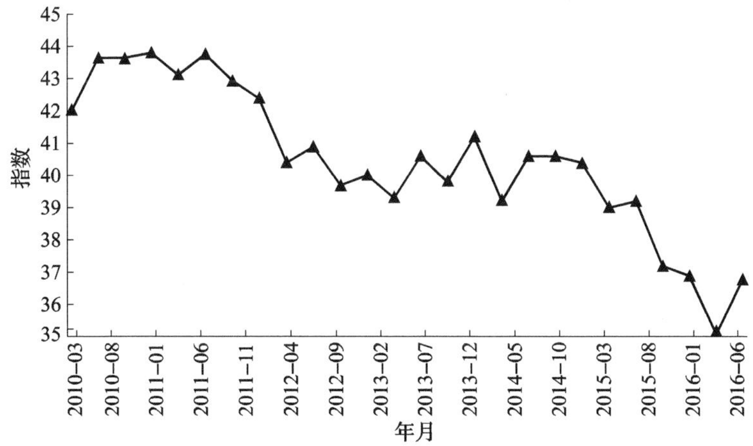

图 1–2　5 000 户工业企业设备能力利用水平景气扩散指数

数据来源：Wind 数据库。

水平持续在2011年经历了一个明显下滑，并仅仅维持了2年左右的平台期后进一步在2016年下滑至35%左右，较6年前下降了近10个百分点。

（三）居民收入重新陷入增长乏力局面，中等收入群体获得感不足

近年来，我国居民收入发生了新变化。一是居民收入增速持续加速下滑，未来增长乏力。2013年全国居民人均可支配收入扣除价格后实际增长8.1%，此后3年增速分别下滑了0.1个、0.6个和1.1个百分点，2016年仅为6.3%，居民收入弹性降至1以下，即居民收入增速低于GDP增速，居民收入未能跟上经济增长步伐。居民收入增速下滑主要源于农村居民收入增速下滑。展望未来，我国经济下行压力不减，居民收入弹性持续下降，转移劳动力找工作难等问题日益凸显。从2016年和2017年经济走势来看，未来居民收入增速仍可能进一步下滑，或会影响到2020年居民收入翻番目标的实现。二是城乡居民收入差距缩小的速度在减缓，未来收入差距下降态势或逆转。党的十八大以来，农村居民收入增速始终高于城镇，2014年高出4个百分点，但2015年和2016年分别降为0.9个和0.6个百分点。如这种态势持续下去，城乡差距可能会逆转上扬，基尼系数也可能会结束自2009年以来连续8年的下降态势，直接影响收入差距缩小目标的实现。三是中等收入群体认同感普遍偏低。中等收入群体虽然已经形成，但其中自信、富足、有安全感的中产群体“自我认同”比重不高，这主要是房市、股市等异常波动性风险对中等收入群体自我认同带来挑战，其中一些人不认为自身属于中等收入群体，要真正形成外部特征和自我认同兼备的中等收入群体仍面临较大困难。

全国居民收入增速变化趋势见图1–3。自2015年起，全国居民收入增幅下降，2016年已低于GDP增速。

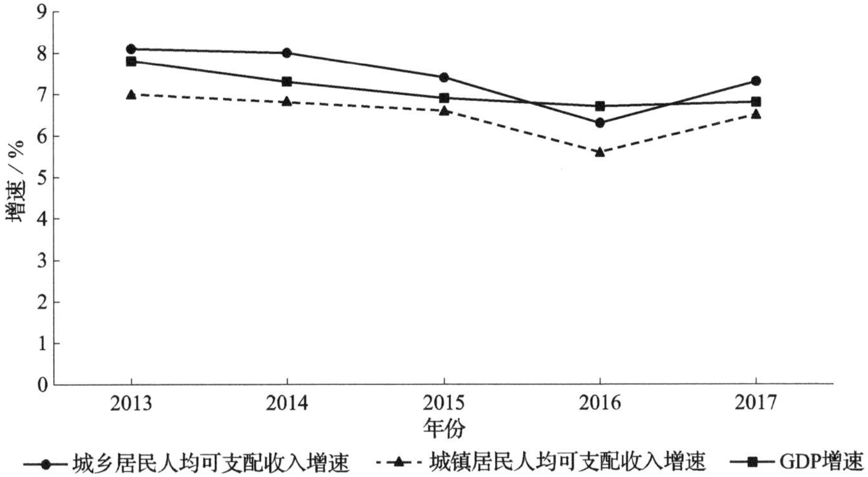

图 1-3 全国居民收入增速变化趋势

数据来源：统计年鉴和统计公报。

注：2013 年开始实施城乡一体化住户调查，此处采用该口径数据。

（四）区域分化效应凸显，困难地区同步实现小康难度加大

党的十八大以来，受全球经济下行和新一轮产业变革的叠加影响，我国区域分化现象日益显现，区域分化呈现出三个鲜明特征：第一，经济增速“南快北慢”，经济份额“南升北降”。2013—2018 年，南北之间增速差距由 0.4 个百分点扩大到 1.4 个百分点。2011 年后南方份额开始上升，2018 年年达到 61.5%（见图 1-4）。第二，东部、中部、西部和东北四大板块分化明显，板块内部开始分化。2013 年开始东北地区成为增速最低板块，与其他板块差距持续拉大。第三，资源型省区与其他地区经济增长速度差距扩大，中西部地区的部分省份如重庆、贵州、四川、安徽、江西、湖北等中西部省区增速较高，增长活力明显。东北三省以及河北、山西、新疆、宁夏等资源型省区增速低。区域分化对全面建

成小康社会的影响效应凸显，部分地区增速下滑使得财政收入缩减，直接影响基本公共服务保障能力；区域性失业压力加大，影响居民收入稳定增长；困难地区的类型不断增多，与全国其他地区同步实现小康难度加大。

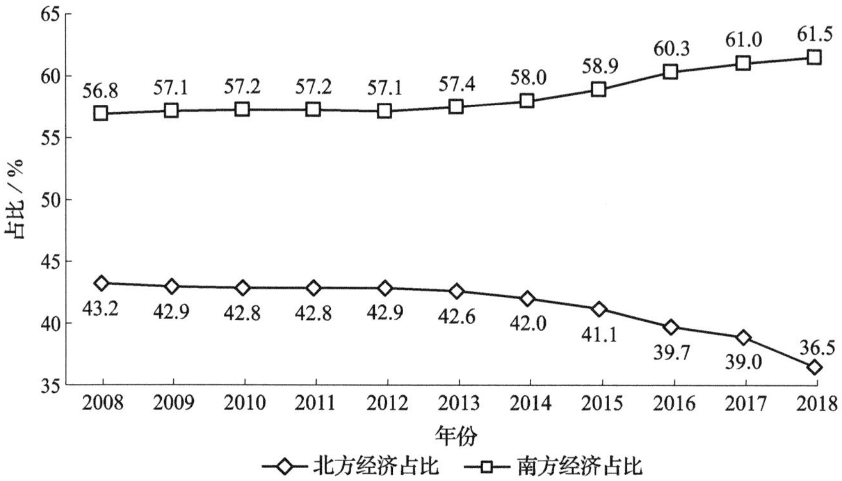

图 1-4　1980 年以来南北方省区经济占全国的比重

数据来源：根据国家统计局网站相应年份各省市地区生产总值计算。

（五）人口老龄化加速，劳动人口红利衰减超预期

我国人口结构出现重大转折性变化。一方面，人口老龄化持续加速，“十三五”后期，我国老年人口占比增幅将出现显著上涨，老龄化将进入高速上升期。另一方面，我国劳动年龄人口红利衰减超出预期。根据不同统计口径，我国 15 ~ 59 岁劳动年龄人口于 2011 年达到峰值，15 ~ 64 岁劳动年龄人口于 2013 年达到峰值，而后持续下降。老龄化快速发展与我国劳动人口的红利效应不断衰减同步，对我国经济社会发展产生全局性的影响，突出体现在影响产业布局、增加经济运行成本和凸显公共服务供需

矛盾三大方面。劳动人口结构变化影响了我国产业布局和经济发展。劳动人口减少以及劳动成本上升，使劳动力工资增长远高于名义 GDP 增速，直接导致产业布局外移。同时，劳动力大龄化趋势明显，到“十三五”期末，我国劳动年龄人口平均年龄达到 38.5 岁，2040 年进一步升高到 39.4 岁，直接导致全要素生产率下降，影响经济潜在增长率。人口老龄化还带来经济运行成本增加。预计从 2015 年到 21 世纪中叶，全社会用于养老、医疗、照料等方面的消费性支出费用占 GDP 比重将从 7.33% 增加到 26% 以上。我国人口老龄化发展趋势如图 1–5 所示。

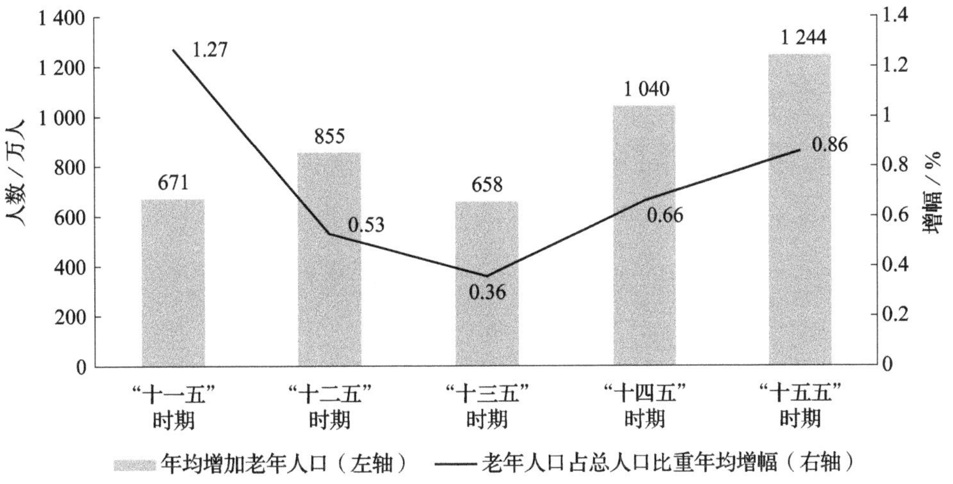

图 1–5　我国人口老龄化发展趋势

数据来源：国家发展改革委社会发展研究所，“我国人口老龄化的形势和对策”研究报告，2015 年。

（六）公众生态环境权益意识觉醒，改善生态环境质量的期望和现实存在差距

党的十八大以来，党中央对生态文明建设高度重视，坚决贯彻绿色发展理念，大气和水土污染防治取得了明显成效。与此同时，人民群众对改

善生态环境的诉求也日趋强烈，在生态环境恶化趋势尚未得到根本扭转的情势下，必须对优质生态环境需求猛涨与供给滞后的矛盾加倍关注。一是公众生态环境权益意识普遍觉醒，特别是面对重度雾霾等污染问题，社会公众强烈要求通过知情权、参与权、表达权和监督权等维护自身权益。迅速成长的觉醒意识在一定程度上超越了当前经济发展阶段和资源环境禀赋等客观约束，也使环境状况动态好转的认可难度加大。二是社会成本呈快速上升趋势。生态环境问题“侵蚀”了经济发展成果，整个社会的公共成本呈明显上升趋势。三是现代信息传播和自媒体特征易使问题激化和矛盾升级加速。当今时代把生态环境事件推到风口浪尖，成为舆情热点，容易引发蝴蝶效应。

生态环境问题是全面建成小康社会的明显短板，必须高度重视，加快补上。提升国民幸福指数，打造政府公信力，树立负责任大国形象，实现全面小康目标。党的十八大以来中国生态小康指数变化趋势（见图 1–6）显示，2018 年比上一年度提高了 5.4 分，创下该指数发布以来最大涨幅，也反映出公众环境满意度的提升。

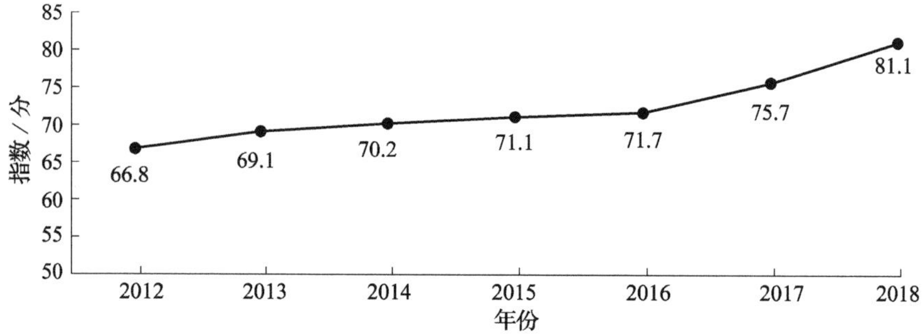

图 1–6　党的十八大以来中国生态小康指数及变化趋势

数据来源：《小康》杂志发布的中国生态小康指数。

（七）各类风险加速积累隐患增大，警惕吞噬全面建成小康社会成果

近年来，受复杂多变的国内外经济环境影响，我国开始进入风险暴露窗口期，国内外经济风险碰头、国内市场风险交织，对经济在合理区间平稳运行提出了极大挑战。一是经济风险触发点增加，一些新的风险苗头逐渐显现。实体经济企业经营绩效有所恶化；股票市场投机风险加剧，走势出现大起大落；债券市场出现大面积违约，商业银行不良贷款率持续攀升；受供求错位、楼市投机等因素影响，2016 年一线城市和部分二线城市房价暴涨，大部分三四线城市房价持续低迷，房地产市场出现局部资产泡沫。二是主要市场风险引爆点降低，未预知的内外部冲击随时可能使风险爆发。特定领域或特定市场单一政策变化或单个因素变化都可能引爆相关领域风险。比如，“熔断机制”短时间内引发股市大面积持续跌停，季节性和阶段性流动性短缺因素引发国债期货连续大幅下跌。在全球经济低迷大背景下，大量“黑天鹅”事件出现也可能引爆各类低燃点的风险。三是不同领域风险关联性明显增强，不同风险通过相互反馈、共振和叠加极易出现交叉感染。不同领域风险可能相互传导、放大，进而出现风险的“乘数效应”，诱发系统性风险。从目前宏观经济运行情况看，单个市场、单一领域风险基本可控，但必须防止多个市场风险交叉感染。各类经济风险叠加乃至爆发会对整个经济社会的发展产生重要影响，经济社会发展的不确定因素增多。

从 2014—2017 年上半年债券市场违约情况（见图 1–7）和 2012—2017 年 10 月人民币汇率和外汇储备变动情况（见图 1–8）可以看出，多个市场的风险有的端倪初现，有的还仍然存在影响变动的趋势，可能会对全面建成小康社会产生影响。习近平总书记在 2013 年全国宣传思想工作

会议上精辟点出，“明者因时而变，知者随世而制”。全面建成小康社会决胜阶段的几年，国际形势依然错综复杂，国内形势的一些关键方面还在变化分化，我们必须高度关注其进展，分析其原因，寻求更加有效的对策，确保全面建成小康社会各项目标如期圆满完成。

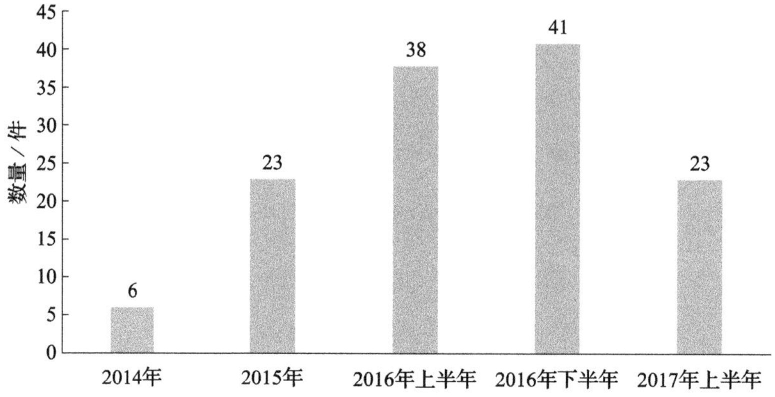

图 1-7　2014—2017 年上半年债券市场违约事件数量

数据来源：WIND 资讯。

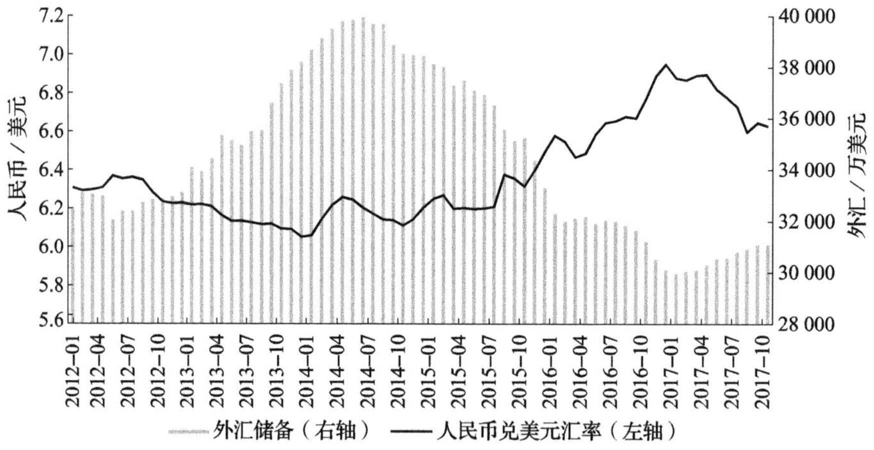

图 1-8　2012—2017 年 10 月人民币汇率和外汇储备变动情况

数据来源：WIND 资讯。

四、指标完成进展与群众感受

实现全面小康关键在基层，在群众怎么看。我们一方面关注指标的变化，另一方面更关注群众的感受。与已有的侧重小康指标体系与实现程度的研究不同，我们更加关心基层普通干部群众如何理解与看待全面小康社会，因为后者更能体现“获得感”，让小康“接地气”。课题组选取了云南省、四川省广安市、重庆市等部分典型地区，设计了问卷，通过问卷调查和实地走访，了解基层干部群众对全面建成小康社会的各方面看法。

（一）全面建成小康社会指标完成情况

根据国家统计局发布的《2016 年国民经济和社会发展统计公报》和原环境保护部发布的《2016 年中国环境状况公报》等相关数据，可以分析比较全面建成小康社会各个指标完成情况（见图 1–9 和表 1–2）。从全面建成小康目标的各项指标看，“十三五”以来，全面建成小康社会进程中有 13 个指标快于或基本能够满足预期均速，有 6 项指标慢于预期均速，有 3 项指标后续变化存在隐忧（还有 3 项数据不全未评价）。其中，研究与试验发展经费投入强度、居民人均可支配收入增长、新增建设用地规模等指标进展慢于预期。经济增速、户籍城镇化率、服务业增加值比重、农村贫困人口脱贫等指标的后续演化态势值得关注。

1. 13 个指标快于或等于预期均速

包括国内生产总值、全员劳动生产率、城镇化率、服务业增加值比重、每万人口发明专利拥有量、互联网普及率、城镇新增就业人数、农村贫困人口脱贫、城镇棚户区住房改造、单位 GDP 能源消耗降低、非化石能源占一次能源消费比重、空气质量、地表水质量 13 个指标。

图 1–9　全面建成小康社会量化指标进展完成度

说明：本报告完成时以 2017 年数据为基础测算完成度，本图表再次用 2019 年数据进行了更新，部分指标因公开数据缺失，暂为估算数。

2. 6 个指标慢于预期均速

包括研究与试验发展经费投入强度、科技进步贡献率、居民人均可支配收入增长、万元 GDP 用水量下降、单位 GDP 二氧化碳排放降低、森林发展 6 个指标。

表 1–2　全面建成小康社会指标完成情况

指　　标		2015 年	2020 年	年均增速［累计］	2016 年	2017 年	到 2017 年指标进度评价 *	2018 年	2019 年	预计到 2020 年指标进度研判 **
经济发展										
1. 国内生产总值 GDP（万亿元）		68.6	>92.7	>6.2%	72.3	77.3	快于均速	82.5	87.5	需重点关注
2. 全员劳动生产率（万元 / 人）		8.9	>12	>6.2%	9.3	9.9	快于均速	10.5	11.2	需重点关注
3. 城镇化率	常住人口城镇化率（%）	56.1	60	［3.9］	57.4	58.5	快于均速	59.6	60.6	提前完成
	户籍人口城镇化率（%）	39.9	45	［5.1］	41.2	42.4	快于均速	43.3	44.4	按期完成
4. 服务业增加值比重（%）		50.2	56	［5.8］	52.4	52.7	符合预期	53.3	53.9	需重点关注
创新驱动										
5. 研究与试验发展经费投入强度（%）		2.1	2.5	［0.4］	2.12	2.15	**慢于均速**	2.19	2.19	需重点关注
6. 每万人口发明专利拥有量（件）		6.3	12	［5.7］	8.0	9.8	快于均速	11.5	13.3	提前完成
7. 科技进步贡献率（%）		55.3	60	［4.7］	56.2	57.5	**慢于均速**	58.5	59.5	按期完成
8. 互联网普及率	固定宽带家庭普及率（%）	40	70	［30］	61.4	74.4	快于均速	85.4	—	提前完成
	移动宽带用户普及率（%）	57	85	［28］	71.2	81.4	快于均速	93.6	—	提前完成
民生福祉										
9. 居民人均可支配收入增长（%）		—	—	>6.5	6.3	7.3	**慢于均速**	6.5	5.8	需重点关注

续表 1–2

指　　标	2015 年	2020 年	年均增速［累计］	2016 年	2017 年	到 2017 年指标进度评价*	2018 年	2019 年	预计到 2020 年指标进度研判**
10. 劳动年龄人口平均受教育年限（年）	10.23	10.8	［0.57］	—	—	—	10.63	—	—
11. 城镇新增就业人数（万人）	—	—	［>5 000］	1 314	1 351	快于均速	1 361	1 352	提前完成
12. 农村贫困人口脱贫（万人）	—	—	［5 575］	1 240	1 289	快于均速	1 389	1 109	如期完成
13. 基本养老保险参保率（%）	82	90	［8］	—	—	—	—	—	—
14. 城镇棚户区住房改造（万套）	—	—	［2 000］	658	604	快于均速	626	254	提前完成
15. 人均预期寿命（岁）	—	—	［1］	76.5	76.7	快于均速	77	77.3	如期完成
资源环境									
16. 耕地保有量（亿亩）	18.65	18.65	［0］	20.24	20.23	快于均速	20.23	20.23	提前完成
17. 新增建设用地规模（万亩）	—	—	［<3 256］	809	766.5	**慢于均速**	663	500	需重点关注
18. 万元 GDP 用水量下降（%）	—	—	［23］	7.2	5.6	**慢于均速**	5.1	6.1	提前完成
19. 单位 GDP 能源消耗降低（%）	—	—	［15］	5.0	3.7	快于均速	3.1	3	提前完成
20. 非化石能源占一次能源消费比重（%）	12	15	［3］	13.3	—	快于均速	14.3	14.6	如期完成
21. 单位 GDP 二氧化碳排放降低（%）	—	—	［18］	3.9	5.1	**慢于均速**	4.0	4.1	如期完成

续表 1–2

指标		2015 年	2020 年	年均增速［累计］	2016 年	2017 年	到 2017 年指标进度评价 *	2018 年	2019 年	预计到 2020 年指标进度研判 **
22. 森林发展	森林覆盖率（%）	21.66	23.04	［1.38］	21.93	—	—	22.96	—	—
	森林蓄积量（亿立方米）	151	165	［14］	151.37	—	—	—	176.5	提前完成
23. 空气质量	地级及以上城市空气质量优良天数比率（%）	76.7	>80	—	77	78	快于均速	79.3	82	提前完成
	细颗粒物（$PM_{2.5}$）未达标地级及以上城市浓度下降（%）	—	—	［18］	8.8	5.9	快于均速	10.4	2.4	提前完成
24. 地表水质量	达到或好于Ⅲ类水体比例（%）	66	>70	—	67.8	69.1	快于均速	71	74.9	提前完成
	劣Ⅴ类水体比例（%）	9.7	<5	—	8.6	8.3	快于均速	6.7	3.4	提前完成
25. 主要污染物排放总量减少（%）	化学需氧量	—	—	［10］	2.6	3.1	快于均速	3.1	3.2	提前完成
	氨氮	—	—	［10］	2.9	3.6	快于均速	2.7	3.3	提前完成
	二氧化硫	—	—	［15］	5.6	8.0	快于均速	6.7	4.4	提前完成
	氮氧化物	—	—	［15］	4.0	4.9	快于均速	4.9	3.5	提前完成

说明：* 课题组根据统计公报等数据计算，到 2017 年进度评价为当年结论，部分指标因数据不全暂未评价。

** 本次报告再以 2019 年数据进行了补充更新，部分指标完成度为估算数。

3. 根据各项指标完成情况，综合判断，创新发展、居民收入增长、经济增长质量和生态建设等四大领域成为全面建成小康社会的短板指标

第一，研究与试验发展经费投入强度和科技进步贡献率两个反映创新发展的指标双双慢于预期，表明创新发展已经成为全面建成小康社会的短板指标，尤其是研究与试验发展经费投入强度指标甚至还未达到“十二五”期末的指标要求。第二，居民收入增长出现放缓态势，扣除价格因素，2016年居民人均可支配收入增长仅6.3个百分点，低于年均6.5个百分点的增长预期，尤其是农村居民收入增速与城镇居民收入增速的差距在缩小，但实际收入差距仍然不断拉大。第三,万元GDP用水量下降、单位GDP二氧化碳排放降低等反映经济增长质量的指标低于预期，表现出高耗水和高排放的特征，粗放型经济发展模式仍然明显，经济增长质量提升成为短板。第四，森林覆盖率和森林蓄积量两个反映森林发展的指标低于预期，与“十二五”期末变化不大，生态建设任重道远。

4. 经济增速、户籍城镇化率、农村贫困人口脱贫等指标的后续演化态势值得高度关注

虽然这几个指标在2016年的表现超出预期均速，但2020年确保如期完成预定任务仍然面临压力。第一，经济进入新常态后，特别是供给侧改革背景下新旧动能转换不畅，经济增速下行压力巨大，能否实现年均6.5%的预期增速面临较大挑战。第二，在《国家新型城镇化规划（2014—2020年）》颁布实施后，特别是地方政府户籍改革力度加大的背景下，政府机关和事业单位从业人员转户、进城落户需求强烈的务工群体转户的政策效应迅速释放，户籍城镇化率增长迅速，但随着农村集体资产效应凸显，居民户籍城镇化意愿不强的问题日益显现，未来户籍城镇化率能否保持当前增速值得持续关注。第三，在确定2020年实现全面建成小康社会的战略目标后，脱贫攻坚成为各地政府的硬核任务。脱贫攻坚先易后难，越往后成本越高、难度越大、见效越慢，脱贫攻坚已经到了啃硬骨头、攻坚拔寨的冲刺阶段，所面对的都是贫中之贫、困中之困，农村贫困人口能否保持预期速度实现脱贫是巨大考验。

（二）群众普遍认为非经济目标在全面小康中具有重要地位

目前，全面小康的两个核心量化指标是“两个翻番”，基本上体现为经济发展维度。对群众进行问卷调查，可以看出，尽管吃穿无忧、经济实力等仍是排名靠前的因素，但生态环境、民主法治、公共服务等内容被近半数以上群众所看重，与经济实力、收入水平不相上下，非经济目标仍在干部群众心中占有极其重要的位置。在缺乏社会保障和优质公共服务的情况下，人民群众最关心的就是医疗、住房和教育。

（三）部分群众认为如期全面建成小康社会面临一些局部性挑战

时间节点是全面建成小康社会的一项关键内容。毕竟到 2020 年全面建成小康社会，是“两个一百年”奋斗目标的第一个百年奋斗目标。问卷专门就自身生活是否达到小康与能否如期实现小康两项问题请受访者作出回答。从对自身生活是否达到小康的判断来看，认为尚未达到全面小康的有 65 人，占比达 68.4%，其中还有 18 人连基本小康都未达到。从能否如期实现全面小康的判断来看，虽然大部分基层同志对如期实现全面小康抱有信心（占比 57.9%），但还有近半数受访者对如期全面建成小看社会存在担忧。

（四）群众普遍认为生态与文化是全面小康的主要短板

全面小康是涵盖“经济、政治、文化、社会、生态文明”的五位一体目标，这必然存在一个相对短板的问题。问卷分别从“五位一体”、十项具体内容、某一特定维度三个层面展开分析。从“五位一体”来看，受访者对经济建设相对最满意，对生态文明建设最不满意。若将“五位一体”细化成十项具体内容，则发现诚信问题被提及次数最多而收入问题排序最为靠前。总体来看，尽管收入是群众最为敏感的因素，但生态与文化成为全面小康的主要短板。高达半数以上的受访者认为缺少向上文化引领健康生活方式和社会存在诚信危机是文化方面的主要短板。

（五）经济发展动力质量和地区差距是百姓广泛关注的难题

在全面建成小康社会的过程中，不可避免地会遇到一些长期存在且难以短期解决的问题。这些难题并不一定是短板，但却在全面建成小康社会过程中始终存在并对全面小康形成长期制约。在广安的调研中，受访者认为难题主要还是经济发展问题，涉及区域分化、贫富差距、经济发展的质量与效益等方面。贫富差距问题一直困扰广安，短期内缩小财富差距的困难较大。以既是短板也是难题的优质公共服务供给不足为例，干部群众也认同最根本的途径还是发展经济。

总之，由于我国区域差异发展仍然较大，全面建成小康社会面临的短板和问题也存在明显差异性。从全国层面的统计数据分析，创新发展、居民收入增长、经济增长质量和生态建设等四大领域成为全面建成小康社会的短板指标。从区域层面看，东部发达地区已经解决了基本的吃穿住行问题，生态和文化的短板问题成为制约全面建成小康社会质量提升的关键。而中西部相对落后地区的经济发展和居民收入增长仍然是全面建成小康社会的短板问题，补短板的根本还是推动地区经济发展，以发展来解决全面建成小康社会中的难题和短板。不同群体在全面建成小康社会过程中的短板和难题也不一样，因此，全面建成小康社会的短板和难题需要结合区域差异、群体差异进行精准识别，以利于在推动全面建成小康社会的过程中提出针对性的解决对策。

五、需要着力补齐的 9 个短板

借鉴木桶理论的思维，木桶的短板决定其容量大小，顾名思义，小康短板是决定全面建成小康社会实现水平的决定性因子。全面建成小康社会是一个涉及经济、社会、文化、生态、制度等多维复杂系统，除了前述能够量化的 6 个短板指标（即研究与试验发展经费投入强度、科技进步贡献率、居民人均可支配收入增长、万元 GDP 用水量下降、单位 GDP 二氧化碳排放降低、森林发展 6 个指标），还存在社会诚信、食品药品安全、政策落实等难以量化的软短板，这些短板对于全面建成小康社会的质量具有重要影响作用。通过采取专家访谈、问卷调查和对标分析等方式，对照党的十八大、十八届五中全会等关于全面建成小康社会的各项目标，我们认为当前全面建成小康尚需补齐以下几个重要短板。

（一）研发投入强度作为短板指标一直未能达标

研发投入强度指 R&D 经费（全社会研究与试验发展支出）占 GDP 比重，它是衡量经济发展方式转变和创新驱动的重要指标，也是国际上具有可比性的通行指标。自 2013 年起，我国 R&D 经费一直稳居世界第二位，R&D 经费投入强度也从 2013 年起始终保持在 2% 以上，并创历史新高。但对照我国“十五”“十一五”“十二五”三个五年规划（计划），我国该项指标仍旧未能如期完成（见表 1-3）。在 2010 年之前，实现值与预期值的差距大约维持在 0.2 个百分点，在 2010 年之后，差距缩小至 0.1 个百分点。“十二五”期末的 2015 年，实现 2.07%，比规划目标低 0.13 个百分点。2016 年全社会 R&D 经费支出达到 15 440 亿元，占 GDP 比重为 2.1%，这一比重在 2018 年上升至 2.19%（见图 1–10）。按照以往的趋势简单外推，要达到“十三五”规划目标难度较大。R&D 投入不足凸显创新驱动存在重大短板。

表 1–3　我国研发投入强度指标的预期值与实现值

规划时期	预期值（%）	实现值（%）	差距（个百分点）
“十五”末（2005 年）	1.5	1.3	–0.2
“十一五”末（2010 年）	2	1.76	–0.24
“十二五”末（2015 年）	2.2	2.07	–0.13
“十三五”末（2020 年）	2.5	—	—

数据来源：“十五”以来历次五年计划规划纲要。

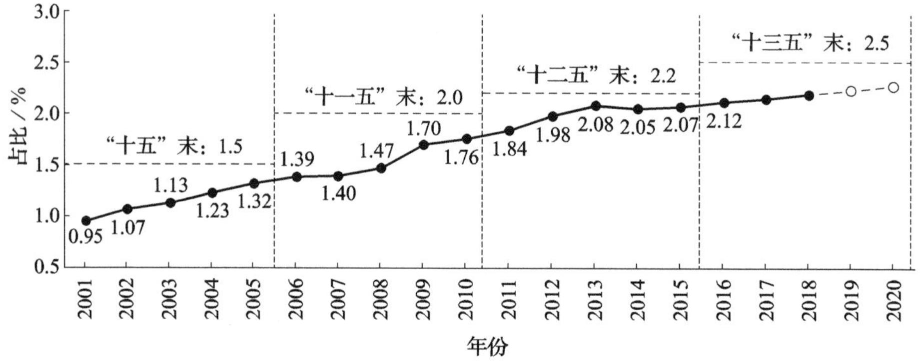

图 1–10　2001—2020 年研发投入强度指标走势

数据来源：国家统计局。

说明：横虚线表明对应时期 R&D 经费占 GDP 比重的目标。

（二）户籍人口城镇化率指标是明面短板但实质短板是城镇化质量

城镇化是全面建成小康社会的必由路径，加快提高户籍人口城镇化率是全面建成小康社会的重要目标。户籍人口城镇化率能够反映出城镇化的质量状况和全面建成小康社会的进展情况，但当前居民城镇化意愿不强，影响居民户籍城镇化率的提升和城镇化质量的改善。我国“十三五”规划和《国家新型城镇化规划（2014—2020年）》均明确提出2020年户籍人口城镇化率实现45%的目标，2016年户籍人口城镇化率为41.2%，需要年均提高0.95个百分点。根据课题组对重庆市和河南周口市等人口大市的实地调研来看，居民城镇化意愿明显出现下降趋势，部分地区为了完成户籍城镇化指标，甚至出现“拉郎配式”以行政力量推动农转非户籍城镇化的乱象。总体来看，2020年实现全面建成小康社会的目标需要高质量的城镇化，但从目前来看，城镇化质量提升任重道远，短期时间内解决的挑战较大。

（三）公共服务存在总量缺口老短板与质量结构新短板

全面建成小康社会在社会建设领域的缺口问题尚未解决，公共服务总量不足、质量不高的问题仍然存在，难以满足广大人民群众的基本需求。一是落后地区的民生保障软硬条件均缺口巨大。贫困地区基本公共服务领域的基础设施短板问题得到较大程度缓解，但由于缺口面大、程度深，欠账问题依然比较严重，特别是结构性短缺和人才等软环境短缺凸显。二是优质公共服务资源难以满足发展新需求。2015年，北京、天津、上海等地的人均GDP已经超过10万元，这些地区的发展任务已不再是全面实现小康社会，而是基本实现现代化。经济快速发展要求社会发展领域的快速跟进，要求公共服务的优质供给。但是，这些特大城市仍然存在择校难、看病难、养老难等众多问题。发展公共服务既能够织牢民生保障网，也是打造经济长期增长的发动机，而优质公共服务不足，不利于留住优秀人才，对经济长期快速发展会形成制约。

（四）居民收入和财富差距不断加大隐含我国分配制度性短板

近年来，我国收入差距仍在不断加大。低收入群体收入增速快于整体水平，但由于收入基数小，所以绝对数变化幅度小，体现为相对收入在下降。虽然全国居民收入差距基尼系数从 2009 年起，已连续 6 年下降（见图 1-11），但是根据相关研究，我国财产性收入的瞒报程度非常高，2002—2009 年家庭收入的平均漏报程度为 65%，隐性收入规模占我国 2002—2009 年各年 GDP 的 19%～25%，而且漏报收入和隐性收入绝大多数是富裕群体的财产性收入，居民收入实际基尼系数超过公布数字。根据万海远、李实的研究，当前我国家庭房产在居民财产总额中占主导地位，居民财产结构严重走形。2015—2017 年初的新一轮房地产价格上涨过程

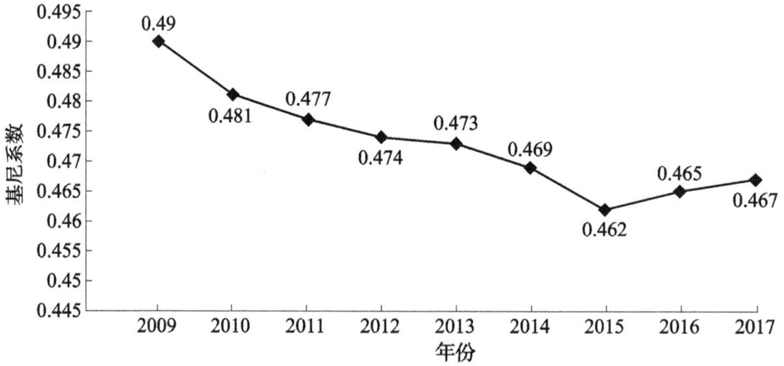

图 1-11　全国居民收入差距基尼系数变化

中，北上广深等大城市有房阶层的财产增加幅度大、绝对值高，已经成为拉大居民财产收入差距的首要因素。社会主义的本质要求是实现共同富裕，全面建成小康社会也要求全体人民共享改革发展成果，收入和财富差距不断加大，既不符合社会主义本质要求，也难以满足全面小康的目标要求。

（五）经济金融与社会多重风险叠加凸显治理能力短板

“十三五”时期，受结构性、周期性、外生性和扰动性因素共同作用，国内部分市场风险因素加快积累，国际上风险触发点明显增多，国际国内多种不利因素碰头进一步导致多重风险叠加，我国逐渐进入风险暴露窗口期。经济金融风险表现出触发点增加、引爆点降低、关联性增强的特点，已经成为影响全面建成小康社会的重要短板。

从当前和未来一段时期的经济形势看，经济金融风险突出表现在两个方面。一方面，经济金融风险加剧。商业银行不良贷款攀升，银行体系风险加剧。2016 年底，商业银行不良贷款规模达到 15 122 亿元，较 2012 年底上升 207%，不良贷款率达到 1.74%（见图 1–12），考虑到有相当一部分风险被影子银行所掩盖，商业银行体系的不良贷款问题比数据反映的情况更严重。债券市场违约频发，企业债券融资难度加大。随着我国债券市场刚性兑付完全打破，信用债违约数量大幅上升，违约范围持续扩大。受此影响，企业债券融资难度加大。截至 2017 年 3 月 15 日，当月至少已有 34 只债券取消或推迟发行，近 5 个交易日就有 27 只、累计发行规模 295 亿元的债券取消发行。汇率波动和外储减少并存，国际资本大量流出。2017 年初，我国外汇储备跌破 3 万亿美元整数关口，较历史高点下跌近 1 万亿美元，跌幅达 24.9%。外储下降和汇率贬值风险相互交织，放大了我国面临的国际经济风险。与此同时，房地产市场泡沫加剧，大宗商品市场投机盛行，不同市场之间风险相互影响、共振，进而出现交叉感染的可能性也在上升。

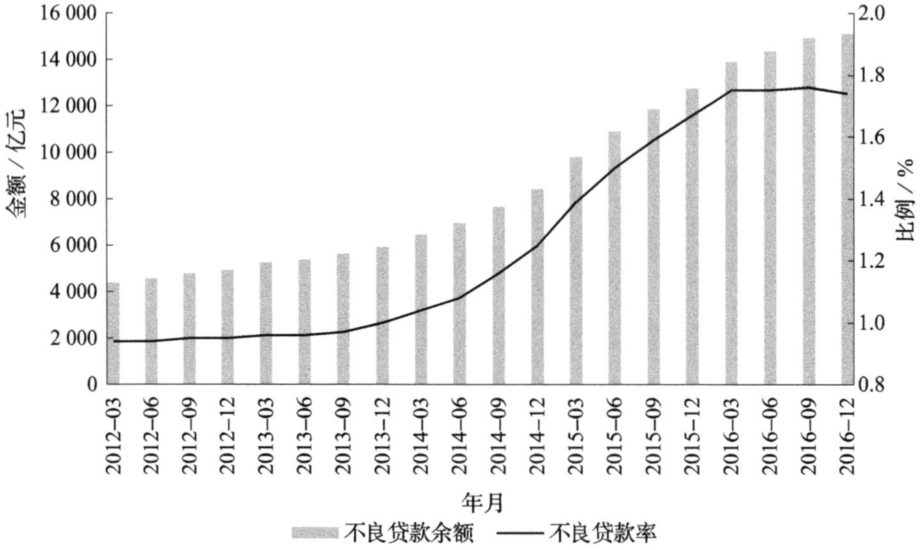

图 1–12　商业银行不良贷款变动趋势

另一方面，金融监管能力不能适应金融风险形势变化。近年来，我国金融业发展明显加快，金融机构更加多元、产品结构日趋复杂、交易信息化程度不断提升、金融市场开放进程加快，特别是综合经营趋势明显。尽管我国正逐步建立宏观审慎监管体系，但现行的分业监管体制仍存在多方面问题。一是监管领域存在空白。部门监管业务分工难以对金融市场实现全覆盖，监管存在真空地带，市场风险防范与监管面临主体缺失问题。二是监管信息沟通不畅。不同监管部门之间、甚至不同地区之间有着比较激烈的监管竞争，导致部门之间还存在显著的“信息鸿沟”，信息沟通不畅，导致监管部门在出台政策时缺乏全局眼光，对市场风险的变化缺乏全面认识，难以从防范系统性风险的角度出发制订政策。三是监管决策协调困难。我国仍缺乏一个强有力的宏观审慎监管部门，无法实施统一监管，不同部门之间的政策协调难度依然较大，监管决策碎片化问题依然存在。受上述因素影响，金融监管部门的风险预警、防范和应对能力还有待提升。

各类经济金融风险叠加乃至爆发会对整个经济社会发展产生重要影响，加大全面小康实现的难度。一方面，经济持续稳定健康发展是全面小康的基础，经济风险爆发会影响经济增长，一旦爆发系统性风险可能使经济停滞，不利于全面小康的实现。另一方面，社会稳定是全面小康的保障，经济风险爆发可能向社会领域传导，一旦经济风险对居民财富和就业等产生冲击，进而影响到社会稳定，使全面小康建设遭受波折。

经济金融风险一旦爆发会从多个方面对实现全面小康目标产生消极影响。一是通过利率、资产价格和投资影响总产出，使经济陷入投资需求收缩和增速下滑的恶性循环。一旦经济金融领域爆发重大风险，投资者避险情绪将会急剧升温，在短期内抛售资产持有货币，导致市场利率上升和资产价格下降。受此影响市场融资难度加大、融资成本上升、融资规模下降，通过投资乘数效应，又会成倍地放大为经济增长降速甚至GDP减少，从而在短期内造成我国经济大幅下滑，严重时可能使我国经济陷入长期衰退。二是通过财富效应，导致消费需求大幅萎缩的风险。如果经济金融风险爆发，会导致资产价格快速下跌，影响居民资产财富存量；同时会导致贷款利率上升，消费信贷萎缩，从而在短时期内导致消费需求萎缩。三是导致信用急剧紧缩和企业链式破产风险。如果重大风险爆发，在间接金融信贷紧缩的条件下，中小企业将面临更为艰难的贷款条件，可能产生较为严重的现金流断裂问题，并引发链式破产风险。在一些周期性行业，传统大型企业也将可能面临资金链断裂的风险，从而反馈到市场，酿成更大规模的市场风险，并最终导致实体经济危机的发生。四是多方面因素叠加可能增加社会矛盾风险隐患。当风险引发的负面情绪在不同市场间蔓延，在不同群体间传染，就可能增加社会矛盾集中爆发的隐患。

（六）社会诚信缺失是制约小康质量的软短板

全面建成小康社会要求各方面的制度更加成熟完善，但目前阶段我国社会诚信缺失是一项重要的制度性缺陷。一是个人诚信缺失。不守信用、弄虚作假现象突出，一些贷款者不讲诚信，缺乏公认的职业操守，一些人信仰缺失，道德底线被屡屡突破，刺痛着人们的神经。二是企业诚信缺失。假冒伪劣产品存在于各类网店和实体店，手段翻新让人防不胜防，企业商业信用不高，近年来网络诈骗事件呈高发态势，严重降低了人民群众的安全感，增加社会正常运转的成本，与小康社会的目标明显相背。现阶段，社会诚信缺失原因复杂，这其中有社会转型过程中对传统道德冲击的原因，随着人员的大规模流动和网络的快速普及，以血缘关系、地缘关系为纽带的关系网被打破，以往的地域"熟人社会"正向网上"陌生人社会"过渡，传统"熟人社会"的道德约束力正在减弱，个人行为的随意性增大。还有法律法规不健全以及信用信息体系建设滞后的原因。同时，网络与新媒体的快速发展加大了社会诚信建设的难度，放大了事件的影响，给人以社会诚信缺失越来越严重的印象。

（七）食品药品安全是影响公众小康获得感的明显短板

据《小康》杂志 2016 年 7 月发布的调查结果显示，食品安全连续 5 年位居中国最让人担忧的十大安全问题之首，成为全面建成小康社会的一个突出短板。现阶段，我国进入了食品药品安全事件的高发期，主要原因在于我国社会性监管滞后，大量中小规模食品企业达到统一安全标准和全方位监管较为困难，药品生产流通环节"散、乱、差"，既有利益格局固化。与发达国家相比，我国药品流通环节利益链条冗长，绑缚的利益主体过多，利益分配畸形。政府职能转变不到位，药品安全监管“闸门”不严。食品药品领域违法成本过低。

（八）环境保护投入不足且存在未纳入监控的表外污染隐性短板

我国生态环境保护投入欠账“补课”没有完成，伴随着经济下行压力加大，一些地方环保投入减弱更加凸显了发展与保护的矛盾。“十二五”期间，我国环保年均投资额超过 8 500 亿元，约为“十一五”期年均投资额的 2 倍。我国环境污染治理投资总额加大，但占 GDP 的比重却不升反降，2015 年仅为 1.28%，显著低于 2010 年 1.84% 的水平。污水、垃圾全收集全处理仍有差距，一些中西部省份城市污水或垃圾处理率甚至低于 70%。环境污染治理投资主要集中于城镇环境基础设施建设、工业污染治理及新建项目环保设施投入，广大农村地区污染治理投资严重不足，实现农村清洁生活和农业清洁生产依然面临较大资金缺口。此外，受限于债务高企等因素，许多地方政府希望通过 PPP 机制引入社会资本以增加环保投入，但“谁买单”的问题依然有待解决。环境监管基础力量依然不足，监管能力有待进一步提升，实践中单纯依靠地方环保部门难以做到有效监管。以硬件为主的能力建设造成硬件能力与实际监管水平不匹配。当前，发展和保护的矛盾依然突出。

我国在污染控制力度上有明显技术成效，但限于发展阶段和产业结构现状，许多尚未纳入严格控制范畴的污染不断浮现。根据原环境保护部规划院估算，自 20 世纪 80 年代以来我国人为源 VOCs（挥发性有机物）排放量一直保持快速增长态势，“十二五”期间增长了近 7%，未来排放量还将继续增加。O_3（臭氧）浓度也在不断增大，特别是在京津冀、长三角、珠三角等重点区域，O_3 已成为部分城市夏季空气质量超标的首要污染物。总磷、总氮排放问题不断加剧，总磷排放已成为长江流域河流、湖泊水体中第一位的超标因子，湖库富营养化问题尚未纳入严格控制范畴。土壤重金属、废弃物、农药等污染也十分突出，目前全国土壤点位超标率16.1%，耕地土壤点位超标率19.4%。受燃煤和有色金属冶炼影响，人为源大气汞排放问题突出，排放总量占世界的30%，受到国际社会的广泛关注。有毒有害污染物种类不断增加，石油类、挥发酚等特征污染物排放呈加重趋势，环境风险不断积聚。

（九）改革推进和政策落实难是全面小康攻坚阶段的动力短板

健全完善的制度是全面建成小康社会的要求，但目前还存在不配套、不适应、不协调、不衔接、不一致等制度性短板，其中最主要的两项是政府公信力不足和改革政策落实难。政府失信，主要表现在几个方面：一是政府行为公信力不足，在没有国家法律许可或者行政命令授权的情况下，就擅自介入本来与自己无关的事务中去，“管了许多不该管、管不了、管不好的事”，损害了政府在公众心目中的信任度。二是政府政策公信力不足，政策合理性、正当性、科学性、有效性等信任程度降低，一些地方政府盲目出台政策，一些政府制定和实施公共政策缺乏必要的规范性和稳定性，形成“一个班子一套思路，一届政府一个政策”的局面，一些地方政府在招商引资过程中承诺多兑现少，普遍“新官不理旧账”，公共政策变更的随意性很大，导致公众无法对政府的行为做出合理的预期，逐步失去对公共政策的信任。三是政府绩效公信力不足，有的地方政府绩效追求的价值取向背离公众利益以及这种绩效本身的真实性受到公众怀疑所导致的政府公信力下降。这些现象都一定程度削弱了人民群众对全面小康目标实现的信任。

当前，全面建成小康社会进入攻坚决胜时期，但实地调研中，社会普遍反映改革推进难，政策落实难，各方面都有不同程度的动力不足问题。比如，采取“你有政策，我有对策”的替换性执行，有的搞“土政策”附加性执行，有的采取“断章取义，为我所用”的选择性执行，在执行中“见了黄灯赶快走，见了红灯绕道走”，有的甚至搞“阳奉阴违”象征性执行，只做表面文章，没有具体措施，暗地里拒不执行。更为普遍的是采取“左顾右盼”的观望式执行，观上面态度，看周围动静，看是否是动真的。“跑部进京”明显少了，地方不作为少作为的多了，这些短板得不到有效解决，将严重影响全面小康决胜目标的完成。

六、尚需破解的 7 个难题

如期实现全面建成小康社会是“两个一百年”奋斗目标的第一步，事关战略大局。除了对照小康进程补齐短板指标外，还应将解决短期与长期问题结合，治标与治本结合，破解几个发展中的重大难题，全面建成小康社会才能行稳致远。

（一）破解经济发展质量效益不高的难题

经济发展质量效益不高是制约我国全面建成小康社会的一个根本性难题，一方面维持经济发展的代价越来越大，另一方面经济发展的可持续性和包容性减弱。当前，既要理性看待部分指标好转的原因，又要充分重视部分质量效益指标的持续恶化，以新发展理念为指引加速经济提质增效。

近年来，我国部分衡量经济发展质量效益的指标出现了好转，好转主要源自经济的周期性和结构性因素干扰减弱，不足以充分说明我国经济发展质量效益明显提升。在 2013 年和 2014 年，我国先后实现最终消费支出对经济增长的贡献超过投资、第三产业占 GDP 比重超过第二产业，上述指标的改善并非来自消费、第三产业的自身改善，而主要源自投资与第二产业增加值同比增速的大幅下滑，归根结底是民营经济缺乏信心，实体经济发展遭遇挫折。企业效益指标的改善主要来自 PPI 由负转正、大宗商品价格回暖等价格性因素，实体经济的内生动力、企业创新能力并未出现明显好转。能耗与环境指标的下降与工业生产活动趋弱密不可分，前期 PPI 指数与大宗商品价格持续低迷，加上部分行业产能过剩突出，工业上游环节往往处于停产停工等非饱和运转状态，从客观上为能耗与环境指标的改善创造了条件。

部分指标未见起色甚至出现持续恶化的趋势，凸显我国经济发展质量效益不容乐观。一是创新驱动仍然不及预期。从全面小康评价指标体系来看，预计到 2020 年研发投入强度指标实现达标难度较大。全要素生产率增速近年一直处于下滑通道。二是环境保护仍旧任重道远，在现有的技术水平和发展方式下，要发展与要保护面临两难选择。从全面小康的需求变化看，人民群众的需求从经济性物质性向社会性精神性转变。加速经济提质增效是确保全面建成小康社会目标和提高小康质量的长期性艰难任务。

（二）破解缩小城乡区域差距实现共同富裕的难题

努力缩小城乡区域发展差距，是全面建成小康社会的一项重要任务。从我国城乡区域发展进程看，一方面，城乡收入差距扩大的趋势并未根本改变。另一方面，区域发展呈现多维分化的态势，四大板块中东北地区下行趋势明显。南北方的差距也开始拉大，“南升北降”的态势愈发明显，特别是传统产能过剩地区比较集中的北部地区下行态势更为明显。此外，我国 14 个集中连片特困地区的扶贫攻坚进入“难啃的硬骨头”阶段，区域发展的内生动力不足，成为全面建成小康社会的重点攻坚地区。

缩小城乡收入差距，单一从城乡劳动收入环节调节难以起到缩小差距的作用，通过产权制度改革增加农民的财产性收入和加大对农民的纵向转移支付力度是未来调节城乡差距的重要方向。

（三）破解“单位人”向“网络人”转变的新社会治理难题

“网络人”是当今社会的一个显著特征，加大了社会治理难度。随着互联网等信息传播技术的广泛应用，社会各界对公共决策、公共事务管理等的参与方式和途径越来越多，参与意愿也不断提高，尤其是对民生领域公平、公正、公开等价值内核的要求越来越高，体现为对自身利益和权利要求更高，一旦权益诉求没有得到合理回应，采取群体性事件等更极端行为的可能性增加，就会引发社会稳定风险，而网络新媒介的加入可能会放大社会风险。一个单独的个体社会事件的爆发，由于传播媒介的推动，导致多地的关注者参与进来，形成了广泛的社会舆论，可能形成广泛的社会风险，给社会事件的区域性治理带来极大挑战。另外，政策制定者与政策受众之间尚缺乏有力的信息传递。现代社会自媒体盛行，每个人都可以成为新闻传播者，网络传播具有扩散性、不可控等特征，容易导致负面情绪的推波助澜，形成对社会治理的舆论压力，并有可能促使潜在的线下的风险聚集。适应“网络人”时代的社会治理是具有挑战性的新课题。

（四）破解不同层次民生需求都要满足的政策统筹难题

全面小康不是平均小康，当前，通过一套民生政策体系，统筹协调不同社会阶层之间日益拉大的民生需求差距的难度不断加大。如何在不断拉大的民生需求谱系之间明确政府应当负担的基本民生保障的内容和水平，使得我国既不会落入福利陷阱又能够不断提升民生保障水平，同时，通过政策体系推动中高端民生需求能够获得满足，也是新时期民生政策面临的巨大难题。

人民群众对民生领域公共服务的需求与现实的差距不断拉大。随着我国经济快速发展，部分经济高速增长地区已经达到发达国家水平，人民群众对民生领域公共服务的需求层次不断提高，人们不断追求更高质量的义务教育、医疗服务、文化生活以及更高标准的衣食住行等生活需求，国家基本公共服务的内容和水平已经难以满足发达地区的民生需求，在不断提高的需求推动下，民生领域的政策也在逐渐酝酿出台推动各种中高端的服务产业发展。但与此同时，我国还存在着特殊困难地区和特殊困难群体，对于他们而言，脱贫是首要任务，均等化地享有国家提供的基本公共服务是基本诉求。而现实中，由于经济水平落后、公共服务资源匮乏、自然条件恶劣，这部分地区和群体享有基本公共服务、实现与全国同步迈入小康社会，仍存在不同程度的困难。在民生领域的政策中，托底线和补短板仍然是最重要的政策着力点。中高端民生需求一般是通过市场解决，但许多民生服务又具有准公共品的性质，比如教育、医疗卫生，准公共品单纯靠市场机制又存在市场失灵的风险，同时政府又难以弥补市场失灵的漏洞，所以存在供需两难问题。

（五）破解提升文化软实力的体制机制难题

调查显示，文化建设是全面小康的短板领域。当今世界各国，除经济、科技、军事力量等“硬实力”比拼外，文化软实力竞争也日趋激烈。在此背景下，如何更加有效地夯实文化软实力的根基，形成与我国国际地位相称的文化软实力，是我国全面建成小康社会面临的一大难题。当前，全面小康的文化建设上存在三大问题：一是培育和践行社会主义核心价值观过程中存在问题。我国进入了一个思想文化多元多变的个性化时代，各种观念相互交织冲撞，迫切需要社会主义核心价值观来规范和引导人们的思想和行为，但在实践过程中宣传方式较为抽象单一，忽视了民众的感受度和接受性。二是传统文化资源没有得到充分挖掘，将传统文化资源转化为有国际竞争力的文化优势资源的能力仍然偏弱。三是文化产业发展迅速但总量不大，2015年全国文化及相关产业增加值占GDP的比重达到历史最高的3.97%，但与成长为国民经济支柱性产业的目标仍有距离，文化贸易逆差始终未能得到有效改变。上述问题的根源还在于体制机制问题，政府角色转变不到位，管理效率待提高，市场管理体制不够完善，传统管理部门对文化产业的管理模式未能及时调整，对新媒介新技术的挑战还缺乏及时高效的应对能力。文化发展的差距不是短期内能提升和追赶起来的，因此，必须及早重视解决全面建成小康社会中的文化短板难题。

（六）破解绿水青山到金山银山的转化难题

长期以来，五位一体的全面小康目标在实践中更偏重确保经济建设目标的实现，经济发展成就举世瞩目，但一定程度上是以牺牲生态环境为代价的，大量绿水青山遭到破坏。习近平总书记站在民族永续发展的高度提出“绿水青山就是金山银山”的科学论断，对于指导和引领未来中国发展道路意义重大。目前，东部许多省份已经逐步意识到绿水青山的巨大价值，开始修正和改变自身发展规划和发展路径。但是，广大中西部地区正处于城市化、工业发展发展中前期，尚未认识到绿水青山的价值，而且越是山川秀美区域人们越是贫困，“守住了青山，套牢了贫困”。

绿水青山如何转变为金山银山已成为当前及今后一段时期的突出难题，特别是在“十三五”脱贫攻坚、全面建设小康社会之际，发展和保护的矛盾更为突出，绿水青山向金山银山转变难亟待破解。结合理论和实际，我们认为这一难题必须在发展中解决，应该分阶段、分步骤、分轻重缓急地加以推进。牢固树立“绿水青山就是金山银山”的价值观。加快建立健全多层次的扶持政策体系。积极发展相关产业，逐步显现绿水青山地区的资产价值。努力探索发展生态环境友好型工业，从容等待其金山银山价值的逐步浮现。

（七）破解正向激励不足与社会动力下降难题

“实现党的十八大确定的各项目标任务，关键在党、关键在人”“要充分调动广大干部积极性，不断提升工作精气神”。在全面建成小康社会的最后关头，如何通过有效的激励机制调动广大干部的积极性和社会各阶层干事创业的动力，是当前一个亟须面对的现实问题。多地调研普遍反映，目前对干部的考核机制“问责有余、激励不足，导致干部担当意识下降”。公务员离职流动增多，不作为取代乱作为成为官场的普遍风气，工作积极性下降。剖析正向激励机制不足，主要原因：一是绩效评估不明确，评价导向模糊不清。比如，过去对基层政府考评的主要依据是财政收入、招商引资、经济增长等，虽然简单，但是较为明确清晰，而现在找不到新指挥棒的工作方向与重点。二是薪酬偏低，晋升空间有限。三是工作压力大，付出、责任与回报和认同越来越不匹配。四是过分强调集体决策，规避责任担当。五是偏重负向激励而轻视正向激励。负向激励包括体制内的纪检、反贪、巡视等，也包括体制外的媒体曝光、群众监督等，在当前反腐的高压态势下，群众的权利意识也迅速觉醒，特别是当前自媒体时代，每个人都可以成为纪检监察的一分子，让贪污腐败行为犹如过街老鼠人人喊打。但是与强势的负向激励形成鲜明对比的是正向激励的不足。在这种形势下，就容易让人产生“不求有功但求无过”的心态。为确保如期实现全面建成小康社会目标，要抓紧建立健全干事创业的正向激励机制。

七、确保如期实现全面建成小康社会目标要实施好三年收官阶段决胜举措

全面建成小康社会是经济、政治、文化、社会、生态文明建设五位一体的全面小康，是不可分割的整体。确保如期实现全面建成小康社会，应加快精准补齐短板，特别是建立困难人群和困难地区实现全面小康的长效机制。同时，有效管控好全面小康决胜决断的各类风险，加强持续性的正向激励，并前瞻性谋划全面建成小康社会到全面建设现代化的战略衔接。

（一）完善补短板的机制，建立确保困难群体和困难地区脱贫到小康的系统性长效制度安排

1. 提升脱贫攻坚的可持续性

完善脱贫攻坚政策取向，更加关注产业扶贫和资产收益扶贫对脱贫群体的积极作用，提升脱贫攻坚的可持续性。提升地方政府对脱贫攻坚专项资金的整合使用能力，在明确必须用于脱贫攻坚用途的基础上，鼓励专项资金用于产业扶贫，提升本地就业创造能力。

2. 探索鼓励设立跨省级行政单元的区域共享发展试验区

借鉴广安市与深圳市等共建协作区的经验，探索建立区域协调发展新机制，着力推动区域协调发展。推动东部地区的资金、技术、人才的优势和中西部地区的土地空间、人力资源和生态环境的优势实现互补，鼓励东部地区与中西部地区之间探索建立一批按照“政府引导、市场运作、利益共享”原则发展的跨省级行政单元的区域共享发展试验区，形成先进地区带动落后地区，最后形成共同富裕、共享发展的良好区域互动格局。在区域共享试验区发展过程中，应从交通联系、产业协作、生态联防、利益

共享等角度出发，积极探索一对一、一对多、多对一的区域共享发展新模式，坚持政府主导、市场运作的基本原则，探索利益分享新机制，实现区域优势互补、共享发展，推动落后地区实现跨越式发展。

3. 推动产权制度改革，缩小城乡差距

通过产权制度改革，增加农民的财产性收入。加快产权制度改革，鼓励和引导贫困户将已确权登记的土地承包经营权入股企业、合作社、家庭农（林）场与新型经营主体形成利益共同体，分享资产经营收益。加大对农民的纵向转移支付力度，调节城乡差距。

4. 继续推动户籍制度改革

城镇化发展应该在尊重农民转户意愿的基础上有序推进，继续加大户籍制度改革力度，除一线城市和部分人口压力比较大的城市外，其他城市应彻底放开农民进城入户限制，实现农民进城入户自由。

5. 将提升基本公共服务水平作为扶贫的重要内容，加大对重点地区、重点人群的民生帮扶

把提升基本公共服务水平作为扶贫的重要内容，实施逐步推进的、带有阶段性的基本公共服务均等化战略，满足贫困地区、贫困人口不断增长的基本公共服务需要。加大革命老区、民族地区、边疆地区、连片特困地区脱贫攻坚力度，保障贫困人口的义务教育、基本医疗、住房安全等基本公共服务，推动基本公共服务主要领域指标接近全国平均水平。在整村推进、易地扶贫搬迁、以工代赈、就业促进等工作中，按照精准扶贫、精准脱贫的要求，确保基本公共服务不留缺口。促进地区对口帮扶，加大基本公共服务资金、项目和人才支援力度。加强重点领域的民生工作，重视不满意群体的民生工作。加大投入力度，不断改善特殊困难群众和困难地区的物质文化生活条件，努力实现落后地区经济社会与全国其他地区同步协调发展。实施脱贫攻坚工程，实施精准扶贫、精准脱贫，分类扶持贫困家庭，探索对贫困人口实行资产收益扶持制度，建立健全农村留守儿童和妇女、老人关爱服务体系。加强制度创新，切实落实义务教育法和加强新型职业农民培育，提高农村贫困人口素质，发挥职业教育与高等教育支撑地区经济发展的功能，为创新驱动与产业升级提供人才支撑。

6. 适度促进绿水青山地区人员迁徙流动

绿水青山地区资源环境承载力有限，绿水青山到金山银山的转变必然建立在规模合理的人类活动基础上。为此，将绿水青山地区一部分人员转移出来，有可能让迁徙出和驻留下的人都从中获益，共同走向致富道路，也有助于当地生态环境的逐步修复，可谓帕累托改进，从而真正实现绿水青山到金山银山的转变。建议结合脱贫攻坚工作，大力推动生态扶贫搬迁，将贫困人口从生存环境恶劣、基础设施难以覆盖的地区转移到条件较好的集中安置点，例如靠近旅游点地方，规划好这些居民的长远生计问题，推动他们由政策扶持脱贫到自身能奔小康。同时，加强各类人员特别是年轻人技能培训，帮助寻找就业机会，鼓励其去城镇化地区工作、生活、置业，从大山里彻底走出去。

（二）提升补短板质量与结构，精准补齐全面建成小康社会的各项短板

1. 补齐研发投入不足的短板

以促进人力资本和研发投资、降低企业负担、加大扶持力度为重点，综合运用普惠性激励政策、结构性减税政策以及相关协调机制，形成鼓励企业家创新创业的财税政策体系。着重提高国家对研发经费的投入。着力构建富有活力的创新创业生态。以重塑创新主体、优化创新服务、激活区域创新为重点，完善创新生态，切实提升协同创新、开放创新水平，不断提升国家创新体系建设质量，促进科技经济更紧密结合，有力支撑发展动

力的根本转换。

2. 补齐居民收入增长的短板

调整收入分配政策，建立公平合理的收入分配机制。缩小收入差距，坚持居民收入增长和经济增长同步、劳动报酬提高和劳动生产率提高同步，健全科学的工资水平决定机制、正常增长机制、支付保障机制，完善最低工资增长机制，完善市场评价要素贡献并按贡献分配的机制。督促建立企业职工工资集体协商制度，在保证企业利润、竞争力的基础上，使职工能够分享企业发展成果。建立与物价指数相适应的津贴补助制度，确保广大低收入职工不因物价过快上涨而使生活受到影响。推动农业创新发展，实现农业现代化，增加农业从业人员收入。推动工资收入持续增长，保障农民工的合法权益。鼓励多种形式的灵活就业，在新经济中增加增收渠道。提升低收入群体的人力资本，适应产业发展需求。促进就业创业，坚持就业优先战略，实施更加积极的就业政策，完善创业扶持政策，加强对灵活就业、新就业形态的支持，提高技术工人待遇。

3. 补齐基本公共服务短板

加快城乡、区域公共服务一体化建设。提高公共服务共建能力和共享水平。进一步发展完善关于基本公共服务发展的规划政策，并将之成为构建国家基本公共服务体系的综合性、基础性、指导性文件，作为政府履行公共服务职能的重要依据。积极推进基本公共服务规划的分解落实，形成中央政府、地方政府、市场、社会力量等多方合力，推动规划目标和任务的逐步落实。确保面向社会特殊困难群体的底线生存服务落实到位，推动面向所有人民群众的基本服务水平不断提高。同时，正视各地基本公共服务水平存在一定差距的现状，解决跨城乡、区域对接困难的问题，实现城乡、地区、人群间基本公共服务的逐步衔接和整合。以普惠性、保基本、均等化、可持续为方向，强化公共资源投入保障，提高共建能力和共享水平，加快城乡一体化制度设计、实施，推动城乡、区域、人群之间首先实现制度公平，增加公共服务供给。

4. 补齐网络社会的治理短板

规范治理方式，实现多元化、立体化、透明化的国家治理。为促进国家治理主体的多元化，适应社会和科技形势变化，采取多种形式和途径促进公众参与，防止政府专断。公众参与包括公众参与决策、参与管理和参与监督。公众参与权的前提是知情权，没有知情权就不可能实现参与权。继续加大政府信息公开的实践，更高程度地促进了公民知情权的实现，激发公民参与治理的热情。通过听证会、论证会、网上讨论、辩论、政府职能外包、政府购买服务、志愿者服务、政府与社会资本合作（PPP）等，积极调动各治理主体参与对各级政府社会、经济政策的评论。

5. 补齐城镇化的质量短板

顺应农村人口进城流向的区域趋势，加大对人口规模快速增长城市的公共服务设施投资力度，重点解决因公共服务设施不足导致居民城镇化质量下降的现象，满足城市新增人口的公共服务需求，提升公共投资的精准性和长效性，进而提升城镇化质量。

6. 补齐政府诚信短板

加快政府诚信体系建设，提高政府的公信力和政治权威性。推进政府行为程序化。建立健全政府的评价机制、监督机制、调控机制等，使政府任何行为都有章可循，有理可依。同时健全问责和失信惩罚等机制，推进政府行为科学化。树立正确科学的管理职能体系，找准政府角色定位，推进政府行为公开化。政府制定重大决策时，不能一厢情愿，要用群众的眼光看待问题，为了更好地收集民愿，应将政府信息公开，采纳八方意见，尤其是与此项政策有直接联系的客体，从而对政策不断完善，达到一个各方都可接受的平衡点。

7. 补齐社会诚信短板

大力提升国民素质和社会文明程度。重视法治对社会诚信建设的积极作用，从立法、司法、执法、普法等各个环节各个层面推动社会诚信建设，进一步完善各主体、各行业失信行为的监督管理办法，及时根据新出现的问题更新相关法律制度。健全惩戒机制，大幅提高各类社会主体的失信成本。各级政府部门要以身作则遵守法律制度，规范自身的行为，减少政策的随意性，增加各项决策的透明度，进一步提高执法人员的准入门槛，加强对执法人员进行职业道德培训教育，提升其职业道德水平、执法力度以及执法的速度和效率。

8. 补齐公共文化发展短板

推进政府职能转变，促进公共文化服务社会化发展。探索将财政投入以直接拨款为主转为购买服务、项目补贴、以奖代补、基金制等多种方式，形成基层公共文化服务竞争机制，逐步建立政府、市场、社会的良性互动机制，使资源配置从文化系统“内循环”逐步转为面向社会的“大循环”，增强基层公共文化服务活力。推进文化扶贫，推动公共文化服务标准化、均等化发展。推进公共文化服务设施网络建设。形成公共文化服务多元供给机制，激发基层公共文化活力。

9. 补齐生态环境短板

以自然资源产权制度改革和自然资源资产管理体制改革为切入点，通过制度建设让全社会深刻认识到绿水青山本身就是一笔永恒的财富，让全社会摒弃牺牲绿水青山换取短期经济利益的行为。加强思想教育，培养公众耐心，明晰绿水青山向金山银山转化是一个发展阶段问题，需要一个渐进的过程。多层次加强宣传教育力度，让“绿水青山就是金山银山”这一科学论断逐步深入人心，成为政府制定发展规划、企业投资建设、群众日常生活的基本准则和价值观念。加快建立健全生态环境目标责任制度。改革绩效考核方式，将治理好生态环境、保护好绿水青山作为地方政府的最主要工作内容及业绩，通过监督、考核和奖惩将生态环境之力改善、绿水青山保护转化为基层政府的“政绩”。务必加强监管监察和考核问责，将日常监管和环保巡视督察有效结合，同时畅通公众参与渠道，发挥公众参与环境监管作用。建立健全多层次的生态环境治理支持政策体系。加强生态环境损害惩罚力度与扩大生态环境治理投入相结合，建立健全环境税、能源税、碳税、排污税等环境税费制度，显著提高生态环境治理投入在国内生产总值中的比重。加快推动建立地区间横向生态补偿机制，由经济发达而环境受益者向生态环境治理者、绿水青山保护者进行经济补偿，进一步体现生态环境质量在整个生态区域的真实合理价值。在生态环境治理领域，加大 PPP 推广力度，政府出资或用户付费相结合，引导社会资本广泛参与生态环境治理基础设施建设，提高污染治理水平。

（三）加强决胜阶段的各类风险治理，巩固全面建成小康社会成果

针对全面建成小康社会面临的各种风险，必须全面梳理主要领域风险的成因，力争把风险化解在源头，做到“图之于未萌，虑之于未有”。对于已经出现的风险苗头，要推进风险防控工作科学化、精细化，既要科学谋划，综合施策，又要针对具体风险有的放矢、对症下药。具体而言，要做好以下几个方面工作。

1. 建立完善的风险防范和管控机制

从风险评估、风险预警、风险管理、风险处置的各个环节着手，强化风险防范能力。建立风险定期评估机制，在科学识别风险的基础上，加强对重点领域、重点机构风险的排查和评估，对潜在风险突出的领域做到心中有数。建立风险预警机制，运用概率论和数理统计方法，估计和预测风

险发生的概率和损失程度，及时发现风险苗头，通过风险预警加强风险的事前防范。提升风险管理能力，着力推进风险防控工作科学化，明确系统性风险的风险源和可能的爆发点，一旦发现风险苗头，即采取针对性、精细化的应对措施，力争把风险化解在源头。提升风险处置能力，对可能爆发的系统性风险应急机制进行实战演练，形成应对预案，预备协调机制，明确处置办法，构建好风险承担机制，防止政府无限救助和刚性兑付带来的道德风险。

2. 进一步深化各项改革，加强防范化解风险的制度建设

针对经济、金融、社会、生态等各领域的风险，要进一步深化改革，突出抓好重点领域和关键环节改革，从体制上解决各个领域长期积累的矛盾和问题，从根源上防范和化解风险。金融领域要做好金融监管改革，通过制度建设消除各种金融乱象，着力维护金融市场稳定。财政领域要重点推进中央与地方财政事权和支出责任划分改革，逐步消除激励扭曲引发的财政风险。社会领域要改革收入分配制度、完善社会保障，扩大中等收入群体规模，形成稳定的社会结构。生态方面要健全资源有偿使用和生态补偿制度，建立健全环境治理体系，着力防范环境污染风险。

3. 通过多种方式针对性解决全面建成小康社会面临的经济社会发展风险

围绕完善金融稳定发展委员会机构，充分发挥其职能加强金融监管，建立完善逆周期的宏观审慎评估体系，着力防范化解系统性和区域性金融风险。通过规范银行同业业务，实施穿透性监管，降低金融杠杆率，完善金融市场中的风险定价机制等具体手段，逐步化解银行、证券、保险等市场中的风险。通过建立规范的地方政府举债融资机制，加强地方政府的财政纪律，遏制地方政府违规举债违规担保行为，强化问责和公开，提升地方财政可持续发展能力，逐步化解地方政府债务风险。围绕准确把握房屋的居住属性，建立租售并举的住房制度，完善土地储备和出让制度，合理降低住房市场中的杠杆率，遏制投机性购房，逐步化解房地产市场风险。通过加强环保立法、建设环境质量标准、完善生态保护补偿机制、生态环境损害赔偿制度等方式强化防范化解生态环境风险的制度保障。

（四）创新解难题补短板的方式方法，采取有效措施切实激发各方面投入全面建成小康社会的动力活力

1. 通过依法公平保护企业及企业家合法产权稳定企业家创新创业积极性

树立全面保护、依法保护产权的理念，通过提高产权保护的立法执法水平和甄别纠正产权保护典型案例，把加强各类产权保护落到实处，确保民营企业与国有企业平等使用要素，企业家能够安心创业，形成有利于企业家持续创新的产权制度环境。

2. 激发科技创新群体松绑减负增收的动力活力

加快科技体制改革，通过深化科研院所分类改革、打破科技到经济的制度藩篱、强化科技创新的有效激励，促进科技与经济更紧密结合，不断发挥科技引领带动经济发展的重要作用。

3. 破立两手抓全面推进法律法规和政策的立、解、改、废

加强法治在现代国家治理中的作用。要实现建设法治国家的目标，就必须在公共生活领域中打破各种“差序格局”和“潜规则”的羁绊，逐步建立起体现社会公平正义的法律、制度、规则格局。加强法治在现代国家治理中的指引作用。完善和理顺我国法律的立、解、改、废（制定、解释、修改、废止）的运作机制，形成法治对国家治理目标和方向的指引作用。健全和完善行政程序法和政务公开法等，加强有法必依和违法必究，在完善立法的同时加强监督和问责机制，确立依法治国的治理模式和

规则，规范治理行为。通过创建法治治理环境，创设治理激励机制实现法治对现代国家治理的推进作用。通过推进法治改善治理环境和完善法律激励机制，特别是在组织人事制度上，保障使用坚持法治且善于运用法治思维、法治方式治国理政的人才、干才。

4. 进一步健全规范公权力运行的制度笼子

严格规范公共权力。确保公共权力的公共性，需要建立起与公共权力的科学依据、制度保障相统一的权力公共性观念，以及贯穿着这种观念的道德规范体系和法律规范体系，让权力在运行中接受公共行政道德和法律的双重规范约束。严格规范公共权力，实现法治对国家治理的制约作用。主要是通过控制公权力滥用和腐败、保障良政善治实现的。继续将反腐制度化，同时加强、完善与腐败相关的法治建设，建立、完善领导干部个人情况的申报、核查和公示制度，建立、完善防止和避免利益冲突制度，建立、完善质询、问责制度等。保障国家公权力和社会公权力行使公正和效率，遏制公权力滥用和腐败。

5. 全面提升诚信人的“信用资产”

健全信用体系，发挥奖惩作用。要积极盘活优秀企业家的“信用资产”，对诚实守信的企业家要给予其在生产生活经营等各方面的便利。对于不诚实守信的企业家，要提高其行业准入门槛，对于严重违法违纪的，应根据法律规定严格执行终生禁入处罚。

6. 充分释放公共文化和文化产业发展的活力

积极推进公共文化单位改革，切实提升基层文化水平。推进公共文化单位改革，探索县乡基层公共文化单位改革的路径和办法，重点是建立和完善公共文化单位法人治理结构。探索基层公共文化单位建立理事会制度和法人治理结构的试点工作，通过组建理事会，吸纳有关方面代表、专业人士、各界群众参与，推动管理和决策民主化。

加快推进文化产业发展，将文化产业打造成为国民经济支柱性产业。加快培育骨干文化企业，推动文化企业做强做大做优。破除各种体制机制障碍，在国家许可范围内，引导社会资本以多种形式投资文化产业，参与国有文化单位转企改制，参与重大文化产业项目实施和文化产业园区建设，调动社会资本投资文化产业的积极性。鼓励各类文化企业以资本为纽带进行联合重组，推动出版、发行、影视、演艺集团交叉持股或进行跨地区跨行业跨所有制并购重组，提高文化产业的规模化、集约化、专业化水平。加快完善文化市场体系，促进文化资源在全国范围内自由合理流动。加快完善文化经济政策体系和法规体系，为文化产业发展创造良好环境。加快发展新型文化业态，推动文化产业转型升级。加强对文艺创作生产的引导，为文化产业发展提供文化“活水”。

7. 为地方政府建立基本公共服务结果导向的正向激励

基于公共服务的需求，建立结果导向的预算支出评估机制。继续加大财政支出，考虑到中部、西部地区财力较弱，加大对中部、西部地区的财政转移支出，并完善财政转移支付制度。改进公共财政预算编制办法。明确预算目的，调整预算科目设置；规范预算编制程序；重视财政中长期计划的编制工作；采用零基预算；实行部门预算，即将一个部门的所有经费支出编制成一本预算。加强公共财政预算执行的审计和监督，提高公共资金使用的效益。逐步建立和完善由立法部门、审计部门、财政部门、主管部门和用款单位内部不同层次的控制监督体系。增强公共财政预算的透明度，逐步加大社会对预算执行的监督力度。加强法制建设，依法进行预算管理。加快立法建设，将公共财政预算管理全面纳入法制轨道。

8. 鼓励地方进行绿水青山转化为金山银山的各种探索实践

积极培育发展旅游相关产业，支持探索发展生态环境友好型工业。鼓励各地充分挖掘自身的山水文脉特色优势，高标准、高规格规划旅游产业，做好旅游服务工作，营造全域旅游氛围，不断吸引和扩大目标人群；推动旅游与文化创意相结合，积极发展特色旅游文化、旅游产品加工产业，提高绿水青山附加值；结合旅游休闲度假，适度开发住宅和商业地产，逐步显现绿水青山地区的资产价值。坚持“面上保护、点上开发”的原则，探索发展与生态环境保护相容的工业，进一步夯实绿水青山到金山银山的转型之路。鼓励各地充分利用绿水青山资源发展绿色工业，推动可再生能源丰富地区积极发展水电、风电、太阳能光伏发电乃至生物质能发电，变永续资源为可持续能源；农林资源丰富地区积极发展农林产品加工、食品饮料、生物医药等产业，实现绿水青山经济价值的飞跃。推动各地深入发掘其他方面的资源禀赋优势，探索发展先进装备制造、电子器件制造等低资源消耗、高附加值产业以及新材料、大数据、云计算等新兴产业，减少对绿水青山的攫取程度，从容等待其金山银山价值的逐步浮现。

（五）推进现代化战略带动全面小康转入高质量轨道，做好全面建成小康社会到全面建设社会主义现代化的战略衔接

1. 加强四个全面战略布局之间的衔接

协调推进“四个全面”战略布局，是新时代引领民族实现伟大复兴的重要战略布局。围绕全面建成小康社会的核心目标，注重提升全面深化改革和全面推进依法治国对全面建成小康社会的动力作用，通过全面从严治党为各项工作顺利推进、各项目标顺利实现提供根本保证。要确保如期实现全面建成小康社会的奋斗目标，必须协调推进全面深化改革、全面依法治国和全面从严治党，高度重视不同战略之间的内在逻辑和促进作用，注重每个“全面”之间的系统性、整体性和协调性。加强顶层设计，做到整体推进和重点突破相结合，不断增强全面建成小康社会工作的系统性、创

造性和预见性。

2. 推动不同区域战略之间的衔接

虽然党中央、国务院和全国各族人民对2020年确保实现全面建成小康社会目标的信心和决心很大，但必须正视我国区域差距巨大的现实情况，即使2020年宣布实现同步建成小康社会的目标，也要认识到中西部地区的小康与东部发达地区的小康在质量、水平、均衡性、稳定性方面仍然具有较大差距。因此，要加强东中西区域战略互动，增强东部地区对中西部地区的带动能力和示范意义，尤其注重提升中西部地区全面建成小康社会的质量。脱贫不等于小康，要着力增强贫困面广、贫困程度深的地区，尤其是连片贫困地区的内生发展能力，在实现脱贫初步目标后，向提高小康生活水平和提升自我发展能力方向迈进，提高区域之间的协调性。

3. 关注两个百年目标之间的战略衔接

党的十九大之后，建议研究制定和实施面向第二个百年奋斗目标——社会主义现代化的具体战略部署。为实现两个百年目标的有机衔接，分阶段分步骤制订行动计划，在完成全面小康目标之后转入社会主义现代化建设新阶段，2035年基本实现社会主义现代化，到2050年实现全面建成社会主义现代化强国的目标。在从全面小康到全面现代化的战略转换过程中不可能齐步走，这就需要在部分已经达到高质量小康社会的地区，先行进行社会主义现代化的建设探索，建议国家分批设立全面建设社会主义现代化先行区，形成新一轮改革创新红利。

八、确保如期实现全面建成小康社会奋斗目标要及时纠正一些偏差

全面建成小康社会决胜攻坚，要正确理解全面建成小康社会的科学内

涵，深入领会和贯彻落实党中央有关精神，避免割裂地、选择性地理解全面小康目标的偏颇甚至错误倾向，避免以不适应新形势、新要求的方式和手段推进全面建成小康社会的错误做法。严格按照党中央提出的全面建成小康社会的目标任务，真正把全面建成小康社会的各项要求落到实处，要着力纠正以下偏差。

（一）纠正将全面建成小康社会目标等同于经济发展目标的偏差

全面建成小康社会的目标涵盖经济、政治、文化、社会、生态文明等领域，全面性是其目标的基本特征之一，各领域的目标之间存在着相互联系、相互促进、不可分割的关系，由此构成了一个整体性目标要求。要把握好整体目标与局部领域目标关系。将全面建成小康社会目标等同于经济发展目标是需要我们警惕和避免的误区。

经济发展是全面建成小康社会的必然要求，因此，党中央明确将到2020年国内生产总值比2010年翻一番作为全面建成小康社会的一个定量目标，并根据这一目标要求，提出“十三五”时期国内生产总值每年平均增长速度需保持在6.5%以上。但是，经济发展并不是全面建成小康社会目标的全部内容。全面建成小康社会的“全面”，讲的是发展的平衡性、协调性、可持续性。包括我国在内的世界很多国家的发展实践都表明，经济发展并不必然伴随发展的平衡性、协调性、可持续性，如果缺少宏观层面的引导和约束，经济的快速增长经常会伴随着收入差距扩大及高资源消耗、高污染排放等问题。如果仅重视经济发展目标，到2020年在总量和速度上完成了定量目标，但发展不平衡、不协调、不可持续问题依然较为突出，就会影响全面小康的成色。全面小康还是惠及全体人民的小康，全民共享发展成果是全面建成小康社会的内在要求。习近平总书记指出：

“没有全民小康，就没有全面小康。”如果到2020年在总量和速度上完成了定量目标，但存在数量不少的贫困人口、依然过大的收入差距，也不能说“足额”实现了全面建成小康社会目标。

（二）纠正将全面建成小康社会目标简化为定量目标的偏差

全面建成小康社会的目标，是对社会发展达到的一种状态所进行的描述，其中只有一部分能以定量指标来体现，其余部分则只能以定性指标来描述，如政治、文化等领域的目标就难以量化。因此，全面建成小康社会的目标必然是定量目标与定性目标的结合。并且，定性指标有着重要的作用和意义，如社会领域的目标，尽管有一些可以反映社会发展状况的定量指标，但人民群众的满意度也就是主观感受，才是社会发展的最终目的，在评价社会发展状况时必不可少。如果只重视定量目标，而忽视定性目标，就会进入对全面建成小康社会目标理解的误区。这种错误理解不仅会导致对全面建成小康社会目标涵盖的领域顾此失彼，还意味着降低了全面小康的标准，可能导致可量化目标完成情况好、不可量化目标完成情况差，出现目标完成情况与人民群众实际感受不符的尴尬局面。

到2020年国内生产总值和城乡居民人均收入比2010年翻一番，是党中央明确提出的全面建成小康社会的一组定量指标。一些地区根据对两个“翻番”和经济增长预期水平的测算结果，认为本地区可以早于2020年实现两个“翻番”，就急于提出本地区要提前实现全面建成小康社会的目标。这就是将全面建成小康社会目标错误理解为几个定量指标所导致的典型问题，不仅会导致实践中忽视一些领域、一些重要改革的推进，还很可能在地区生产总值和城乡居民人均收入实现两个“翻番”时，因其他方面的目标尚未实现，而使“提前实现全面建成小康社会”的提法难以获得人民群众的认可。

（三）纠正将全面建成小康社会理解为“同一水平小康”的偏差

全面建成小康社会强调覆盖的人口要全面，是全民小康，没有人掉队的小康。但应注意实现全面建成小康社会不是指每个地区、每个民族、每个人都达到同样的生活水平。将全面建成小康社会目标理解为实现“人人平均”的“同一水平小康”，是我们应注意避免的一个误区。

“同一水平小康”不仅不具有现实的合理性和可行性，还容易产生平均主义导向，不利于全面小康的实现。人的能力客观存在着差异性，同时，社会分工也要求人们从事不同类型的劳动，多重因素决定了人们的收入水平、生活环境、生活水平都不可能达到同一水平。强调“同一水平小康”，可能导致收入分配等方面的平均主义倾向。如果在收入分配方面违背基本的按劳分配原则，采取人人平均的方式，将会影响市场经济机制发挥作用，遏制人的积极性和创造力，扭曲劳动这一生产要素的配置，降低经济发展的效率。

还应认识到，全面建成小康社会并不意味着没有处于温饱状态的人口。如果大量人口处于贫困状态，显然不能说全面进入了小康社会。但是，任何一个社会，都存在着低收入群体，不可能全社会都是中等收入群体和高收入群体，因为收入高低是相对而言的，没有低收入群体，就不会有高收入群体。当然，实现现行标准下农村贫困人口脱贫，贫困县全部摘帽，解决区域性整体贫困，是全面建成小康社会的重要任务。但也应充分认识到，以多种方式实现贫困人口的脱贫，政府的职责更多地在于改善生产生活的环境和条件，更重要的还是发挥贫困人口自身的能动性，最终实现脱贫。例如，政府通过实施易地搬迁，使居住在禁止开发区的贫困人口进入允许开发的地区，贫困人口将通过开展生产活动来改善收入和生活水平。

（四）纠正按行政区层层分解目标任务推进小康的偏差

在中央提出到2020年全面建成小康社会的目标后，一些地方政府未能正确理解全面小康的内涵和要求，在提出本级地方率先或同步实现全面建成小康社会目标的基础上，对所属地区以行政区为单位将目标任务层层分解，并开展监测考评，作为推进全面建成小康社会的主要方式。这不仅反映出地方对全面建成小康社会目标理解的偏差，也反映出地方政府政绩观和考核机制转变不到位等问题。在我国经济进入新常态，内外部环境条件更趋复杂的现实下，要通过“十三五”时期全国上下的努力实现全面建成小康社会，必须转变观念和层层分解目标任务的做法。

首先，层层分解目标任务的做法，实际上是将全面建成小康社会目标等同于有限目标，破坏了目标的整体性。全面建成小康社会的目标，有的可以进行分解，有的则不能进行分解，典型的如工业化、城镇化、政治建设目标等。层层分解的做法，势必造成地方特别是基层仅重视上级分解下来的目标，而忽视了不能分解的目标。

其次，层层分解目标任务的做法，忽视了不同行政区之间实际情况和功能定位的差异，缺乏科学性和合理性。各地不同的资源环境条件和发展基础，是发展的客观条件，对发展的结果有着关键性的影响。自上而下分解目标任务，以适应上级目标要求为主要考虑，难以充分考虑各地的实际情况和差异，打破了因地制宜的原则，容易出现“一刀切”，也可能出现违背客观规律的要求，阻碍全面建成小康社会目标的实现。各地差异化的功能定位，是实现协调发展的要求，国家主体功能区规划已经明确了不同类型地区的定位及与之相应的发展侧重点，只有根据在宏观层面统筹考虑基础上的定位来推进各地的发展，才能保障全面建成小康社会所要求的发展平衡性、协调性、可持续性。

最后，层层分解目标任务的做法，容易演变为层层加码，导致追求总量和速度的同时恶化结构矛盾。经济增长目标层层分解带来层层加码的情况，在我国的发展实践中出现过多次，如在“十一五”规划中提出全国 GDP 年均增长的预期目标为 7.5%，在 31 个省区市“十一五”规划中，生产总值增速预期目标平均为 10.1%，最高的达 13%，最低的也为 8.5%。“十二五”期间，这一问题仍然存在。“十三五”期间，部分地区沿用过去搞增长指标层层加码的方式难以为继，最终不得不停下来“挤水分”。出现这种情况，主要源于地方政府不正确的政绩观和不合理的考核机制。一味求“快”的结果是重产出轻消耗、重数量轻结构、重速度轻质量、重经济建设轻社会建设和生态文明建设等问题持续存在，带来产能过剩、增长粗放、创新动力不足等矛盾，损害经济发展方式转变进程和可持续发展。

（五）纠正用全国平均水平倒推小康目标或“被小康”的偏差

我国幅员辽阔、生产力发展水平多层次是客观存在的情况，这带来了各地发展基础的较大差异，在各地以全国如期全面建成小康社会为目标制定自身发展的目标和规划时，是不能忽视的。以达到全国平均水平为目标倒推地方经济增长速度，就是忽视客观发展基础的不正确做法。

我国地区间差异的表现，首先是在自然条件方面。我国地势呈西高东低的阶梯状分布，地形十分复杂多样，不同地带在自然条件方面差异显著。如高原地区不同程度地存在高寒、干旱等气候特征，植被稀疏、生态脆弱，发展条件相对恶劣；分布广泛、面积广大的山区，地面崎岖，耕地资源不足，且交通不便，构成发展的制约因素；丘陵和平原地区则较适宜发展。自然资源方面的区域差异也很显著，以水资源为例，全国人均水资源量在2 000立方米左右，而从省级行政区的情况看，最少的还不到100立方米，多的则超过10 000立方米。其次是在人口和劳动力资源方面。受人口基数、增长速度以及教育资源、劳动力跨地区流动等多重因素的影响，我国各地区劳动力规模和质量均存在显著差异。再次是经济发展基础方面。经济发展状况既是地区差异较为综合的反映，也是下一步发展的基础。缩小地区间经济发展差距固然是全面建成小康社会的一方面目标，但完全没有差距则是不可能、不现实的。

自然条件、资源禀赋、经济发展基础的差异，以及难以量化的社会文化差异等因素，决定了在全国如期实现全面建成小康社会的总体要求下，对各地的发展水平和要求应是不同的，各地推进全面建成小康社会的重点和举措也相应地有所差别。这才能体现实事求是、因地制宜的基本原则，才能避免盲目追求达到全国平均水平的不科学的做法。尽管各地发展有先有后，有快有慢，但是在整体经济持续健康发展的情况下，通过实施产业接替、转型升级，脱贫攻坚、促进基本公共服务均等化等措施，缩小区域间差距，所有地区按时全面建成小康社会的目标也是可以实现的。

（六）纠正简单以大项目大工程及运动式推进小康的偏差

面对全面建成小康社会的总体目标要求及经济进入新常态的总体形势，一些地方有意将大项目大工程、专项行动作为推进全面建成小康社会的抓手，试图“通过打几个歼灭战来解决问题”，这种做法容易使发展走回粗放型、依赖强刺激的老路上去，违背了全面建成小康社会的宗旨，是不可取的。

大项目大工程在我国的发展历程中，曾经起到过积极的作用。在新中国成立之初刚开始经济建设的时期，我们通过全民动员，节衣缩食，以高积累支撑大项目、大工程建设，为国民经济发展奠定了基础。这种做法是当时尽快摆脱贫穷落后面貌的必然选择。并且，在当时能源资源和生态环境空间相对较大的条件下，这种粗放式发展的客观约束并不突出，实际效果也比较明显。但是，当前发展面临的条件特别是资源环境等方面的约束条件已经发生了巨大变化，出现了传统产业供给能力相对饱和甚至过剩、资源环境承载能力达到或接近上限等情况，意味着不能再让大项目大工程在发展中发挥主要作用。

通过专项行动推进发展，容易导致行政手段过度干预资源配置的问题，违背市场机制在资源配置中起决定性作用的改革方向。所谓的专项行动，就是政府通过行政手段集中财力、物力和人力搞经济建设，以确保按期完成某项任务或实现某个目标。过去的一些发展实践已经证明，不顾实际地简单靠专项行动推动发展，往往会出现违背经济社会发展客观规律和自然进程的情况，不仅达不到预期目的，还可能导致资源配置扭曲和低效率、政府债务负担加重、激化社会矛盾等后遗症。这些后果都是明显与全面建成小康社会目标相悖的。

需要说明的是，厘清这一认识偏差，并不是彻底否定重大工程、重大项目的作用。实际上，“十三五”规划中对重大政策、重大工程和重大项目仍然十分重视，共提出了约165项重大工程、重大项目，涉及科技创新、结构升级、基础设施、生态环境、民生改善等五个方面。从“十三五”重大工程、重大项目涉及的领域可以看出，当前实施重大工程、重大项目，着重发挥其精准性优势，起到补短板的作用，从而避免其负面效应，促进全面建成小康社会目标的实现。

（执笔人：中国宏观经济研究院全面小康研究课题组）

主要参考文献

［1］中共中央文献研究室．习近平关于全面建成小康社会论述摘编［M］．北京：中国文献出版社，2016.

［2］胡锦涛．中国共产党第十八次全国代表大会报告：坚定不移沿着中国特色社会主义道路前进 为全面建成小康社会而奋斗［R/OL］.（2012-11-17）［2017-06-11］.http://www.gov.cn/ldhd/2012-11/17/content_2268826.htm.

［3］习近平．中国共产党第十九次全国代表大会报告：决胜全面建成小康社会 夺取新时代中国特色社会主义伟大胜利［R/OL］.（2017-10-27）［2017-11-15］.http://www.gov.cn/zhuanti/2017-10/27/content_5234876.htm.

［4］中共中央编写组．中华人民共和国国民经济和社会发展第十三个五年规划纲要［M］．北京：人民出版社，2016.

［5］李培林，蔡昉．2020 走向全面小康社会［M］．北京：社会科学文献出版社，2015.

［6］林兆木．林兆木文集［M］．北京：红旗出版社，2016.

［7］杨伟民．全面建成小康社会的行动纲领：十八届五中全会《建议》学习体会［J］．全球化 2016（5）：5-15.

［8］陈锡文．把统筹城乡发展列入建设全面小康社会的计划和实践之中［R］．领导决策信息，2003（37）：20-21.

［9］陈锡文．全面建设小康社会的关键在农村［J］．经济研究，2002（12）：10-12.

［10］陈仁安．西部地区全面建成小康社会面临的挑战与对策［J］．经济研究导刊，2013（18）：117-118.

［11］中国宏观经济研究院课题组．“十三五”时期防范重大市场风险

的对策思路研究［R］. 北京：中国宏观经济研究院，2016.

［12］中国宏观经济研究院课题组 .“十三五”：经济社会发展风险处于高发窗口期［J］. 全球化，2016（10）：30–53.

［13］国家发展和改革委员会社会发展研究所课题组 . 利用国际市场资源开拓居民增收新空间研究［R］. 北京：国家发展和改革委员会社会发展研究所，2016.

［14］国务院发展研究中心课题组 . 中国民生指数研究［R］. 北京：国务院发展研究中心，2015.

［15］高尚全 . 全面建成小康社会需补齐农村短板［N］. 人民日报，2015–11–09（7）.

［16］和军，樊寒伟 .2004—2014 年全国四大区域全面小康建设比较研究［J］. 中国特色社会主义研究，2016（1）：47–54.

［17］何勤华 . 初步建成法治社会：全面建成小康社会的重要标志［J］. 学术前沿，2016（9）：54–64.

［18］李说 . 全面建成小康社会需补齐农村短板［J］. 中国经贸导刊，2015（11）：14.

［19］李雪松，娄峰，张友国 .“十三五”及 2030 年发展目标与战略研究［M］. 北京：社会科学文献出版社，2016.

［20］李璐 . 缩小贫困地区公共教育指标与国家平均水平差距研究［R］.2016.

［21］刘志成，曾铮 . 如何认识“十三五”时期重大市场风险［J］. 中国发展观察，2016（11）：21–23.

［22］刘奇葆 . 统筹城乡发展 建设小康社会［J］. 求是，2003（14）：32–34.

［23］石亚军 . 当前推进政府职能根本转变亟需解决的若干深层问题

[J]. 中国行政管理，2015（6）：8-20.

[24] 杨宜勇，张强. 全面建成小康社会的测评方法研究 [J]. 学术前沿，2016（18）：17-26.

[25] 魏后凯，张瑞娟. 中国农村全面建成小康社会进程评估 [J]. 学术前沿，2016（18）：27-40.

[26] 魏加宁，朱太辉. 我国"十三五"时期国民经济风险预评估与防控对策 [J]. 中国发展观察，2016（2）：22-26.

[27] 吴晓华. 全面建设小康社会与城乡二元结构战略性转换 [J]. 宏观经济研究，2004（8）：22-25.

[28] 邬沧萍. 全面建成小康社会积极应对人口老龄化 [M]. 北京：中国人口出版社，2016.

[29] 袁初明. 试论全面建成小康社会背景下我国面临的发展风险 [J]. 理论月刊，2014（11）：127-129.

[30] 谢志强，王剑莹. 如何构建全面建成小康社会的评价指标体系 [J]. 学术前沿，2016（18）：41-53.

[31] 赵军. 全面建成小康社会研究 [M]. 北京：中国人民大学出版社，2016.

[32] 张平，王宏淼，张自然. "十三五"时期全面建成小康社会的短板及其对策 [M]. 北京：社会科学文献出版社 .2016.

[33] 张力. 补短板：提高教育质量的关键 [N]. 光明日报 .2015-12-17（11）.

[34] 张泳全，构建新型公务员激励与约束机制的思考 [J]. 中共中央党校学报，2013（11）：59.

[35] 张占斌，高立菲. 全面建成小康社会：衡量标准与科学内涵 [J]. 学术前沿，2016（18）：6-16.

［36］卞新民，张卫建，叶飞．我国农村生态环境问题及其对策［J］．红旗文稿，2004（20）：26–28.

［37］高红贵，汪成．生态文明绿色城镇化进程中的困境及对策思考［J］．统计与决策，2014（24）：64–66.

［38］罗贤宇，俞白桦．社会主义新农村生态文明建设思考［J］．沈阳农业大学学报（社会科学版），2013，15（1）：6–10.

［39］史亚楠，佟光霁．浅析城镇化建设中生态环境保护的问题及对策［J］．农业经济，2013（8）：45–47.

［40］王干，白明旭．中国矿区生态补偿资金来源机制和对策探讨［J］．中国人口·资源与环境，2015（5）：75–82.

［41］王军，钟莉娜．土地整治工作中生态建设问题及发展建议［J］．农业工程学报，2017，33（5）：308–314.

［42］王立华．民族地区全面建成小康社会的挑战与应对［J］．内蒙古民族大学学报（社会科学版），2015，41（2）：62–66.

［43］肖祥．“反公共地悲剧”与区域生态文明共享［J］．人民论坛，2012（20）：58–59.

［44］熊欢欢，阮涵淇．雾霾天气治理的生态文明建设路径选择［J］．企业经济，2016（8）：16–20.

［45］薛睿．论全面建成小康社会的生态文明制度构建路径［J］．经济师，2013（9）：32–33.

［46］杨继瑞，黄潇，田杰．生态文明建设的若干思考与对策［J］．经济社会体制比较，2013（3）：119–124.

［47］俞雅乖，高建慧．生态新农村：我国田园环境与城市生活和谐共生的新农村建设模式：浙江省宁波滕头村的实践启示［J］．农村经济，2011（11）：104–107.

［48］袁晓文．以生态文明理念引领全面建成小康社会［J］．贵阳市委党校学报，2013（1）：16–19.

［49］张冬冬，朱继英．论生态文明建设与全面建成小康社会［J］．前沿，2013（2）：4–6.

［50］张永清．生态文明背景下的全面建设小康社会的途径［J］．当代生态农业，2006（Z1）：36–39.

［51］郑娟尔，袁国华，贾立斌等．资源环境承载力与生态文明建设学术研讨会总结：国土资源管理面临保障发展、保护资源、保障生态建设的机遇与挑战［J］．中国国土资源经济，2013（8）：69–72.

专　题　篇

第二章
全面建成小康社会面临的国际新形势与新要求

内容提要

党的十八大以来，我国在世界经济版图和全球治理格局中的位势大幅上升，国际影响力与日俱增，为全面建成小康社会营造了良好外部环境。与此同时，经济逆全球化波澜再起，全球化带来的战略机遇期窗口收紧，部分贸易相关指标出现重大拐点，给全面建成小康社会的经济目标带来新的不确定性。新形势下，国际社会达成《2030年可持续发展议程》的重大共识，有利于加快我国全面建成小康社会步伐。面对这些新形势和新要求，我国应尽快补齐短板，加大统筹国际国内协调发展力度，推动全面建成小康社会目标早日实现。

一、全面建成小康社会面临的国际新形势

（一）我国在世界经济版图和全球治理格局中的位势大幅上升，为全面建成小康社会营造了良好的外部环境

党的十八大以来，我国在复杂多变的国际形势下，牢牢抓住战略机

遇期，不断壮大综合国力，在世界经济版图和全球治理格局中的地位更加突出。

一是中国对世界经济复苏与增长的“稳定锚”作用不断增强。从宏观经济看，中国对全球经济增长的贡献持续提升。国家统计局的数据显示，2019 年中国对全球经济增长的贡献率为 30% 左右，比 1978 年高出 27 个百分点左右，连续多年成为世界经济增长的第一引擎。从全球直接投资看，2015 年对外直接投资首次超过外国直接投资，中国正式步入对外净投资时代。商务部数据显示，截至 2019 年底，中国在境外设立企业 4.3 万家，分布于全球 188 个国家和地区，对外直接投资存量将近 2.1 万亿美元，位居世界前列。中国投资在全球的地位和作用日益凸显，在全球直接投资连续多年下降的大背景下，中国投资已成为拉动全球对外直接投资增长的重要引擎。从全球贸易看，截至 2019 年底，中国已连续 11 年成为全球第一大货物贸易出口国和第二大货物贸易进口国，货物贸易进出口总额占全球的 10% 以上。中国一方面持续为世界提供物美价廉的工业制成品，为降低全球生产成本、推动技术进步、改善各国人民生活作出了不容忽视的贡献，另一方面也为全球跨国企业提供了庞大的市场需求。

二是中国在改善全球治理中的不可替代性更加突出。一方面，中国在履行消除贫困、气候变化、国际维和、人道主义救援等国际义务方面已成为不可或缺的重要力量。以脱贫为例，《2015 年联合国千年发展目标报告》显示，中国对全球减贫的贡献率超过 70%。世界银行更认为，中国正在推行的脱贫攻坚行动，将会成为全球反贫困事业的教科书（张建军，2016）。另一方面，中国在捍卫自由贸易、维护多边体制与促进共同繁荣方面的国际话语权和影响力持续提升。美国布鲁金斯学会、卡内基国际和平基金会等智库报告认为，“一带一路”倡议为沿线国家带来普惠效应，尤其是英国等国家加入亚洲基础设施投资银行（AIIB）显示了国际社会正逐渐认可优化国际治理的中国方案。英国皇家国际问题研究所等智库认为，中国充分利用联合国、G20 等多边治理框架引导全球关注“包容发展”和“绿色创新”等议题，显示中国已经成为推动全球治理机制改革的关键力量。

（二）经济逆全球化波澜再起，全球化带来的战略机遇期窗口收紧

2012 年以来，全球经济微弱复苏但增长依然乏力，主要经济体走势趋稳但宏观政策取向更加分化，国际力量对比趋向平衡但全球治理话语权争夺更加激烈，我国战略机遇期的内涵和条件继续发生深刻变化。当前，经济逆全球化再次抬头，呈现出诱发原因更复杂、波及范围更广泛、影响冲击更剧烈的新特征，导致贸易保护主义继续强化、地区安全形势更不稳定，维护、用好和延长我国战略机遇期的难度明显增大。

一是经济逆全球化的诱发原因更加复杂导致维护我国战略机遇期面临更多不确定性。20 世纪 80 年代后期，逆全球化的社会思潮已经广泛传播。与逆全球化主要由跨国企业影响母国国内劳工权益引发不同，最近几年经济逆全球化的诱发原因更加多元。在发达国家经济增长面临挑战、不平等问题更加突出的背景之下，技术进步带来就业相对减少、资本和劳动间收益差距不断扩大、金融资本全球化运作带来巨大风险、中产阶级受移民冲击被边缘化，一些发达国家政客放大民众对全球化进程的担忧，公开反对贸易投资自由化、反对市场开放，都是当前阶段经济逆全球化的重要诱因。在各种因素的共同作用下，部分国家和地区经济的脆弱性凸显、社会的不稳定性加剧，导致我国维护全球化带来的战略机遇期不可避免地面临更多不确定性。

二是经济逆全球化的波及范围更加广泛导致用好我国战略机遇期面

临更多重大挑战。近年来，经济逆全球化思潮的蔓延促使西方各国的极端保守势力相继上台，欧洲多国民族主义、民粹主义和保护主义政党势力明显上升。同时，贸易保护主义继续强化，削弱了全球贸易增长动力。多个国际组织联合发布的《G20 贸易投资措施报告》显示，从 2015 年 10 月至 2016 年 5 月，G20 成员平均每月新采取的贸易限制措施多达 21 项，是 2009 年以来月均最高的数量；自 2018 年 5 月至 2019 年 5 月，G20 国家所采取的新贸易限制措施共影响了 8 168 亿美元的国际贸易。2019 年 12 月发布的最新监测数据显示，2018 年 10 月中旬至 2019 年 10 月中旬，WTO 各成员实施进口限制措施的贸易覆盖范围约为 7 470 亿美元。这是自 2012 年 10 月以来记录的最高贸易覆盖率，与上一次年度概览中记录的数字（5 880 亿美元）相比增长了 27%。在保护主义、极端主义倾向扩大的背景下，投资与贸易环境可能继续恶化，地缘政治可能进入高度敏感期，我国推进“一带一路”倡议、区域全面经济伙伴关系协定（RECP）将面临更为复杂的局面。

三是经济逆全球化的影响冲击更加剧烈导致延长我国战略机遇期面临更多艰难抉择。2015 年以来，欧美各国接连上演经济逆全球化的重大事件。尤其是 2016 年特朗普当选美国总统使美国从自由贸易的捍卫者演变为贸易保护主义的践行者，导致经济全球化进程遭遇重大挫折。英国脱欧、美国废除 TPP 并宣称今后致力于双边谈判，也将对未来全球投资与贸易产生剧烈和持久的影响。中美经贸关系能否长期稳健是决定我国战略机遇期能否延长的重要因素。考虑到特朗普政府在贸易和汇率方面的强硬立场及其政策对中国经济产生的负向溢出效应，中美贸易可能出现短期局部激化，届时我国将不得不面临更多艰难抉择。

二、国际新议程对中国全面建设小康社会提出新要求

当前，中国已经成为推动全球发展进程的重要力量。从联合国千年发展目标到2030年可持续发展议程再到G20杭州峰会的国别行动计划，中国在全球发展进程中作为发声者、主动者、引领者的角色越来越突出。在2020年全面建成小康社会，不仅是基于中国发展现实作出的重大决策，也是为了满足国际社会对发展的新共识、新期待和新要求进行的重大实践。

（一）高水平实现千年发展目标为全面小康打下坚实基础

2000年9月，世界各国领导人在联合国总部一致通过具有历史性意义的《千年宣言》，郑重承诺将共同致力于实施八项千年发展目标（UN，2000）。中国与其他188个国家共同签署了该文件，重申中国政府将坚定支持这些目标。联合国千年发展目标是联合国成员国一致通过的一项旨在将全球贫困水平在2015年之前降低一半（以1990年的水平为标准）的行动计划，在过去的15年中这些指标一直是全世界的总体发展框架。联合国千年发展目标与我国全面建成小康社会主要维度对比如表2-1所示。

表2-1　千年发展目标与全面建成小康社会主要维度对比

全面建成小康社会的主要维度和部分指标		千年发展目标
主要维度	指标名称	具体目标
经济发展	农村居民人均可支配收入	消灭极端贫穷和饥饿 全球合作促发展
	第一产业劳动力比重	
	农村小城镇人口比重	

续表 2-1

<table>
<tr><th colspan="2">全面建成小康社会的主要维度和部分指标</th><th>千年发展目标</th></tr>
<tr><th>主要维度</th><th>指标名称</th><th>具体目标</th></tr>
<tr><td rowspan="4">社会发展</td><td>农村合作医疗覆盖率</td><td>与艾滋病病毒 / 艾滋病、疟疾和其他疾病作斗争</td></tr>
<tr><td>农村养老保险覆盖率</td><td></td></tr>
<tr><td>万人农业科技人员数</td><td></td></tr>
<tr><td>农村居民基尼系数</td><td></td></tr>
<tr><td rowspan="2">人口素质</td><td>农村人口平均受教育年限</td><td>普及小学教育</td></tr>
<tr><td>农村人口平均预期寿命</td><td>改善产妇保健
降低儿童死亡率
与艾滋病病毒 / 艾滋病、疟疾和其他疾病作斗争</td></tr>
<tr><td rowspan="4">生活质量</td><td>农村居民恩格尔系数</td><td rowspan="4">促进两性平等并赋予妇女权力
消灭极端贫穷和饥饿</td></tr>
<tr><td>农民居住质量指数</td></tr>
<tr><td>农民文化娱乐支出比重</td></tr>
<tr><td>农民生活信息化指数</td></tr>
<tr><td rowspan="2">民主法制</td><td>农民对村政府公开的满意度</td><td></td></tr>
<tr><td>农民对社会安全满意度</td><td></td></tr>
<tr><td rowspan="3">资源环境</td><td>常用耕地增长率</td><td rowspan="3">确保环境的可持续性</td></tr>
<tr><td>森林覆盖率</td></tr>
<tr><td>万元农业 GDP 用水量</td></tr>
</table>

说明：全面建成小康社会的维度和指标来自国家统计局农村社会经济调查司（2011），此处意在举例进行比较说明。

总体来看，中国较好地完成了千年发展目标中的绝大多数任务，尤其在消除极端贫困、普及初等教育、促进性别平等、降低儿童死亡率等方面完成较好（见表 2-2）。这些任务的完成，使经济社会发展的公平性、可持续性得到进一步增强，为全面建成小康社会打下坚实基础。

表 2–2　中国实施千年发展目标的进展情况

总目标	具体目标	实现情况
消除极端贫困和饥饿	1990 年到 2015 年，将日收入不足 1.25 美元的人口比例减半	★★★
	让包括妇女和年轻人在内的所有人实现充分的生产性就业和体面工作	★★
	1990 年到 2015 年，将饥饿人口比例减半	★★★
普及初等教育	2015 年前确保所有儿童，无论男女，都能完成全部初等教育课程	★★★
促进两性平等和赋予妇女权力	争取到 2005 年在中小学教育中消除两性差距，最迟于 2015 年在各级教育中消除此种差距	★★★
降低儿童死亡率	从 1990 年到 2015 年将 5 岁以下儿童死亡率降低三分之二	★★★
改善孕产妇保健	1990 年到 2015 年，将孕产妇死亡率降低四分之三	★★★
	到 2015 年使人人享有生殖健康服务	★★
与艾滋病病毒/艾滋病、疟疾和其他疾病作斗争	到 2015 年，遏制并开始扭转艾滋病病毒和艾滋病的蔓延	★★
	到 2010 年，实现为所有需要者提供艾滋病病毒/艾滋病的治疗	★★
	到 2015 年，遏制并开始扭转疟疾和其他主要疾病的发病率	★★
确保环境的可持续性	将可持续发展原则纳入政策和计划，扭转环境和资源损失趋势	★★
	降低生物多样性丧失，到 2010 年显著降低生物多样性丧失的速度	☆
	到 2015 年将无法持续获得安全饮用水和基本环境卫生设施的人口比例降低一半	★★★
	到 2020 年，明显改善约 1 亿棚户区居民的居住条件	★

资料来源：《中国实施千年发展目标报告（2000—2015 年）》，中华人民共和国外交部，联合作驻华系统，2015 年 7 月。

说明：★★★表示已经实现，★★表示基本实现，★表示可能实现，☆表示没有实现。

（二）《2030年可持续发展议程》给全面建成小康社会提出新要求

2015年9月25—27日，全球193个联合国会员国在纽约庆祝联合国成立70周年，一致认为在面临新的形势和发展阶段，各个国际组织和国家应进一步深化可持续发展，落实可持续发展目标[1]。2015年9月25日联合国通过了《变革我们的世界：2030年可持续发展议程》（以下简称《议程》），该议程建立在千年发展目标的基础之上，是对千年发展目标的继承。同时，该议程在应对当前正在转型的国际政治经济格局和国际发展合作新形势，以及理念构建、形成方式、内容范围、适用对象和实施手段等五大方面超越了千年发展目标，是对千年发展目标的升华和扩展。17个总目标及169个子目标所涉及的议题范围十分广泛，客观上体现了国际最新共识对我国建设小康社会所产生的五个方面要求。

一是《议程》强调要实现可持续发展，主要体现在气候变化和生产消费模式两方面，这意味着全面建成小康社会应尤其注重生态环境维度。《议程》强调，社会和经济发展离不开对地球自然资源的可持续管理。气候变化是全球性的，也是当今时代的最大挑战之一。它产生的不利影响削弱了各国实现可持续发展的能力。要开展最广泛的国际合作来加速解决全球温室气体减排和适应问题以应对气候变化的不利影响。《议程》确认《联合国气候变化框架公约》是谈判气候变化全球对策的主要国际政府间论坛。决心果断处理气候变化和环境退化带来的威胁；决心保护和可持续利

[1] 有必要指出，这一议程的核心框架离不开《亚的斯亚贝巴行动议程》，2015年7月15日来自193个联合国会员国的与会代表经过谈判，正式就大会成果文件《亚的斯亚贝巴行动议程》达成一致，其中包括一系列旨在彻底改革全球金融实践并为解决经济、社会和环境挑战吸引投资的大胆措施，是各国在促进普遍和包容性的经济繁荣、提高人民福祉及保护环境方面加强全球合作伙伴关系的新里程碑。

用海洋、淡水资源以及森林、山麓和旱地，保护生物多样性、生态系统和野生动植物；决心促进可持续旅游，解决缺水和水污染问题，加强在荒漠化、尘暴、土地退化和干旱问题上的合作，加强灾后恢复能力和减少灾害风险。通过环境保护、技术创新等手段，确保人人获得负担得起、可靠和可持续的现代能源。《议程》还强调，可持续的城市发展和管理对于生活质量至关重要。这包括：规划城市和人类住区，以促进社区凝聚力和人身安全，推动创新和就业；减少城市活动和危害人类健康和环境的化学品所产生的不利影响，包括以环境无害的方式管理和安全使用化学品，减少废物、回收废物和提高水及能源的使用效率；必须协助改变不可持续的生产和消费模式，包括推动利用所有来源提供财务和技术援助，加强发展中国家的科学技术能力和创新能力，以便采用更可持续的生产和消费模式。《议程》鼓励执行《可持续消费和生产模式方案十年框架》，并要求所有国家都应在实现可持续发展方面采取行动。

二是《议程》着力促进包容性增长，主要体现在消除贫困和确保权利平等两方面，这意味着全面建成小康社会应做到真正公平、合理同步。《议程》的首要目标是“在全世界消除一切形式的贫困”，这反映出各国在推动脱贫减贫议题上的高度共识。《议程》明确指出，必须通过社会保障体系等各种手段让所有人的生活达到基本标准。优先消除饥饿，实现粮食安全，并决心消除一切形式的营养不良。这一首要目标在整个指标体系中得到了充分的说明，并被具体量化。在确保权利平等方面，《议程》主要聚焦于所有的儿童、青年、残疾人（他们有 80% 的人生活在贫困中）、艾滋病病毒 / 艾滋病感染者、老人、土著居民、难民和境内流离失所者以及移民。《议程》认为，实现性别平等和增强妇女和女童权能将大大促进我们实现所有目标和具体目标。如果人类中有一半人仍然不能充分享有人权和机会，就无法充分发挥人的潜能和实现可持续发展。妇女和女童必须能平等地接受优质教育，获得经济资源和参政机会，并能在就业、担任各级领导和参与决策方面，享有与男子和男童相同的机会。要努力争取为缩小两性差距大幅增加投入，消除对妇女和女童的一切形式歧视和暴力。《议程》还认识到，跨国移民实际上涉及多种因素，对于原籍国、过境国和目的地国的发展具有重大影响，需要有统一和全面的对策。除了弱势群体之外，《议程》还突出地强调确保健康的生活方式，促进各年龄段人群的福祉。

三是《议程》明确要推动创新型发展，主要体现在促进创新创业和强化技术进步两方面，这意味着全面建成小康社会需要尽快实现创新驱动发展。《议程》特别强调促进充分的生产性就业和人人获得体面工作，促进具有包容性的可持续工业化，推动创新。这反映了世界各国对尽早实现经济发展方式转变的迫切需求。《议程》重点提出，通过多样化经营、技术升级和创新，包括重点发展高附加值和劳动密集型行业，实现更高水平的经济生产力。推行以发展为导向的政策，支持生产性活动、体面就业、创业精神、创造力和创新；鼓励微型和中小型企业通过获取金融服务等方式实现正规化并成长壮大。《议程》明确指出，联合国将启动《亚的斯亚贝巴行动议程》设立的技术促进机制，以支持实现可持续发展目标。该技术促进机制将建立在会员国、民间社会、私营部门、科学界、联合国机构及其他利益方等多个利益攸关方开展协作的基础上，由联合国科学、技术、创新促进可持续发展目标跨机构任务小组，科学、技术、创新促进可持续发展目标多利益攸关方协作论坛以及网上平台等部分组成。

四是《议程》涵盖建设和平包容与法治的社会，主要体现在完善制度建设方面，这意味着全面建成小康社会需要注重社会维度尤其是法治社会建设。《议程》认为，创建和平、包容的社会对促进可持续发展非常重要，尤其是在各级建立有效、负责和包容的机构，让所有人都能诉诸司法。为此，在目标设置中，《议程》专门提及减少暴力犯罪、制止对儿童的暴力和酷刑、减少非法资金和武器流动、打击有组织犯罪、减少腐败和贿赂等关键领域。除了有针对性地提及上述领域，《议程》还提出若干具体路径措施以实现有关目标。内容包括：在国家和国际层面促进法治，确保所有人都有平等诉诸司法的机会；在各级建立有效、负责和透明的机构；确保各级的决策反应迅速，具有包容性、参与性和代表性；根据国家立法和国际协议，确保公众获得各种信息，保障基本自由。就国内层面而言，这些措施与我国全面建成法治社会具有内在一致性，也是我国建设法制国家的内在要求。

五是《议程》指明要促进开放与合作，主要体现在筹资、技术、能力建设、贸易等议题，这意味着全面建成小康社会需要通过让中国更深度融入全球经济抢抓全球化红利机遇。筹资是全面落实《议程》的关键步骤，因此《议程》始终将《亚的斯亚贝巴行动议程》作为整个议程的重要组成部分。《亚的斯亚贝巴行动议程》在科技、基础设施、社会保障、卫生、微型及中小型企业、外国援助、税收、气候变化以及针对最贫困国家的一揽子援助措施方面均提出了新的举措，其中包括建立“技术促进机制”和“全球基础设施论坛”等。对发展中国家而言，《议程》提出通过政策协调，酌情推动债务融资、债务减免和债务重组，以帮助发展中国家实现长期债务可持续性，处理重债穷国的外债问题以减轻其债务压力。《议程》十分强调国际贸易（尤其是自由贸易）的作用，认为国际贸易是推动包容性经济增长和减贫的动力，有助于促进可持续发展。包括大幅增加发展中国家的出口，尤其是到 2020 年使最不发达国家在全球出口中的比例翻番。《议程》提出，将继续倡导在世界贸易组织框架下建立普遍、有章可循、开放、透明、可预测、包容、非歧视和公平的多边贸易体系，实现贸易自由化。

（三）《二十国集团落实2030年可持续发展议程行动计划》为全面建成小康社会注入新动力

根据二十国集团（G20）安塔利亚峰会决定，G20承诺将自身工作与2030年可持续发展议程进一步衔接，努力消除贫困，实现可持续发展，构建包容和可持续的未来，并确保在此进程中不让任何一个人掉队。

2016年，G20杭州峰会在中国举行，把发展置于二十国集团议程的突出位置，共同制定落实2030年可持续发展议程行动计划，并通过了《二十国集团落实2030年可持续发展议程行动计划》（主要领域见表2–3）。杭州峰会指出，G20将遵循若干高级别原则，包括在国内和国外层面的国别和集体努力落实2030年可持续发展议程；重申可持续发展议程具有普遍、变革、不可分割、融合的特性，以及不让任何一个人掉队、在地球上生活的每个人享有尊严、实现以人为中心的可持续发展的重要性；各国根据国内优先事项、需要和能力落实可持续发展议程，在国际上构建免于恐惧和暴力的和平、公正、包容的社会，支持低收入国家和发展中国家在实现可持续发展目标方面取得进展，包括消除贫困和饥饿等十余项重大原则。

《二十国集团落实2030年可持续发展议程行动计划》明确，G20的集体行动将围绕“可持续发展领域”展开。这些领域包括基础设施，农业、粮食安全和营养、人力资源开发和就业、普惠金融和侨汇、国内资源动员、工业化、包容性商业、能源、贸易和投资、反腐败、国际金融架构、增长战略、气候资金和绿色金融、创新、全球卫生。总体来看，这些重点领域符合我国“十三五”时期全面建成小康社会总目标，符合五大发展理念，为加快2020年全面建成小康社会注入了新动力。

表 2-3 《二十国集团落实 2030 年可持续发展议程行动计划》主要领域

主要方面	主 要 内 容	对应可持续发展议程的有关目标
基础设施	加强对基础设施的投资，致力于促进基础设施投资、解决数据鸿沟、提升投资环境、加强有关倡议间的合力	6、7、9、11；1、3、8、13
农业、粮食安全与营养	推进可持续农业和农村发展，承诺应对粮食价格波动，支持 G20 测算及减少粮食损失和浪费技术平台。确定《G20 粮食安全与营养框架》	2、8、9、10、12、13、15
人力资源开发和就业	努力实现在 2025 年前将永久性脱离劳动力市场风险最大的年轻人比例降低 15%，男女劳动力参与率之间的差距缩小 25%	8；4；4、5、8
普惠金融和侨汇	扩大金融服务的受益面，使不曾享有服务的人群特别是青年和妇女能够使用，并应对中小企业融资面临的金融体系挑战和法律不确定性。继续推进侨汇国别计划，使移民侨汇成本降至 3% 以下，消除成本高于 5% 的侨汇地带	1、10；8；10
国内资源动员	开展国际税收合作，为低收入和发展中国家提供国际支持，完善国内税收政策监管体系，更好收集利润信息和数据，打击非法资金流动	17
工业化	提升可持续的工业化生产能力，构建富有韧性的工业相关服务业、更强的中小企业和农业相关工业部门	9
包容性商业	以可持续的、具有商业价值的方式，帮助经济金字塔低端的人群成为经济生产中的消费者和生产者，将《G20 包容性商业框架》纳入国内发展政策	1、8、9、10、12、17
能源	继续落实 G20 能源合作原则，推动现代能源体系和抗风险的、透明的能源市场，加强在能源可及性、清洁能源和能效领域的合作，推动清洁能源等创新能源技术的投资	7、9、12、13

续表 2-3

主要方面	主 要 内 容	对应可持续发展议程的有关目标
贸易和投资	利用新设立的贸易和投资工作组，寻求促进全球贸易增长路径并采取行动，加强投资政策协调合作，并支持帮助低收入和发展中国家和中小企业更好融入全球价值链的行动	8；10
反腐败	加强反腐败法律执行与合作，增加公共和私营部门廉洁和透明度，落实 G20 反腐败原则，包括追逃追赃相关原则、拒绝避风港、强化国际合作打击高风险领域腐败等	16
国际金融架构	提升主权债务重组进程的有序性和可预见性，加强债务可持续机制并持续关注低收入和发展中国家的金融稳定。推动国际货币基金组织（IMF）和世界银行（World Bank）有关改革进程	10；17
增长战略	加大结构性改革力度，确保实施相互支持的需求和供给政策以实现强劲、可持续和平衡增长并减少下行风险，强化公共和私营部门高质量投资，采取集体和国别的财政、货币和结构性政策	1、8、10
气候资金和绿色金融	推动《巴黎协定》及早生效和落实，鼓励提供和动员更多资源应对气候变化，鼓励资金流向温室气体排放低和具有气候韧性的发展。鼓励支持多边开发银行和发展融资机构为有关行动提供支持	13
创新	加强创新、新工业革命和数字经济领域的国际合作，将推动经济增长和创新，弥合有关领域鸿沟。鼓励创新生态系统、技术促进机制方面的国际合作	8、9
全球卫生	支持就加强全球和国家卫生体系的可持续和创新融资采取国际行动	1、3、5

资料来源：课题组整理。

三、国际形势及要求的变化对中国全面建成小康社会的影响

当前，国际形势和要求出现新变化，给中国全面建成小康社会带来复杂影响。总体而言，经济逆全球化将不利于实现全面建成小康社会的经济目标，但国际新议程将有利于中国加快实现全面建成小康社会的相关目标。

（一）逆全球化趋势下保护主义抬头可能给全面小康建设的经济目标带来不利影响

一是逆全球化趋势下保护主义抬头，中美贸易争端和美国优先战略可能诱发系列风险冲击中国经济。首先，美国与欧洲多国的右翼保守势力上台滋长贸易保护主义，可能导致国际贸易增速持续下降拖累中国经济。如果保护主义持续抬头，国际贸易增速继续下降势必拖累中国经济。其次，中美贸易争端可能局部激化并诱发汇率贬值等经济风险。美国新政府上台以来，已经连续多次发起对中国的“双反”调查。美国商务部的最新统计显示，中国在 2016 年美国贸易逆差中占比为 47%，比排名第二的日本高出 38 个百分点左右。考虑到美国特朗普政府的强硬立场，未来极有可能认定中国为汇率操纵国以及施加临时关税。贸易争端局部激化除了对贸易有直接影响外，还可能影响市场对汇率和经济稳定的信心，衍生非理性贬值等其他风险。最后，围绕“美国优先”的系列政策可能给中国经济带来负向溢出效应。美国新政府强调的财政刺激、强势美元和贸易施压将给中国经济政策带来挑战。例如，大规模减税政策配合征收过境税政策可能促使一批高端跨国企业回流美国，给中国经济转型升级带来障碍。

二是地缘政治进入高度敏感的不稳定期，中国获取全球化红利将面临更大障碍。一方面，地缘政治博弈的复杂性大幅提高，“一带一路”倡议、区域全面经济伙伴关系协定（RECP）的推进可能面临更多障碍。当前，美国在承担全球领导者方面的兴趣大减，欧洲国家实力正在加速弱化，主要国家之间的博弈趋于复杂，东亚、中东、东欧等热点地区动荡的不确定性更为突出，沿线国家面临的经济、政治与安全风险都不同程度上升，给推进“一带一路”建设带来不利影响。同时，由于中国企业在这些地区有着广泛的投资和利益，预计境外投资的风险将骤然加大。另一方面，中国周边安全形势可能有所恶化，维持区域稳定的经济代价将更加巨大。美国极有可能在对俄收缩中加大遏华力度，从而导致中国周边安全形势恶化。预计美国仍将发挥其地缘政治影响力，中国周边国家和地区因担心美国弱化对其责任而出现异动，未来朝鲜半岛、东海、南海与台海可能一点或多点同时出现安全形势恶化的局面。要避免这种被动局面，中国不得不同时依靠更为庞大的军事开支、经贸合作及援助计划进行有效的管控。

逆全球化趋势可能冲击中国经济进而影响全面建成小康社会的经济增长目标。近年来，由于全球化发展的包容性不够，导致贫富差距扩大、社会政治动荡，掀起逆全球化浪潮，形成对过去几十年全球化与金融化浪潮的反弹。尤其是特朗普的当选，凸显了美国中产阶级对经济长期停滞、大国地位下降、收入差距过大、遭受移民冲击的不满。如果美国对中国施加临时关税甚至采取惩罚性关税措施，中国在美国贸易逆差中的占比也会大幅回落，中国出口对美国经济复苏的弹性将会明显降低。从需求侧看，在投资和消费的增长贡献一定的前提下，由于净出口增速可能不及预期，“十三五”期间经济保持在 6.5% 以上的增速存在较大困难。

（二）实施新的全球性议程将有利于推动中国尽快实现全面建成小康社会目标

《议程》从经济、社会和环境三个关键维度设立了一组包括 17 个总目标和 169 个子目标的集成目标，来指导发达国家和发展中国家。根据《议程》文件，这些目标将促使各国在对人类和地球至关重要的领域中采取行动。从中国的落实情况看，已经在扶贫、增长、民生、生态、国际合作等方面取得了重要进展[1]。

《议程》明确指出："可持续发展总目标和具体目标是一个整体，不可分割，是全球性和普遍适用的，兼顾各国的国情、能力和发展水平，并尊重各国的政策和优先事项。具体目标是人们渴望达到的全球性目标，由各国政府根据国际社会的总目标，兼顾本国国情制定。各国政府还将决定如何把这些激励人心的全球目标列入本国的规划工作、政策和战略。必须认识到，可持续发展与目前在经济、社会和环境领域中开展的其他相关工作相互关联。"上述要求使《议程》在指导世界各国实现可持续发展目标中兼具普遍性和针对性，从客观上要求中国在经济社会发展各方面"全面"发展。

四、国际新形势和新要求下我国应补齐的发展短板

国际新形势要求中国在推动经济全球化中扮演更重要角色，这需要中国在促进全球贸易和投资中积极发挥自身优势，更好对接全球市场，用好国际国内两种资源，服务全面建成小康社会目标。

在众多因素中，营商环境已经成为一国能否吸引投资、留住企业的关

[1] 中华人民共和国 . 中国落实 2030 年可持续发展议程进展报告（2019）[R]. 北京，2017.

键因素。研究表明，那些双管齐下采取提高监管程序的效率和加强有利企业、贸易和交流的法律制度的经济体，能够更好地促进经济增长和发展。一个经济体的成败取决于多种变数，其中往往被忽视的是那些方便企业和营商的具体细节。例如，决定开办企业的难易度、执行合同的速度与效率、贸易所需要的文件等。通常而言，对这些营商法规做出优化可能会有成本，但与对促进增长与发展起到变革性作用的巨大收益相比，这些成本显然是值得的。

目前，我国营商便利化仍处于较低水平。尽管根据世界银行发布的营商指数，我国营商环境全球排名已从此前第78位跃至第46位，2019年再度升至第31位，跻身全球前40位，连续两年入列全球优化营商环境改善幅度最大的十大经济体。但需要看到，一方面，这一排名是由北京和上海两个城市的平均水平所代表的，它远远超出中国真实的营商环境平均水平；另一方面，世界银行指标体系中有部分指标未能真正“暴露”出我国营商环境的短板，尤其是在获得贷款和财产保护方面，由于指标设计的原因“技术性”地缩小了我国与其他国家的差距。

针对上述短板，我国应积极借鉴有关国家在提高规制水平方面的经验，大力推广一站式服务，促进“简政放权、放管结合、优化服务”，以政府权力的减法换取市场的乘法，形成更优的营商环境。一方面，要以开放数据权限、实施跨部门共享、探索结果互认为重点，加快完善法律法规，加大行政统筹力度。另一方面，要按照尊重普适性、加强针对性的原则，重点优化一站式服务流程。积极与周边国家开展一站式服务对接。用好世界银行、联合国贸发会议等有关组织出版的实践指南，参考不同领域开展一站式服务提供的一般性指引完善我国已有的一站式服务。

（执笔人：张铭慎）

主要参考文献

［1］联合国.2015年联合国千年发展目标报告［R］. 2015.

［2］张建军. 中国的脱贫攻坚将成为全球反贫困事业的教科书［J］. 中国经济周刊，2016（40）：31–33.

［3］UN.Millennium Summit of the United Nations［R/OL］.（2000–09–08）［2018–11–13］.https://www.un.org/en/development/devagenda/millennium.shtml.

［4］二十国集团落实2030年可持续发展议程行动计划［R］. 2016.

［5］中华人民共和国外交部. 中国落实2030年可持续发展议程进展报告（2019）［R］. 2019.

［6］黄超. 从千年目标走向可持续发展［N］. 文汇报. 2015–09–27.

［7］World Bank Group. Doing Business 2019：Training for Reform［R］. 2019.

第三章 以提升经济发展质量和效益为重点推进全面建成小康社会研究

内容提要

在加快实现以“两个翻番”为核心的全面建成小康社会总目标过程中，需要高度关注经济发展的质量和效益。它包括经济增长效率、创新驱动水平、人民生活福祉和生态文明建设四大维度，是一个以经济维度为主同时兼顾其他维度关系的范畴。当前，我国既要关注经济发展质量和效益中存在的问题，又要客观理性看待近年来我国部分经济发展质量和效益指标的变化。要坚持以新发展理念和供给侧结构性改革为引领，提高经济发展的质量和效益，推动建成高水平和可持续的全面小康社会。

2020年全面建成小康社会是“两个一百年”奋斗目标中的第一个百年奋斗目标，经济建设始终在全面建成小康社会方面占有重要地位。一方面，经济持续健康发展是确保“两个翻番”目标圆满实现的题中应有之义；另一方面，经济持续健康发展还是保障社会、环境、文化方面达到目标的重要支撑。在加速实现以“两个翻番”为核心的全面建成小康社会总体目标的过程中，除了关注“翻番”及有关指标能否实现外，更要关注“翻番”的内在结构和前提条件，即“将什么翻番”和“在什么条件下翻番”。对于前者，是将旧动能翻番，走过去的粗放型增长老路，还是加速新旧动能转换下的翻番，走创新驱动发展的新路？对于后者，是考虑社会、生态相关约束下实现转型条件下的翻番，还是不顾自然资源和生态承载极限在传统模式下的翻番？上述问题本质上是经济发展质量和效益问题。

改革开放以来，我国经济在规模和数量上均取得了骄人的成绩，并且多年保持了高速增长态势，一跃成为世界第二大经济体，对全球经济增长贡献接近 40%。但在总量和速度爆发式增长的光环背后，也蕴藏着经济发展质量与效益不高的巨大风险，经济发展中的体制和机制性障碍、结构和周期性问题日益凸显。针对经济发展质量效益不高这一难题，要以新发展理念为指导，积极推进供给侧结构性改革，加速经济提质增效，为建成高水平可持续的全面小康社会奠定坚实基础。

一、经济发展质量和效益与全面建成小康社会的内在联系

（一）经济发展质量和效益的内涵与分析框架

关注经济发展质量和效益既是现实需要，也有着深厚的经济学基础。目前关于经济增长的经济学理论主要包括经济增长和经济发展两个方面，但是经济增长几乎只关注经济增长的数量，而经济发展理论的外延又非常宽泛。经济增长强调量的增加，而经济发展则是质与量的统一，不仅要求数量的增加，更加注重结构的改善和质量的提高，还包括人与自然、人与

人关系的和谐发展以及人自身的全面发展等。学术界对经济发展质量的关注更多聚焦于经济增长质量。而对经济增长质量的界定主要存在两类观点：一种观点从狭义角度来定义经济增长质量，将经济增长质量理解为经济增长的效率，这种效率表现为一定的投入获取最大的产出，或者是保证达到一定的产出付出最小的投入；另一种观点从广义角度来界定经济增长质量，认为经济增长质量是相对于经济增长数量而言的，包含了更多关于发展的价值判断。例如，刘树成（2007）认为，提高经济增长质量是指不断提高经济增长态势的稳定性，不断提高经济增长方式的可持续性，不断提高经济增长结构的协调性，不断提高经济增长效益的和谐性。冷崇总（2008）认为，经济发展质量是指一定时期内一个国家或地区国民经济发展的优劣程度，即经济内部以及经济与社会之间的协调状态。而经济发展的优劣程度主要体现为总量增长、效率提升与结构优化等方面。

国外对于经济发展质量的研究主要考察产业结构、技术进步及内外部因素对其的影响。国内的相关研究集中于经济增长与发展的数量变化与质量评价，主要包括三方面内容：一是经济发展质量评价指标体系的构建。已有指标体系的构建主要基于衡量经济发展健康度与稳定性的指标、评价经济发展水平与效率的指标以及测度经济社会结构及其变化情况的指标（钞小静等，2011；刘小瑜、汪淑梅，2014；刘兴远、宣严，2016）等三个角度。例如，冷崇总（2008）构建了一个包含经济发展有效性、经济发展充分性、经济发展协调性、经济发展持续性、经济发展创新性、经济发展稳定性与经济发展分享性共七个维度。姚升保（2015）从经济效率、运行稳定性、经济结构、人民生活、社会进步、资源环境代价六个维度评价经济发展质量。张士杰和饶亚会（2016）用组合评价方法从数量增长、发展动力、资源环境、经济结构、社会发展五个方面评价中国经济发展质量。二是影响经济发展质量的内部因素分析。许多学者认为，经济发展质量的内部影响因素主要有要素投入数量的有序增加、要素的有效利用及生产效率的提高（李永友，2008）。三是影响经济发展质量的外部因素分析。资源丰裕度（郭建万、袁丽，2009），环境质量（何伟，2013），制度因素（张继海、李发毅，2014），人、自然与社会的和谐（宋明顺等，2015）是影响经济发展质量的主要外部因素。

本文认为，经济发展质量是一个以经济维度为核心同时兼顾其他维度的范畴。评判经济发展质量和效益高低，关键看能否用较少的要素投入、较小的资源环境代价产出较多的产品，获取较大的经济效益；能否生产科技含量与附加值更高的产品，在全球创新网络中占据主动；能否让百姓更好地分享经济增长的成果，持续提高生活品质；能否转向集约式经济增长和绿色发展，实现金山银山与绿水青山的辩证统一与高度和谐。

根据上述定义，并参考已有研究，将经济发展质量和效益分解为经济增长效率、创新驱动水平、人民生活福祉与生态文明建设四个维度，分别对应评判经济发展质量效益的四条标准。其中，经济增长效率主要聚焦经济效益，即经济发展水平、增长水平、回报水平与结构水平，故选取了经济增长率、人均 GDP、劳动生产率、投资回报率、全要素生产率、第三产业占比、消费率等指标；创新驱动水平主要聚焦一国创新的能力和效果，故选取了研发支出占 GDP 比重、高新技术产业增加值占制造业增加值的比例等指标；人民生活福祉主要聚焦经济社会发展协调性，更加关注人民群众在经济社会发展中的获得感，故选取了城市化率、居民可支配收入增速、基尼系数、城镇新增就业等指标。生态文明建设维度聚焦节能降耗，故选取万元 GDP 能耗、万元 GDP 用水量、万元 GDP 工业废气排放总量等指标，见表 3-1。

表 3–1 经济增长质量与效益的评判标准

维度	评判标准	具体指标
经济增长效率	能否用较少的要素投入、较小的资源环境代价产出较多的产品，获取较大的经济效益	经济增长率、人均 GDP、劳动生产率、投资回报率、全要素生产率、第三产业占比、消费率
创新驱动水平	能否生产科技含量与附加值更高的产品，在全球创新网络中占据主动	研发支出占 GDP 比重、高新技术产业增加值占制造业增加值的比例
人民生活福祉	能否让百姓更好地分享经济增长的成果，持续提高生活品质	城市化率、居民可支配收入增速、基尼系数、城镇新增就业
生态文明建设	能否转向集约式经济增长和绿色发展，实现金山银山与绿水青山的辩证统一与高度和谐	万元 GDP 能耗、万元 GDP 用水量、万元 GDP 工业废气排放总量

（二）全面建成小康社会与经济发展质量和效益的关系

在建设小康社会的过程中，我国在不同发展阶段先后提出了实现基本小康、全面建设小康以及全面建成小康等多个目标任务。在 20 世纪末，我国已初步实现总体小康。总体小康就是基本小康，即不全面的小康，其中“不全面”是指我国的经济发展还停留在过分强调经济指标的定量评价上，忽略与此相关的社会综合发展指标的衡量（高兴波，2005）。连林慧（2007）认为基本小康是低标准、偏重于物质消费且发展不均衡的小康，而全面小康是较高标准，更加重视精神消费与民主等权利以及缩小地区、城乡与各阶层差距的小康。因此，全面小康是比基本小康更高的一个发展层次，是位于基本小康水平与基本实现现代化两个目标之间的一个阶段性目标。表 3–2 列出了基本小康与全面小康的若干区别。

党的十八大报告首次提出到 2020 年全面建成小康社会，对全面建成小康社会给出了两大定量指标，即实现国内生产总值和城乡居民人均收入比 2010 年翻一番。在此基础上，全面建成小康社会还包括：进入创新型

表 3-2　基本小康与全面小康的比较

维度	基本小康	全面小康
主要标准	低水平，人均 GNP 只有 800 多美元	水平较高，人均 GNP 超过 3 000 美元，达到中等收入国家水平
重点解决	温饱与物质短缺	物质、政治、精神和生态的共同进步
生活质量	覆盖人群还不全面，主要是生存性消费，社会保障还不健全	人群全覆盖，更多是发展性和享受性消费，生活更加富裕
发展状态	不平衡问题突出，地区间、城乡间、不同人群间的差距较大	实现较为均衡的发展，缩小地区、城乡与不同阶层之间的差距
评价体系	侧重经济发展指标	兼顾经济与社会综合发展
阶段定位	小康社会的最初级阶段	基本小康与基本实现现代化之间的阶段性目标

资料来源：作者根据已有文献整理。

国家行列、国际竞争力明显增强；民主制度更加完善、依法治国基本方略全面落实、人权得到切实尊重和保障；公民文明素质和社会文明程度明显提高、文化产业成为国民经济支柱性产业；基本公共服务均等化总体实现、收入分配差距缩小、社会和谐稳定；主体功能区布局基本形成，主要污染物排放总量显著减少、人居环境明显改善。

二、经济发展质量和效益不高制约全面建成小康社会

由于我国长期依赖物质投入、拼资源环境、靠外延扩张，一方面使维持经济发展的代价越来越大，另一方面也使经济发展的可持续性和包容性越来越弱。尤其是长期粗放型的增长方式，使得中国经济的结构性矛盾异常突出。例如，投资、出口的拉动力越来越小，土地、劳动力等要素价格越来越高，资源、环境的约束越来越紧，经济发展的可持续性受到挑战。

低端产能过剩、区域与城乡差距拉大、产业升级缓慢、自主创新能力不足、资源环境承载压力逼近临界阈值等，在削弱经济增长潜力的同时也不同程度地牺牲了人民群众的获得感。

（一）资源配置效率总体较低

经济增长过程中，不同的资源配置组合和方式会带来不同的经济结构。即便经济增速相同，但背后仍然会具有完全不同的资源配置效率。现阶段，中国仍然存在资源配置效率总体较低的问题。从供给侧看，主要存在人力资源、实物资本、创新资源配置不合理、制度安排不健全，影响了潜在经济增长率。从需求侧看，主要是投资内部、投资与消费之间的相关比例不合理。资源配置效率总体较低，影响了我国经济可持续发展的能力，对全面小康社会中的经济发展目标的实现构成挑战。

我国当前所面临的“产能过剩”的问题，一方面是投资与消费比例不合理导致的供需结构性错配，另一方面也与我国制度安排不健全密切相关。从投资的角度来看，中国的投资占 GDP 的比重仍高达 40% 以上，对经济增长的贡献在过去 10 年当中达到 80%，消费的贡献率长期低迷。而且我国的大量投资集中在资本密集型产业，资本—劳动比随着投资越来越高，持续的资本积累对经济的贡献率却越来越低，投资处于回报率加速递减的阶段。从体制机制的角度看，国有企业改革总体滞后也导致政府与市场关系长期未能厘清，国有企业预算软约束问题未根本解决。这与市场经济条件下，因盲目投资和重复建设造成的损失是由企业自身承担的基本规律不符。国有企业将容易获得的金融资本投向重资产行业，如钢铁、水泥、电解铝、平板玻璃等。由于这些行业可以极大地拉动地方经济，政府部门出于政治晋升激励往往热衷于支持这些行业，造成产能过剩。产能过剩不仅会造成社会资源的浪费、产业组织的恶化，更会导致就业岗位大量流失、居民收入受边际报酬的下降而日益下滑，最终导致消费不足，加剧了供给过剩。

（二）创新驱动发展水平不高

能否生产科技含量与附加值更高的产品并在全球创新网络中占据主动，是创新驱动发展的重要标志。从要素驱动的传统增长模式转向创新驱动的现代增长模式，是建成全面小康社会的重要内容。实现高水平的创新驱动，需要拥有健全的国家创新体系作为保障。当前，尽管我国国家创新体系建设取得积极进展，仍存在基础不实、互动不强与激励不足三大问题，严重制约创新驱动发展。

基础研究是支撑一国整体创新能力的重要基石。一方面，我国长期存在基础研究投入不足、应用开发研究占比相对过高的问题。统计表明，2006 年以来，基础研究在 R&D 经费中长期未超过 5%（见图 3–1），但以 R&D 强度与中国大致相当的英国为例，其基础研究经费占比达到 15% 左右。美国、韩国、日本等发达经济体的这一比例都在 20% 左右。另一方面，尽管企业研发经费占比远远领先其他主体，但国内企业的研发强度依然很低。统计表明，规模以上工业企业研发投入占主营业务收入的比重长期低于 1%，而主要发达国家可以达到 2.5% ~ 4% 的水平。投入结构与数量上的不足，使我国庞大的科研经费投入效果大打折扣。一方面，我们拥有世界上最大规模的科技队伍，但高端科技人才十分短缺，科学论文、专利等数量不少，但有世界影响的高水平科技成果产出不足；另一方面，企业研发投入持续增加，但大部分企业的创新能力有待提高，中国企业在全球创新 1 000 强中则明显落后。从实际情况来看，产学研之间虽有合作，但主体间仍有很深的隔阂。有效激励不足一直是我国科技体制存在的现实问题，在国家创新体系中直接反映为创新主体激励存在扭曲，也是导致基础研究能力不强、产学研互动不足的重要原因。在个人层面，我国存在重视物质投资、轻视人力资本投资的问题。一方面置重金购买最先进的技术设备，另一方面却无法对科研人员形成有效激励，以致出现了许多先进装备无人使用、无人可用的尴尬现象。

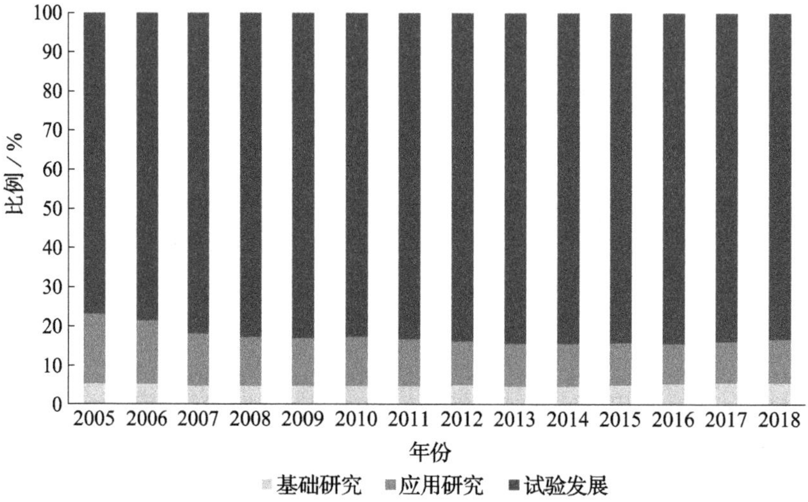

图 3–1　2005—2018 年 R&D 经费支出比例

数据来源：Wind。

（三）人民生活福祉有待提升

能否让百姓更好地分享经济增长的成果并持续提高生活品质是经济发展质量和效益的重要内容，也是影响全面建成小康社会中人民群众获得感和幸福感的重要因素。当前，我国城镇化水平逐步提高，但公共服务仍不均衡，区域差距、城乡差距、贫富差距还比较大，老少边穷特地区脱贫的长效机制和内在动力还未完全建立，人民生活福祉有待提升。

改革开放以来，城镇化在助力中国经济保持两位数高速增长方面发挥了巨大作用。但在快速城镇化的过程中，一些关系到人民群众切身利益的深层次问题并未得到根本解决。例如，在推行城镇化的过程中伴随进行的城乡户口等级制度逐渐实现统一，但制度的统一并不意味着原来城乡户口背后的公共服务差异消失。原来城市发展占用过多土地，却没有用在给老百姓提供安居条件的居住用地上，而是大量用在了开发区工业用地和新城区的基础设施用地上。与此同时，居民的收入差距在区域与城乡之间却呈现扩大趋势。据国家统计局统计，中国基尼系数从 1980 年的 0.30 左右上升到 2011 年的接近 0.48。数据显示，全国最高收入 10% 的家庭，所拥有的资产约占全国家庭资产的 85%，而他们的收入占全国家庭总收入的 57%。适度的区域非均衡发展符合经济发展规律，但当超过一定限度之后，地区差距扩大会导致社会需求不足，抑制经济增长。

（四）生态文明建设亟待加强

能否转向集约式经济增长和绿色发展、实现金山银山与绿水青山的辩证统一与高度和谐是经济发展质量和效益的重要标志之一，也是全面建成小康社会的题中应有之义。改革开放以来，我国推行以经济建设为中心的发展战略，虽然经济取得了很大的发展，但也付出了环境严重退化和资源消耗增加的代价。环境问题不仅影响经济的可持续发展，还将给人们追求健康和福祉带来很高的成本。如果高能耗、高污染的粗放型发展方式持续下去，那么增长的收益将无法弥补社会福利的损失。

长期以来，我国的经济增长主要是依靠高能耗的第二产业推动的粗放型发展在支撑。企业片面追求高速增长，高强度投入、粗放式生产的经营模式，使得能源与资源的利用效率与发达国家存在较大差距。从投入产出技术角度来讲，高能耗与高排放相伴而生，加之近年来工业化、城镇化的快速发展，目前部分地区的环境承载能力已临近阈值。当前，水污染、大气污染、土壤污染问题已经加速凸显，随着人民群众对健康权益越来越重视，加强生态文明建设的呼声也越来越高涨。

三、客观把握、理性看待经济发展质量和效益指标的新变化

随着我国积极转变发展方式，在“创新、协调、绿色、开放、共享”的新发展理念指引下，经济社会发展出现了一些新变化。但单一的经济指标变化有时很难反映出经济发展质量和效益的真实变化，其背后所蕴含的一些新情况与新问题需要引起我们的高度重视。

（一）部分指标出现下滑不能说明经济发展质量效益急剧下降

近年来，我国部分经济指标出现了下滑，引发全社会乃至全球对中国经济前景的担忧。但从经济发展质量和效益的角度来看，部分指标出现下滑并不能说明经济发展质量效益出现了急剧下降，在对增长速度和质量效益权衡取舍的过程中，部分增速指标下滑具有一些特殊原因，需要客观把握、理性看待。

一是经济增速下降是为提升经济发展质量和效益创造条件。当前我国已经进入从高速增长阶段向高质量发展阶段转变的新时代。尽管经济发展质量和效益指标体系中，经济增速是一项重要指标，但不能将经济增速的下降和经济发展质量和效益绝对化地联系起来。一方面，我国已经保持多年的高位增长，经济增速往下掉一点，不仅不会影响我国经济社会发展总体进程，还为转变经济发展方式、调整经济发展节奏创造了条件。另一方面，尽管我国经济增速略有下降，但总体仍处于全球领先水平。最新数据显示，2019 年我国国内生产总值比 2018 年增长 6.1%，明显高于全球经济

增速，在经济总量 1 万亿美元以上的经济体中位居第一；占全球经济份额超过 16%，对世界经济增长贡献率达 30% 左右，持续成为推动世界经济增长的主要动力源。因此，经济增速的下降是我国经济结构调整的需要。

二是投资回报率下降有产能过剩的原因，也有基建投资大幅增加的原因。近年来，我国经济的投资回报率出现了一定程度的下降，但这种下降有着复杂的经济原因。一方面，我国经济长期依赖投资，在投资—劳动比大幅上升的过程中，资本必然遇到边际收益率递减规律的作用。现实中，大量投资还涌入产能过剩部门，进一步加剧了无效投资、冗余投资，部分投资不仅无法收回成本，还客观上加剧了环境污染等一系列社会问题。另一方面，随着近年来我国“三去一降一补”大力度推进，国有企业预算约束机制逐步建立，“僵尸企业”债务处置取得阶段性成效，资本大量涌入过剩产业、投资率加速攀升的情形已大为改观。此时，投资回报率的下降已经不能完全归结于产能过剩、无效投资。应该看到，大量基础设施投资的增加本身也会造成投资回报率的下降。事实上，基础设施建设本身就是回报较低、周期较长的投资，我国的许多基础设施建设投资被用在“补短板”上，尤其是中西部等欠发达地区的补短板，这些地区经济水平和人口稠密度均较低，因此基础设施建设的投资回报率势必更低。要补齐后发地区的发展短板、增强后发地区的发展后劲，投资回报率的短期降低是应该被允许的。

（二）辩证看待部分指标好转与经济发展质量效益提高的关系

近年来，我国部分衡量经济发展质量效益的指标出现了好转，但好转的背后主要源自经济的周期性和结构性因素，需要辩证看待部分指标好转与经济发展质量效益提高的关系。

一是部分结构性指标改善的背后是投资不振与制造业疲弱。经济结构是反映经济发展质量的重要维度，我国投资对经济的贡献率、第二产业占 GDP 比重和出口占 GDP 比重长期过高。在 2013 年和 2014 年，我国先后实现最终消费支出对经济增长的贡献超过投资、第三产业占 GDP 比重超过第二产业。以消费为例，2017 年上半年消费对经济增长的贡献率达到 63.4%，一季度更是达到 77.2%。但上述指标的改善并非完全来自消费、第三产业的自身改善，投资与第二产业增加值同比增速的大幅下滑也是重要原因。后者反映出民营经济缺乏信心，实体经济发展有待加强。以消费为例，消费对 GDP 贡献率的高企未必完全表明消费增长的提速以及经济结构的转型。理论上，消费对 GDP 的贡献率等于最终消费支出增量与国内生产总值增量之比，该指标往往与短期经济波动因素息息相关。消费的高贡献率并不必然意味着消费内生动力的增强，而更多的是一种“被动”式的变化，即表明投资增速相对消费增速下降得更快。由于消费增速变化通常比投资更为稳定，因此在经济趋缓或者下行时期，消费增速下降的幅度会小于投资。此时，消费对 GDP 增长的贡献率会明显上升。

二是企业经营效益改善的背后更多源自价格而非能力因素。企业效益是经济发展效益的微观基础和重要体现。自 2016 年底开始，我国企业利润、回款情况、杠杆率、产品周转等效益指标出现了不同程度的好转。以利润为例，2017 年 1—4 月规模以上工业企业利润总额同比增长 24.4%，远高于此前五年的各年均值。但企业效益指标的改善主要来自 PPI 由负转正、大宗商品价格回暖等价格性因素，实体经济的内生动力、企业创新能力并未出现明显好转。

三是能耗与环境指标的下降与工业生产活动趋弱密不可分。单位 GDP 能耗也是反映经济发展质量效益的重要风向标。近年来我国单位 GDP 能耗不断下降，2011—2016 年，单位 GDP 能耗降幅分别达 2.0%、3.5%、

3.7%、4.7%、5.6% 和 5.0%。能耗的下降既与节能降耗工作取得进展高度相关，也与工业生产活动趋弱密不可分。囿于前期 PPI 指数与大宗商品价格持续低迷，加上部分行业产能过剩突出，工业上游环节往往处于停产停工等非饱和运转状态，从客观上为能耗与环境指标的改善创造了条件。

四是城镇化率虽有所提升但“逆城镇化”压力越来越大。截至 2016 年底，城镇常住人口 79 298 万人，比上年末增加 2 182 万人，乡村常住人口 58 973 万人，减少 1 373 万人，城镇人口占总人口比重（城镇化率）为 57.35%。在城镇化率快速提升的过程中，需要看到“逆城镇化”的压力也越来越大，完成“三个一亿人”的目标存在巨大挑战。“逆城镇化”倾向的出现，说明城镇化过程中并未真正落实和充分体现“人的城镇化”这一本质要求。在缺少公共服务保障、土地权益保障的情况下，“进城”只能成为打工族的一种职业选择，而无法作为一种身份标识真正落地。另外，由于我国贫困人口中未将城市困难生活人口纳入，在扶贫攻坚的过程中，这部分群体没有受到高度重视，也降低了城市对许多农村人口的吸引力。

（三）部分指标不及预期凸显我国经济发展质量效益短板

经济发展质量效益还体现在创新驱动、资源环境、民生改善等方面。但我国面临部分指标未及预期，甚至还出现下滑的趋势，凸显我国经济发展质量效益存在不少短板。

一是创新驱动仍然不及预期。从全面小康评价指标体系来看，预计到 2020 年研究与试验发展（R&D）经费投入强度指标实现达标有一定难度。要达到“十三五”目标，2020 年实现 R&D 经费占 GDP 比重至少需要达到 2.45% 的门槛，这意味着，2015—2020 年 R&D 经费占 GDP 比重至少年均增长 0.076 个百分点。2019 年 8 月发布的《2018 年全国科技经费投入统计公报》显示，2018 年研究与试验发展（R&D）经费投入强度为 2.19%。考虑到以往趋势和波动，预计“十三五”要实现2.5%的目标存在严峻挑战。另外，全要素生产率增速近年一直处于下滑通道，显示科技进步贡献率并未出现明显提升。我国有效发明专利维持年限多集中在3~6年，仅为国外的一半。通常专利发挥效用往往需要8~10年甚至更长的时间，因此我国大量的职务科技成果往往根本没有转化。从实际情况来看，产学研之间虽有合作，但单边的技术转让仍占据产学研合作的很大比例，企业参加高校科研活动呈现下降趋势（见图3–2）。在企业研发投入增速远快于政府属科研机构与高校的情况下，高校科研活动来自企业的资金却呈现下降趋势。这说明企业R&D支出的增长没有更多配置到高校部门，其背后的浅层原因是现实中大学与企业之间仍存在很深的“隔阂”和明显的信息不对称。此外，我国的专利质量仍然不高。以工程驱动型产业产品为例，即便是市场份额和研发投资都占据优势的高铁，在专利质量上也难以令人满意（见表3–3）。核心专利（尤其是专利簇）上的缺乏，成为制约产业进一步向前发展的潜在障碍。

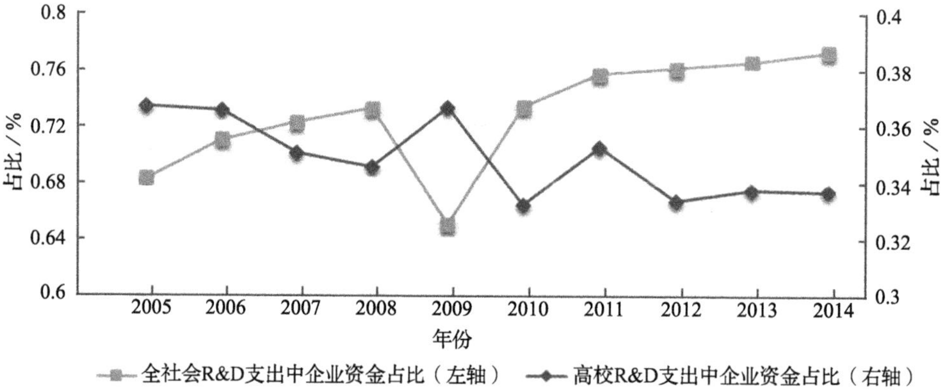

图3–2 企业在全社会与高校R&D支出的占比

数据来源：中经网数据库与历年《全国科技经费投入统计公报》。其中，2009年数据来自《第二次全国科学研究与试验发展（R&D）资源清查主要数据公报》。

表 3–3　工程驱动型产业 / 产品研发投资与专利质量

产业 / 产品	市场份额（%）	研发投资	专利质量	研发投资和专利质量之比
电信设备	18	0.9	0.5	1.8
高速铁路	41	1.5	0.2	7.5
风轮机	20	0.5	0.6	0.8
医疗器械	3	0.9	0.1	9.0
汽车	8	0.7	0.3	2.3

数据来源：CPAT 数据库、MGI。

说明：市场份额为占全球市场份额；研发投资为中国相关行业领军企业与全球行业领军企业（排除中国企业）的研发强度之比；专利质量为中国相关行业领军企业与全球行业领军企业（排除中国企业）的专利引用率之比。

二是环境保护仍旧任重道远。生态环境是群众生活品质的基本保证，从水、土、气等主要环境指标来看，环境保护挑战依然严峻。以群众最为关心的空气质量为例，污染天数的数据表明，2013 年是空气质量问题爆发年，中度污染及以上天气暴增。虽然 2015 年和 2016 年轻度及以上污染空气数量有所减少，但依然处于高位。环渤海地区是全国空气质量问题最严重的区域，华东和华中区域空气质量也有所恶化，空气污染的问题依然严重。

四、以新发展理念和供给侧结构性改革为引领提高经济发展质量和效益

经济新常态下，我国发展条件出现新变化，突出表现为生产要素优势从单纯的人口红利向人力资本红利转变，资源环境条件从过去的相对宽松到趋近承载上限转变，产业竞争从数量扩张与价格竞争向品质提升与质量取胜转变，人民群众需求从经济性物质性向社会性精神性转变，经济社会发展供给维度的结构性问题更为突出。为此，应以新发展理念为指引，加

速推进供给侧结构性改革，促进经济提质增效。

（一）深化国有企业改革，提高资源配置效率并释放市场化改革红利

一要以发展混合所有制经济为契机深化国有企业产权改革，释放资源优化配置与技术进步效应。加快发展混合所有制经济，实现从追求形式和数量的“粗放式”混合，向各类资本交叉持股、产权多元、融合发展、治理规范，更为重视发展内涵和质量的“集约式”混合转变（臧跃茹等，2016）。加快完善公司治理，按照市场化选拔方式和激励机制选好用好职业经理人，强化董事会建设，发挥监事和股东大会作用。引入“金股”、优先股或特殊管理股等创新手段，采取增资扩股、出资新设等方式稳妥推进员工持股，促进混合所有制经济规范发展和创新发展。

二要通过推动国有资本管理向管资本方向转变，提高国有资本管理体制与产权改革的协调性，促进资源优化配置。要本着“市场导向、政府引导、企业主体”的原则，进一步理顺政府和企业的关系。按照“改组为主、新建为辅”的原则，采取不同出资方式成立公用事业、公共保障、战略类与竞争类四类国有资本投资运营公司，国有资本投资运营公司应该按照市场化方式运营（郭春丽，2014）。开展政府直接授权国有资本投资、运营公司履行出资人职责试点，发挥国有资本投资运营公司的专业化优势。实现对国有资本的专门监管、专业运营，根据企业定位与运营需求满足国家战略目标与财务收益目标。

三要通过国有经济在关键领域集中实现要素跨部门优化配置，促进资源优化配置与技术进步。建立国有资本动态调整机制，围绕服务国家战略，通过开展投资融资、产业培育、资本整合，推动产业集聚和转型升级，优化国有资本布局结构。切实推动国有资本向关系国家安全、国民经

济命脉和国计民生的重要行业和关键领域、重点基础设施集中，向前瞻性战略性产业集中，向具有核心竞争力的优势企业集中。优化中央企业和地方国有企业的层级布局，突出不同央企的功能定位，实现互补发展（陈东琪等，2015）。支持企业依法合规通过证券交易、产权交易等资本市场，以市场公允价格处置企业资产，实现国有资本形态转换，变现的国有资本用于更需要的领域和行业。

（二）加快创新驱动发展，建立更加成熟定型的国家创新体系

一要加大研发投入，提高研发强度。政府部门要进一步加大财政对科技领域的投入，充分发挥政府资金对全社会研发经费投入的引导和拉动作用；要进一步完善创新政策体系建设并推动研发费用加计扣除等政策的有效落实，进一步激发市场主体开展研发活动的积极性；还要积极引导地方政府和企业加大对基础研究的投入，加强对前瞻性科学研究和原始创新能力的建设；同时要通过科研项目管理体制改革，提升研发经费投入的针对性和有效性，提高研发资金的使用效率。

二要建立科学制度，重塑创新主体。制度创新是实现引领型发展的重要突破口。多维度重塑地方激励相容的制度设计，恢复地方的制度创新动力。要探索实施现代大学和科研院所制度，在薪酬、遴选和考核方面形成与创新生态相匹配的制度体系和体制机制。健全技术转移与成果转化的收益分配制度，在增量项目中率先提高创新团队、转移人员在成果收益中所占的比重，同时对主要完成人的获取占比设置一定上限，防止获取比例过高带来的负面影响。要多层面调动中央和地方、各类所有制企业研发的积极性，通过政策引导和改革举措，切实提高研发支出。

三要扩大行业准入，拓展机会空间。以国有企业混合所有制改革、金

融体制改革、医疗体制改革等为切入点，扩大非国有资本进入特定领域的渠道，拓展新模式、新业态在传统垄断领域的生存空间。以发展分享经济为契机，倒逼传统垄断领域企业主动利用互联网、大数据等新技术提升自身行业的运行效率和服务质量，形成以客户为中心、重服务体验的人本经济。

四要发展科技金融，增强融资便利。打造科技金融生态圈，以融资便利化促进技术产业化。培育多元化的风险投资主体和中介服务机构，形成覆盖创业企业成长阶段的多种风险资本链条，通过金融体系、业态、产品和服务的创新优化，发挥资本发现价值的功能。推广北京、上海、深圳等地利用创投机构、“新三板”、投贷联动等丰富的金融资源和构建科技信贷服务体系推进科技企业发展的经验。

五要做实创新平台，加强技术服务。促进创新平台均衡可持续发展，防止地方政府主导创新平台同质化低端化房地产化。鼓励建立加速器、非营利性的专业孵化器、制造业创新中心、产业技术研究院等新型研发机构，促进创新平台多样化专业化智能化。扶持市场化运作的技术转移服务中介机构，鼓励社会组织、民间资本进入技术转移服务领域，大力发展科技服务业。

六要转变监管理念，优化监管服务。理性客观看待互联网等先进技术带来的模式变革和潜在冲击，通过创新监管方式和实施包容审慎监管拓展新模式新业态的发展空间，引导其在特定领域发挥积极作用。积极适应和推动新形势下的监管方式变革进程，在统计、审批、检查等多方面主动对接新模式新业态，守住风险底线，理顺监管职责，简化监管流程。

（三）推进生态文明建设，加速形成长效化生态保护制度体系

一要建立以政府为主体、生态补偿机制和产品交易体制健全的生态环

境产品供给体系。强化政府在公共生态环境产品供给方面的重要责任，在推进重大生态修复工程、荒漠化与石漠化综合治理等方面发挥主导作用。逐步扩大资源税的课税范围，将具有商品属性的自然资源全部纳入资源税征税范围，规范企业生产经营行为。进一步理顺生态补偿机制，适当扩大补偿范围、提升补偿力度，并研究制定合理的投入增长机制。积极推广横向生态保护补偿，通过建立区域性生态环境产品交易市场形成更为市场化长效化的补偿机制，形成更为合理的生态保护制度体系。

二要加强底线思维，通过聚焦重点领域、严格行业准入、加大执法力度、加强信用管理等举措强化对环境保护的各类硬约束。对生态保护区、主体功能区等重点区域实施红线管控，综合实施总量管控、设定多样性目标等方式，强化政府及各类经济社会主体的相应责任。要严格评估经济活动对生态环境的潜在影响，对重点行业实施环境管控，通过环评等方式加快我国去产能的步伐。加大《环境保护法》的执法力度，要严格并加大对企业治污设施“建而不运”“运而不足”等违法行为的查处力度，建立对企业生产全过程的在线监控。采取切实措施解决“守法成本高、违法成本低”的问题。将落实环境保护责任作为企业诚信体系建设的重要组成部分，实行“一票否决”制，对违规企业实施“去便利化”措施。

（执笔人：张铭慎）

主要参考文献

[1] 冷崇总 . 构建经济发展质量评价指标体系 [J]. 宏观经济管理，2008（4）：43-45.

[2] 子睿 . 转变经济发展方式　实现国民经济又好又快发展：访中国

社会科学院学部委员、经济研究所所长刘树成[J].理论视野，2007(9)：5-7.

[3] 张士杰，饶亚会.基于组合评价的经济发展质量测度与时序分析：来自中国1978—2013年数据的实证研究[J].财贸研究，2016(3)：10-17.

[4] 姚升保.湖北省经济发展质量的测度与分析[J].统计与决策，2015(21)：147-149.

[5] 刘兴远，宣严.经济发展质量的测度及苏浙鲁粤比较研析[J].唯实，2016(6)：50-54.

[6] 宋明顺，张霞，易荣华，等.经济发展质量评价体系研究及应用[J].经济学家，2015(2)：35-43.

[7] 吴福象.论供给侧结构性改革与中国经济转型：基于我国经济发展质量和效益现状与问题的思考[J].学术前沿，2017(1)：46-55.

[8] 钞小静，惠康.中国经济增长质量的测度[J].数量经济技术经济研究，2009(6)：75-86.

[9] 钞小静，任保平.中国经济增长质量的时序变化与地区差异分析[J].经济研究，2011(4)：26-40.

[10] 臧跃茹，杨娟，刘方，等.促进混合所有制经济发展研究[J].宏观经济研究，2016(7)：55-63.

[11] 郭春丽.组建投资运营公司　完善国有资本管理体制[J].宏观经济管理，2014(11)：49-52.

[12] 陈东琪，臧跃茹，刘立峰，等.国有经济布局战略性调整的方向和改革举措研究[J].宏观经济研究，2015(1)：3-17.

[13] 马晓河.大转型：供给侧结构性改革[M].北京：中国社会科学出版社，2017.

[14] 陶然."人""地""钱"：城镇化的三要素——"人"：低保、住房和教育构成户籍"福利包"[J].时事报告，2010（5）：28.

[15] 刘小瑜，汪淑梅.基于集对分析法的我国经济增长质量综合评价[J].江西社会科学，2014（12）：48–53.

[16] 李永友.基于江苏个案的经济发展质量实证研究——兼与浙江、上海的比较分析[J].中国工业经济，2008（6）：138–147.

[17] 郭建万，袁丽.自然资源丰裕、制度质量与经济发展关系的研究[J].南方经济，2009（10）：69–80.

[18] 何伟.中国区域经济发展质量综合评价[J].中南财经政法大学学报，2013（4）：49–56.

[19] 张继海，李发毅.经济增长质量辨析与评价[J].中国社会科学院研究生院学报，2014（6）：50–55.

[20] 高兴波.符合科学发展观的"全面小康社会"统计指标体系探讨[J].中央财经大学学报，2005（9）：60–65.

[21] 连林慧."全面小康"评价体系研究[J].陕西行政学院学报，2007（4）：115–117.

第四章
全面建成小康社会城乡区域专题研究

内容提要

本章重点分析了城乡居民收入差距、户籍城镇化率、区域分化加速等问题，提出如下核心观点：一是城乡居民收入绝对差距不断拉大，农村居民收入增速放缓明显，缩小城乡区域差距是全面建成小康社会的重大难题；二是居民户籍城镇化率提升缓慢，与常住人口城镇化率差距大，城镇化质量成为全面建成小康社会的短板；三是南北之间、板块之间、资源型地区与其他地区之间的区域分化加速，部分地区增速下滑过快导致影响基本公共服务保障能力、影响居民收入稳定增长、加大区域性失业压力等，困难地区同步实现小康难度加大。

实现全面建成小康社会的目标，必须加大统筹城乡发展、统筹区域发展的力度，推进城乡发展一体化，努力缩小区域发展差距，实现协调发展、均衡发展。不仅要缩小国内生产总值总量和增长速度的差距，而且要缩小居民收入水平、基础设施通达水平、基本公共服务均等化水平、人民生活水平等方面的差距。只有把农村地区的发展搞上去、把落后地区的发展搞上去，破解城乡区域发展差距的难题，才能实现全面小康社会。本章将在梳理全面建成小康社会城乡区域研究进展的基础上，着力研究全面建成小康社会在城乡区域方面存在的拐点性变化、制约短板、发展难题，并针对性地提出优化城乡区域的政策建议，确保如期完成全面建成小康社会的发展目标。

一、全面建成小康社会城乡区域研究进展

2020 年实现全面建成小康社会是党的十八大提出的重要战略目标。全面建成小康社会与统筹城乡区域发展从根本上说是一体的，加快实现城乡二元结构战略性转换是全面建设小康社会的中心任务（吴晓华，2004），应该把统筹城乡发展列入建设全面小康社会的计划和实践之中（陈锡文，2003）。全面建成小康社会应该是全部区域的小康（一个都不能少），逐步缩小区域差距，实现区域协调发展是全面建成小康社会的重要内容（和军，2016）。

全面建成小康社会、统筹城乡发展的短板在农村（陈锡文，2002；李说，2015）。解决好“三农”问题是全面建成小康社会的重点和难点，尤其是解决农村扶贫问题。总体来看，农村全面建成小康社会的实现程度逐年提高，全面建成小康社会的实现程度由 2010 年的 75.98% 提高到 2014 年的 85.75%，其中经济发展和人民生活指标提升幅度较快，而政治民主、社会发展和农村环境指标虽有进步，但仍然属于农村全面建成小康社会的短板（魏后凯，2016）。农村居民文教娱乐消费支出比、村民参选率、农业源化学需氧量排放量、农业源氨氮排放量、农村人口平均受教育年限、化肥施用量、农田地力等级 7 项指标将是农村全面建成小康社会的难点所在，实现全面建成小康社会的目标关键在于补齐农村短板。

从全面建成小康社会的区域发展看，西部欠发达地区仍然是难点地区。和军（2016）测算了2004—2014年全面建成小康社会的实现程度，东部地区最高为95.19%，10年间由高到低排序为东部、东北、中部、西部的结果从未发生变化；10年间中部上升幅度最大，上升了1.03倍；区域差距方面比较显著的是东北与中部差距急剧缩小，而中部与西部差距却显著扩大。尤其是西部地区的贵州、云南、甘肃、宁夏、青海、新疆和西藏等省份实现程度较低，存在贫困程度深、城乡发展严重失衡、资金和人才短板突出、生态环境脆弱等挑战，是全面建成小康社会的难点地区（陈仁安，2013）。抛开行政区划的区域发展看，我国能否全面建成小康社会，关键的“瓶颈”在于革命老区、少数民族地区、边境地区、欠发达地区等老少边穷地区能否脱贫致富（张毅，林家彬，2004）。老少边穷地区自然条件恶劣、经济发展缓慢，政府投入欠账大、基础设施差、教育水平低，产业结构单一、农民增收渠道少、返贫率高，是全面建成小康社会的难点地区。

关于全面建成小康社会在统筹城乡、区域协调方面的对策建议，比较有代表性的主要包括以下几个方面：刘奇葆（2003）提出调整城乡发展政策，适当向农村倾斜的建议；陈锡文（2003）提出通过城市化、工业化+调动农民积极性解决“三农”问题、建设小康社会的思路；吴晓华（2004）提出坚持合理的区域发展战略、注重促进中部地区和县域经济发展，深化改革、着力形成有利于城乡二元结构转换的经济体制和政治体制建议；和军（2016）提出着力解决经济发展的结构性和体制性矛盾问题，加快服务型政府建设、适应全面小康社会建设对公共服务的新要求，在国有企业改革、资源性产品价格改革、财税体制改革、收入分配制度改革、城乡一体化发展、新型城镇化等重点领域和关键环节取得突破性进展，加强教育科技文化建设等建议。

二、城乡人口结构的拐点性变化对全面建成小康社会的影响

纵观世界各国城乡结构的变化历程，城镇化率达到50%是由乡村主导型社会向城市主导型社会变迁的关键点，经济高速发展积累的社会问题开始出现集中爆发的态势，国家的政治制度、经济模式和社会治理等面临结构性变化。2011年我国城镇化率突破50%大关，城镇化仍处于30%~70%的快速发展区间，全面建成小康社会取得积极进展，城镇化率由2012年的52.6%提升到2018年的59.58%，年均提高1.16个百分点，户籍城镇化率由35.3%提升到2018年的43.4%，年均提高1.35个百分点，农民工数量达到27 747万人，增加了1 486万人。居民收入增长速度较快，2012—2018年居民人均可支配收入增速分别达到10.6%、8.1%、8.0%、7.4%、8.3%、7.3%、6.5%，均高于同期GDP增速，城乡居民相对收入差距不断缩小。城镇新增就业保持小幅稳定增长，2012—2018年城镇新增就业分别达到1 266万、1 310万、1 322万、1 312万、1 314万、1 351万、1 361万。但城镇化率达到50%以后的各种社会经济问题也开始凸显，对实现全面建成小康社会的目标带来不利影响，具体包括以下四个方面：

第一，城镇化增长速度呈现明显放缓趋势。国际城镇化经验和相关研究表明[1]，当城镇化率达到50%时，城镇化速度达到极限，以此为分界点，呈现出此前加速、此后减速的特征。从我国城镇化发展态势看，基本与这一判断相吻合，2010年我国城镇化增长1.61个百分点，为1990年以

[1] 陈彦光，罗静．城市化水平与城市化速度的关系探讨：中国城市化速度和城市化水平饱和值的初步推断［J］．地理研究，2006（6）：1063—1072.

来历史最快速度，在 2011 年城镇化率突破 50% 以后，城镇化速度开始出现震荡下行态势，2011—2018 年城镇化增长速度为 1.32 个、1.30 个、1.16 个、1.04 个、1.33 个、1.25 个、1.17 个、1.06 个百分点，（见图 4–1）。当前由于城乡产权制度改革滞后、城市融入难等问题，造成农民工城镇化意愿不强，进一步阻碍了城镇化率提升速度，特别是户籍城镇化率的提升。实现全面建成小康社会的目标，城镇化率需保持年均 0.8 个百分点、户籍城镇化率需保持 1.0 个百分点，在城镇化 50% 规律性拐点效应和制度改革滞后的双重压力下，城镇化增速放缓对实现全面建成小康社会目标带来较大挑战。

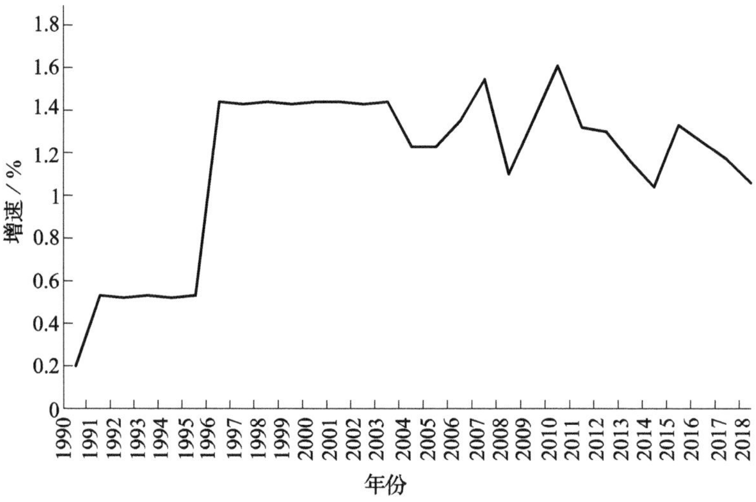

图 4–1　我国城镇化率增长速度演变

资料来源：根据《中国统计年鉴 2018》相关数据计算。

第二，城市公共服务设施供给严重不足。国际城镇化经验表明，在城镇化率达到 50% 以前，大多数国家采取以经济效率为主导的社会经济模式，公共服务设施的供给滞后于大规模人口进城的实际需求，在城镇化率达到 50% 以后，公共服务设施供给不足的矛盾开始集中爆发，各国政府开始实施以社会公平为导向的社会经济制度变革。我国在城镇化率达到

50% 以前，通过城市户籍制度设计以应对大规模流动人口进城对城市公共服务设施的冲击，但随着《国家新型城镇化规划（2014—2020 年）》的出台，我国加速推进城镇化户籍制度改革，农民工市民化进程造成住房、教育、医疗、社会保障等城市公共服务不足的问题日益凸显，房价高昂、入学难、看病贵、社会保障不完善等问题构成全面建成小康社会的突出民生短板，对实现全面建成小康社会目标的短板制约效应愈发明显。

第三，城乡居民收入差距不断拉大。韩国、日本、印度等亚洲国家在城镇化率进入 50% 以后同样出现了城乡居民收入差距拉大的问题。2012 年我国城镇居民人均可支配收入与农村居民人均收入差距为 16 648 元，2018 年这一差距迅速拉大到 24 634 元。让全体人民共享社会经济发展成果是全面建成小康社会的根本要求，城乡居民收入差距不断拉大是造成社会矛盾频发多发的重要原因，不利于提升全体人民在全面建成小康社会中的获得感和满意度。

第四，劳动年龄人口出现下降拐点、老龄化加速对全面建成小康社会带来不利影响。《国家人口发展规划（2016—2030）》指出，15 ~ 59 岁劳动年龄人口于 2011 年达到峰值后波动下降，劳动力老龄化程度加重。《中国统计年鉴 2016》数据显示，15 ~ 64 岁劳动年龄人口自 2013 年达到峰值后持续下降（见图 4–2），老龄化程度不断加深，人口发展进入深度转型期，老龄化加速的不利影响加大。人口老龄化加快会明显加大社会保障和公共服务压力，凸显劳动力有效供给约束，人口红利减弱，持续影响社会活力、创新动力和经济潜在增长率，进而影响到全面建成小康社会的经济增速指标的实现。人口合理有序流动仍面临体制机制障碍，城乡、区域间人口流动仍面临户籍、财政、土地等改革不到位形成的制度性约束，人口集聚与产业集聚不同步、公共服务资源配置与常住人口不衔接、人口城镇化滞后于土地城镇化等问题依然突出，不利于新型城镇化进程的顺利推进。

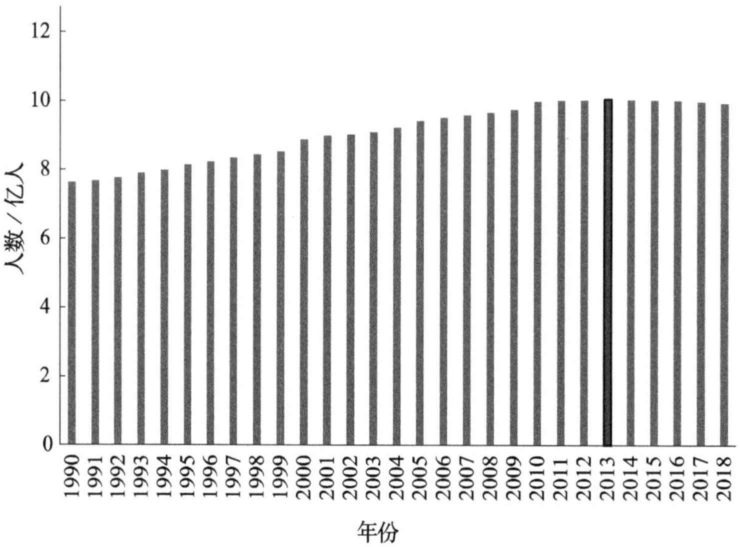

图 4–2 我国 15 ~ 64 岁劳动年龄人口演变过程

资料来源：根据《中国统计年鉴 2018》相关数据计算。

三、区域分化效应凸显困难地区同步实现小康难度加大

受全球经济下行和新一轮产业变革的叠加影响，我国区域分化现象日益显现。结构调整起步早、改革开放举措实、工作力度大的地区，新旧动能转换衔接较好，保持了良好的增长态势，部分省市甚至呈现异军突起之势。而资源型、传统重工业主导、产业结构单一的地区，增速明显放缓，部分省市甚至出现了负增长，产生了区域性塌陷。具体来看，我国区域分化呈现出三个特征：第一，经济增速“南快北慢”，经济份额“南升北降”。2013—2016 年，南北之间增速差距逐步拉开，由 0.6 个百分点扩大到 1.6 个百分点。2011 年后南方份额开始上升，2016 年上半年达到 61.2%，为 1980 年以来最高值。第二，四大板块分化明显，板块内部开始

分化。东北地区增速跌幅最大，与其他板块增速分化最为明显，2012年后东北地区下行速度加快，2013年开始成为增速最低板块，与其他板块差距持续拉大，2016年，东北地区增速分别低于东部、中部和西部地区3.5个、3.6个和4.1个百分点。第三，资源型省区与其他地区速度差距扩大，中西部地区部分省份增长活力明显。2012年后东北三省以及河北、山西、新疆、宁夏等资源型省区，增速低于全国平均水平，而重庆、贵州、四川、安徽、江西、湖北等中西部省区，增速高于全国平均水平。

区域分化对全面建成小康社会的影响效应凸显，表现为三个方面：第一，部分地区增速下滑使得财政收入缩减，直接影响基本公共服务保障能力。经济增速趋缓地区，大多是传统产业主导、经济发展水平落后、公共服务欠账多的地区，传统领域盈利空间不断压缩，新项目投资减少，政府财政收入短期内缩减明显，降低了地方政府公共服务支出能力，与发达地区基本公共服务水平的差距可能进一步拉大。第二，区域性失业压力加大，影响居民收入稳定增长。对于产能过剩严重、资源衰退型产业主导的地区，不少传统企业正经历或面临关停潮，导致新一轮区域性下岗失业潮，特别是我国中西部和东北地区的县域经济抗风险能力弱、企业支撑能力不强、传统企业体量大、新兴产业培育慢，在本轮去产能过程中受到冲击最大，面临的失业风险和民生压力最大。第三，经济增长塌陷地区重振困难加大。以东北老工业基地为代表的部分地区，正面临区域性或局部性经济增长塌陷困境，一方面，传统支柱型产业投资增长持续回落、转型升级困难，全社会特别是民间对实体经济投资意愿和信心下降；另一方面，以新产业、新业态和新模式为主要特征的新经济培育慢，短期内依靠技术创新引导的生产领域很难形成快速发展的势头，陷入经济增长恶性循环圈。总之，在区域分化背景下，困难地区的类型不断增多，导致困难的原因各异，与其他地区同步实现小康难度加大。

四、户籍人口城镇化率提升缓慢，城镇化质量成为实质性短板

居民户籍城镇化意愿不强，户籍人口城镇化率与常住人口城镇化率差距大，城镇化质量提升缓慢。全面建成小康社会的重要目标是加快提高户籍人口城镇化率，户籍人口城镇化率能够反映出城镇化的质量状况和全面建成小康社会的进展情况，但当前居民城镇化意愿不强，影响居民户籍城镇化率的提升和城镇化质量的改善。我国“十三五”规划和《国家新型城镇化规划（2014—2020年）》均明确提出2020年户籍人口城镇化率实现45%的目标，2016年户籍人口城镇化率为41.2%（见图4–3），需要年均提高0.95个百分点。自2014年国家新型城镇化规划颁布实施以来，户籍人口城镇化率提升呈现出加快态势，2014—2016年分别增长1.4、2.8和1.3个百分点，明显高于以往年份不足1个百分点的增速，户籍人口城镇化率与常住人口城镇化率的差距由2013年的18.03个百分点持续下降到16.15个百分点（见图4–4），按照这个趋势，户籍城镇化的质量似乎容易完成。但户籍城镇化实际进展情况并不容乐观，根据课题组对重庆市和河南周口市的实地调研来看，居民城镇化意愿明显出现下降趋势，河南周口农民城镇化意愿仅为19.46%，外出务工人员城镇化意愿也仅有35.9%，重庆市70.2%的农民工明确表示不愿意转为城镇户口。城镇化质量提升，一是需要重点解决2.5亿进城外来务工人员的存量城镇化问题，重点使其由常住人口城镇化类型向户籍城镇化方面转变，即农民工市民化问题，但由于居民城镇化意愿不强、市民化成本高、政府服务覆盖能力有限等问题，造成这一进程缓慢；二是需要推动中西部地区实现1亿人就近城镇化问题，但由于当前中西部城镇就业支

撑还不强、居民兼农兼工型特征突出和农村土地产权收益愈发明显等原因，造成户籍城镇化仍然滞后于就近城镇化进程，部分地区为了完成户籍城镇化指标，甚至出现“拉郎配式”以行政力量推动农转非户籍城镇化的乱象。总体来看，2020 年实现全面建成小康社会的目标需要高质量的城镇化，但从目前来看，城镇化质量提升任重道远，短期时间内解决的挑战大。

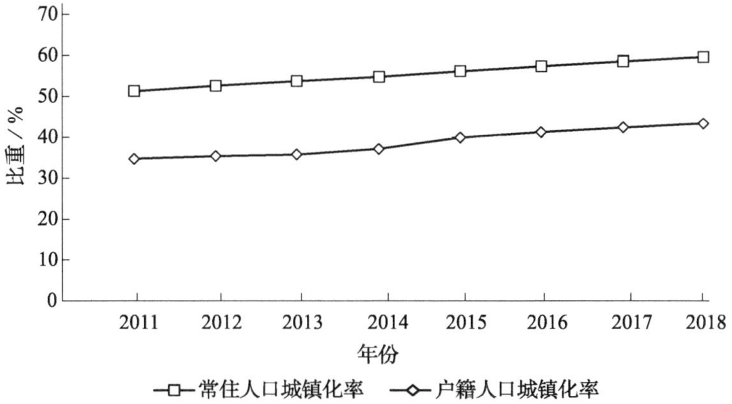

图 4–3　2011—2018 年我国常住人口城镇化率与户籍人口城镇化率的变化

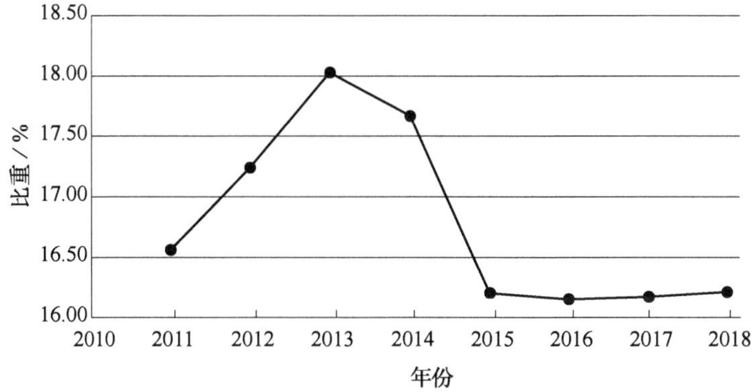

图 4–4　2011—2018 年我国常住人口城镇化率与户籍人口城镇化率的差距

影响城镇化质量提升的深层次矛盾复杂交织，推动健康城镇化的长效机制尚不完善，城镇化质量客观上已经成为全面建成小康社会的短板。城镇化质量不高具体表现为人口城镇化滞后于土地城镇化、人口不完全城镇化、人口流向与土地供给错位等现象。城镇化是复杂的社会经济现象，当前造成城镇化质量不高的原因复杂多样，主要原因：一是经济发展新常态对加速阶段城镇化质量提升造成挑战。稳定的非农就业增长是城镇化加速期提升质量的重要前提，而新旧动能转换对传统产业造成冲击，持续稳定的城镇化就业增长面临潜在风险，城镇化质量提升的根基面临一定挑战。二是城乡产权制度阻碍。当前产权制度下，农村居民选择城镇化意味着放弃附加在农业用地上的经济收益，比如农村承包权和农村宅基地的丧失，在能够就近享受到城镇教育、医疗等公共服务的情况下，农村居民的城镇化意愿呈现不断下降的态势。三是由政府、企业、个人等构成的城镇化成本分担机制不完善。一方面高等级公共资源富集的大城市和超大城市是人口城镇化的首要选择，政府普遍采用户籍政策限制外来人口大规模涌入带来的公共服务、设施超额开支，造成对户籍城镇化贡献度提升缓慢；另一方面农民工市民化需要个人承担高昂的住房、城市消费等开支，政府住房、社会保障、优质教育等公共服务保障覆盖能力还不强，造成 2.5 亿农民工市民化进程不快等。总体来看，推动城镇化健康发展的长效机制尚不完善，城乡产权制度改革滞后、多元化主体参与的城镇化机制尚未形成，导致城镇化总体质量不高，带来了一系列社会经济问题，比如留守儿童、老人、妇女问题，空心村问题，大规模城乡人口不稳定流动的社会治理难题，农民工的市民融入难题等，进而造成居民对全面建成小康社会的获得感和幸福感不强，成为全面建成小康社会的短板。

五、缩小城乡区域差距是全面建成小康社会的重大难题

努力缩小城乡区域发展差距，是全面建成小康社会的一项重要任务。我们发展的目的是人民富裕、国家强盛，而发展最大的差距是城乡差距和区域差距，这也是现代化建设最大的难题。从城乡区域发展的进程来看，一方面，城乡收入差距扩大的趋势并未根本改变，2012 年农村居民人均收入增速比城镇居民可支配收入增速高 1.1 个百分点，2016 年农村居民人均可支配收入增速比城镇居民可支配收入增速仅高 0.6 个百分点，且二者实际差距由 2012 年的 16 648 元拉大到 21 253 元，城乡居民绝对收入差距不断拉大。另一方面，区域发展呈现多维分化的态势，四大板块中东北地区下行趋势明显，东部板块、中部板块和西部板块经济增速差距不大，基本保持稳定，而东北地区在 2013 年后开始加速下行，2016 年分别低于东部、中部和西部地区 5.8 个、5.6 个和 5.4 个百分点。南北方的差距也开始拉大，“南升北降”的态势愈发明显，特别是传统产能过剩地区比较集中的北部地区下行态势更为明显。此外，我国 14 个集中连片特困地区的扶贫攻坚进入到“难啃的硬骨头”阶段，区域发展的内生动力不足，成为全面建成小康社会的重点攻坚地区。

精准识别缩小城乡区域差距的难点是全面建成小康社会的关键。要缩小城乡收入差距，单一从城乡劳动收入环节调节难以起到作用，因为农村居民收入不稳定性特征明显，且财产性收入和其他收入与城镇居民差距巨大，通过产权制度改革增加农民的财产性收入和加大对农民的纵向转移支付力度是未来调节城乡差距的重要方向。缩小区域差距，应该着力关注老少边穷等特困地区以及供给侧改革下受去产能冲

击较大的资源型地区和传统产业占比高的地区。尤其是老少边穷地区贫困面大、贫困程度深，实现完全脱贫难度大，部分地区已经实现脱贫的农民存在较大的返贫可能性。受去产能冲击较大的资源型地区和传统产业占比高的地区，面临新旧动能转换的阵痛期，需警惕去产能导致企业关停并转而引发的城市失业现象，进而造成城市新贫困问题。

六、加快城乡区域同步实现小康的几点建议

（一）探索跨省级行政单元的区域共享发展试验区，着力推动区域协调发展

先富带动后富，最终实现共同富裕，是中国特色社会主义理论体系的重要内容。区域差距过大，尤其是落后地区发展缓慢，不利于实现全面建成小康社会的目标。推动东部地区资金、技术、人才的优势和中西部地区土地空间、人力资源和生态环境的优势实现互补，鼓励东部地区与中西部地区之间探索建立一批按照“政府引导、市场运作、利益共享”原则发展的跨省级行政单元的区域共享发展试验区，形成先进地区带动落后地区，最后形成共同富裕、共享发展的良好区域互动格局。在区域共享试验区发展过程中，应从交通联系、产业协作、生态联防、利益共享等角度出发，积极探索一对一、一对多、多对一的区域共享发展新模式，坚持政府主导、市场运作的基本原则，探索利益分享新机制，杜绝“拉郎配”式的行政强制摊派的现象，真正实现区域优势互补、共享发展，推动落后地区实现跨越式发展，尽快完成脱贫攻坚任务，确保如期实现全面建成小康社会的奋斗目标。

（二）弱化户籍城镇化率的考核任务，重点关注提升城镇化质量

《国家新型城镇化规划（2014—2020年）》提出以人为本的城镇化理念，强调推动城镇化发展由速度型向质量型转变，重点关注提升城镇化质量。国家“十三五”规划首次提出了户籍城镇化率的发展目标，政策初衷是为了通过户籍城镇化率提升城镇化质量。从城镇化实际运行情况来看，在户籍制度改革力度逐步加大的背景下，户籍城镇化率出现了较快增长，但长期保持快速增长的势头不容乐观。相关研究显示，当前进城务工人员和农民的城镇化意愿并不强烈，通过提升户籍城镇化率而提升城镇化质量的政策绩效会趋于弱化。建议城镇化发展应该在尊重农民转户意愿的基础上有序推进，继续加大户籍制度改革力度，除一线城市和部分人口压力比较大的城市外，其他城市应彻底放开农民进城入户限制，实现农民进城入户自由。另外，顺应农村人口进城流向的区域趋势，加大对人口规模快速增长城市的公共服务设施投资力度，重点解决因公共服务设施不足导致居民城镇化质量下降的现象，满足城市新增人口的公共服务需求，提升公共投资的精准性和长效性，进而提升城镇化质量。

（三）转变脱贫攻坚政策取向，更加关注产业扶贫和资产收益扶贫对脱贫群体的积极作用，提升脱贫攻坚的可持续性

从当前扶贫攻坚的实施进展看，脱贫攻坚专项资金的使用政策限制较为严格，地方政府整合使用脱贫攻坚资金的权限较小，导致其大多通过奖励或补贴形式向贫困群体进行直接转移支付，但这种直接转移支付形式对脱贫农户收入提升的可持续性效果较差，农户返贫潜在风险和概率较大，

脱贫攻坚的质量不高。建议提升地方政府对脱贫攻坚专项资金的整合使用能力，在明确必须用于脱贫攻坚用途的基础上，鼓励专项资金用于产业扶贫，提升本地就业创造能力。另一方面，鼓励脱贫攻坚任务重的地区加快产权制度改革，鼓励和引导贫困户将已确权登记的土地承包经营权入股企业、合作社、家庭农（林）场与新型经营主体形成利益共同体，分享资产经营收益。通过突出产业扶贫和资产收益扶贫对脱贫攻坚的积极作用，提高脱贫攻坚资金的使用效率、提高脱贫群体的自我发展能力，降低返贫概率，实现脱贫攻坚任务又好又快地推进，为全面建成小康社会打下坚实基础。

（执笔人：王利伟）

主要参考文献

［1］陈仁安．西部地区全面建成小康社会面临的挑战与对策［J］．经济研究导刊，2013（18）：117–118.

［2］陈锡文．全面建设小康社会的关键在农村［J］．经济研究，2002（12）：10–12.

［3］陈锡文．把统筹城乡发展列入建设全面小康社会的计划和实践之中［J］．领导决策信息，2003（37）：20–21.

［4］国家发改委国土开发与地区经济研究所课题组．区域、行业、企业分化背景下区域协调协同发展问题研究［R］．北京：国家发改委国土开发与地区经济研究所，2016.

［5］和军，樊寒伟．2004—2014 年全国四大区域全面小康建设比较研究［J］．中国特色社会主义研究，2016（1）：47–54.

[6] 李说. 全面建成小康社会需补齐农村短板 [J]. 中国经贸导刊, 2015 (11): 14.

[7] 刘奇葆. 统筹城乡发展　建设小康社会 [J]. 求是, 2003 (12): 32-34.

[8] 魏后凯, 张瑞娟. 中国农村全面建成小康社会进程评估 [J]. 学术前沿, 2016 (18): 27-40.

[9] 吴晓华. 全面建设小康社会与城乡二元结构战略性转换 [J]. 宏观经济研究, 2004 (8): 22-25.

[10] 张毅, 林家彬. 关注老少边穷　全面建设小康 [J]. 金融信息参考, 2004 (4): 48-49.

第五章 全面建成小康社会中的贫富差距难题研究

内容提要

2009—2015 年，我国居民收入差距基尼系数连续 7 年下降，但从 2016 年开始反弹，2017 年基尼系数 0.467，比 2015 年提高 0.005。我国城乡收入差距、人群收入差距问题仍然存在并呈现绝对值不断上涨、低收入群体增收较难等趋势，必须加以重视。在全面建成小康社会过程中，我国面临居民整体增收环境堪忧、低收入群体的增收难度加大、高收入群体的财富积累不断加速的现状，这将拉大贫富差距，对全面建成小康社会目标造成重要影响。为此，应从国民经济和社会保障各方面入手，重点推动低收入群体增收，扩大中等收入群体规模，保证社会弱势群体在全面建成小康社会中真正受益。

改革开放以来，我国经济快速发展，居民收入也得到显著增长。党的十八大提出到 2020 年实现我国人均 GDP 与居民可支配收入同步翻番的目标，更是彰显了党中央和国务院对居民增收问题的重视。但是必须看到，由于历史留存的原因以及发展速度不均衡等问题，我国居民内部贫富差距仍然较大，甚至有不断加大的趋势，正视问题并通过改革我国收入分配格局来解决问题，才能使全体居民共享改革发展成果，感受到越来越多的获得感。

一、我国贫富差距的现状

数据显示，从2009年到2015年，我国基尼系数连续7年下降。从近年来收入差距走向来看，2009年之后由于各种惠农政策和对低收入群体的保护，收入差距水平逐年缩小，这表明过去一系列“提低、扩中和提高”的政策措施有效地干预了收入分配状况，成为扭转收入差距扩大的重要原因。2016年开始上升，2017年基尼系数0.467，比2015年提高0.002（见图5-1），主要是由于城市部分低收入者养老金收入增速放缓，农村部分靠粮食收入为主的农民，由于粮价下跌，收入略有减少。随着扶贫攻坚、城镇化战略的不断推进，城乡低收入群体的收入状况将有所改善。

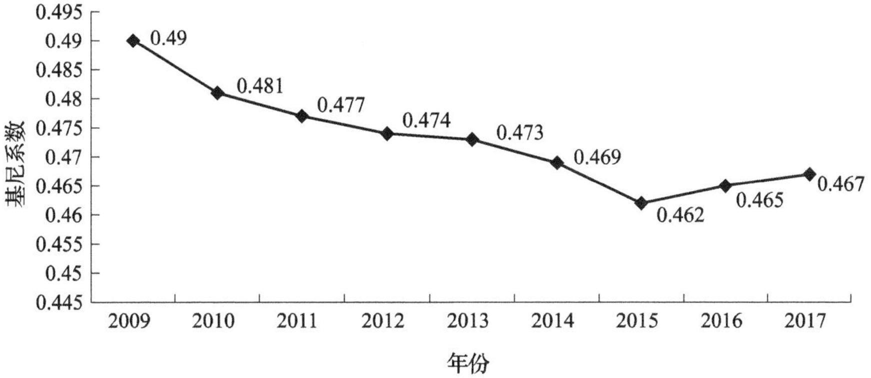

图5-1 2009—2017年全国居民收入差距基尼系数变化

（一）城乡居民整体呈现持续增收态势，收入比不断缩小

1. 城乡收入比不断下降，城乡居民消费层次有所提升

2019年，我国居民人均可支配收入30 733元，2011—2015年的增

速实现了“十二五”规划中年均增速高于7%的目标，但2016年增速明显下降，仅为6.3%，2017年上升到7.3%后，又逐年下降，2019年仅为5.8%（见图5–2）。

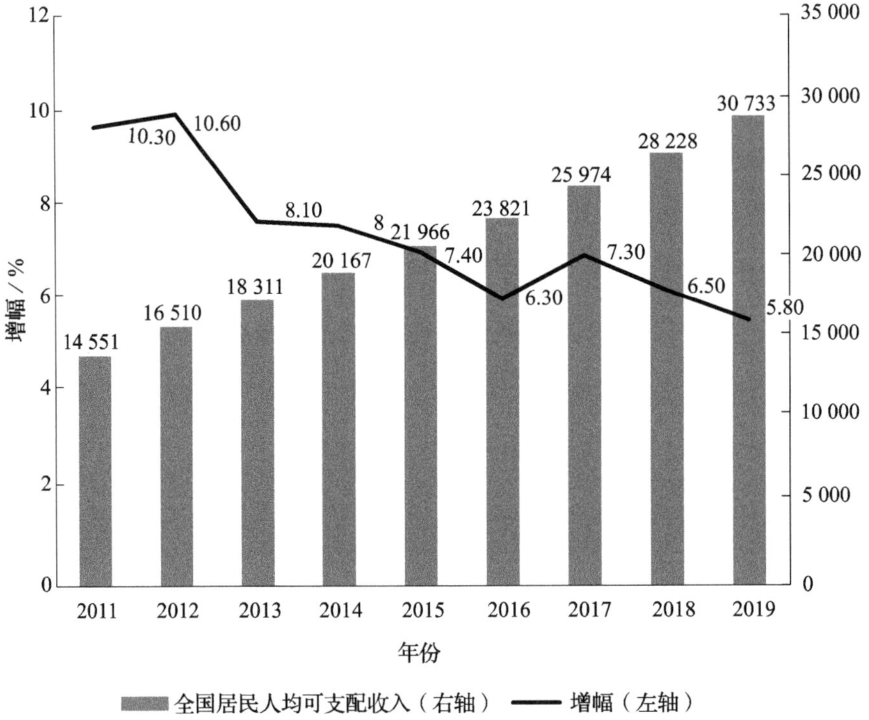

图5–2　2011—2019年全国居民人均可支配收入变化情况

其中，2019年城镇人均可支配收入42 359元，农村人均可支配收入16 021元，见图5–3。城乡居民人均可支配收入之比从2012年的3.1下降到2019年的2.64，呈现逐年下降的态势。

此外，我国城乡居民家庭恩格尔系数不断降低。城镇居民家庭恩格尔系数从2012年的36.2%下降到2015年的34.8%，农村居民家庭恩格尔系数从2012年的39.3%下降到2015年的37.1%，说明城乡居民的消费能力和消费层次不断提升，见图5–4。

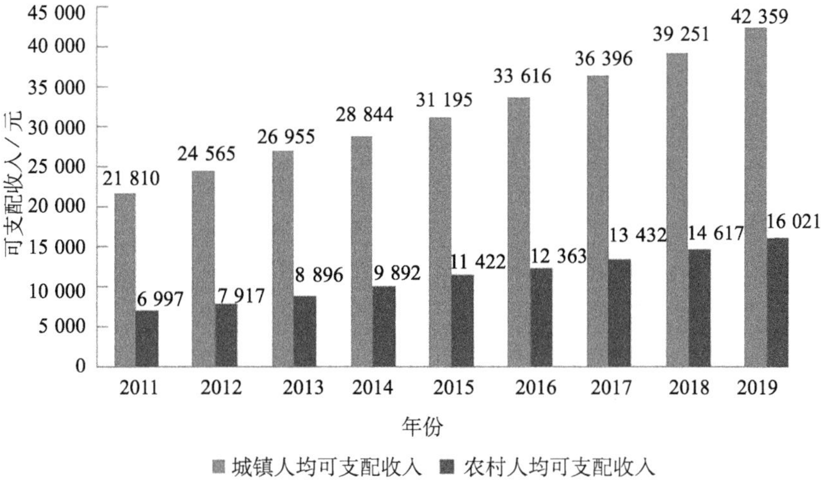

图 5–3　城乡居民人均可支配收入变化情况

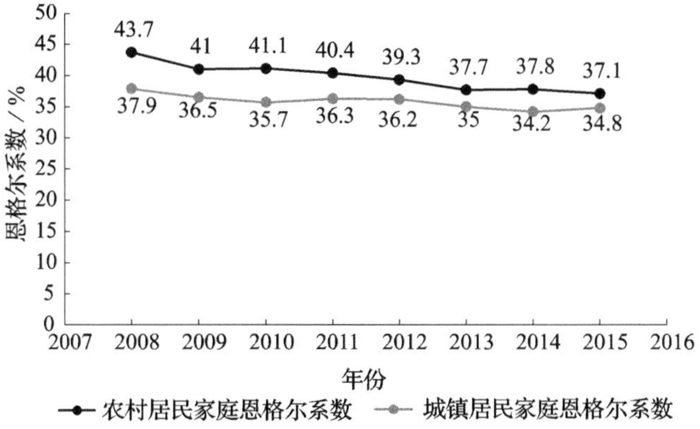

图 5–4　城乡居民家庭恩格尔系数变化情况

2. 东部地区城乡居民收入比明显低于西部地区

2016 年，根据国家发展改革委就业司调研组的了解，调研地区[1]城乡居民收入情况整体良好，均较前一年度增长 8% 以上。青海较东部地区的绝对值差距较大，但增速高于其他地区。从 2017 年一季度居民增收情

[1] 调研地区包括东部七省和西部青海省共八省市。

况来看，2017 年仍可保持较高的增收速度，但增速可能较 2016 年略有下滑（见表 5–1）。

表 5–1　2016 年和 2017 年一季度调研八省市城乡居民增收情况

省市	2016 年城乡居民收入 / 元	增长率 /%		2016 年城镇居民可支配收入 / 元	2016 年农村居民可支配收入 / 元	2017 年一季度增长率 /%	
		名义	实际			城镇	农村
北京	52 530	8.4	6.9	57 275	22 310	8.0	7.1
天津	34 074	8.9	6.7	—	—	8.0	8.0
河北	—	—	—	28 249	11 919	8.0	7.6
山东	24 685	8.7	6.5	34 012	13 954	8.0	8.0
江苏	32 070	8.6	6.2	40 152	17 606	8.1	8.4
浙江	38 529	8.4	—	47 237	22 866	—	—
广东	30 296	8.7	6.3	37 684	14 512	—	—
青海	17 302	9.4	—	26 757	8 664	8.6	8.8

资料来源：根据各省市报送材料统计。

东部省市较为注重保障政策与产业发展的衔接，不断提高农业产业化水平，大力推动城乡居民共同增收。2016 年，天津以 1.85 : 1 的城乡居民收入比位居全国城乡收入差距最小地区。北京和广东在东部地区中差距较大，分别为 2.57 : 1 和 2.6 : 1，但仍低于 2015 年全国平均水平 2.73 : 1。青海为 3.1 : 1，大幅高出全国平均水平（见表 5–2）。

表 5–2　2016 年八省市城乡居民收入比排名（由低到高）

地区	2016 年城乡居民收入比
天津	1.85 : 1
浙江	2.066 : 1
江苏	2.28 : 1
河北	2.37 : 1
山东	2.44 : 1
北京	2.57 : 1
广东	2.6 : 1
青海	3.1 : 1

（二）高收入组分增收稳定，低收入组分增速有波动

城乡居民低中高收入组 2013—2016 年收入情况见表 5-3。

表 5-3 2013—2016 年城乡居民各组分收入情况

组　别	2013 年 / 元	2014 年 / 元	2015 年 / 元	2016 年 / 元
低收入户（20%）	4 402.4	4 747.3	5 221.2	5 528.7
中等偏下户（20%）	9 653.7	10 887.4	11 894.0	12 898.9
中等收入户（20%）	15 698.0	17 631.0	19 320.1	20 924.4
中等偏上户（20%）	24 361.2	26 937.4	29 437.6	31 990.4
高收入户（20%）	47 456.6	50 968.0	54 543.5	59 259.5

资料来源：2017 年中国统计年鉴。

2015 年，城乡居民 20% 低收入户的收入增速 10%，高于全部居民的收入增速，但 2016 年的增速仅为 5.9%，明显低于其他组别 8.3%～8.7% 的增幅，说明 2016 年低收入群体增收难度较大。同时，2014 年农村居民 20% 低收入户收入出现 3.8% 的降幅，但 2015 年上涨 11.5%。据此，需要澄清三点认识：

一是从整体上看，城乡居民收入呈现持续增长态势，但增速不同，且年度增速有下滑现象；

二是大部分年份低收入群体收入增速快于整体水平，但由于收入基数小，所以绝对数变化幅度小，体现为相对收入在下降；

三是 2016 年低收入群体收入增速明显下降，以及农村低收入群体绝对收入下降问题不容忽视。出现绝对收入下降主要是由于农产品市场走弱、低端就业需求不足等原因。

在上述认识的基础上，可以得出三条结论：

第一，核心任务是确保低收入群体绝对收入不下降，并保持合理较快的增幅，一方面保证低收入群体的生活消费，并逐步提高生活水平；另一

方面不断缩小与中高收入群体的差距，实现共同富裕。

第二，在所有低收入群体中，重点保障人群是农业从业人员，以及城镇就业困难人员和家庭遭遇重大变化（疾病、变故等）的城乡低收入群体。

第三，增加低收入群体的收入，主要是增加工资性收入和转移性收入。其中，增加工资性收入与保障就业、提高人力资本有关；保障转移性收入要靠税费政策减负，加大社会保障托底作用。

（三）居民在资产方面的差距不断加大

居民在资产方面的差距也是衡量贫富差距状况的重要方面。过去10年的数据分析表明，中国的财产差距扩大速度远远超过收入差距扩大的速度，个人财富积累速度非常快。在过去约10年的时间内，人均财富年均增长率达到22%，特别是房产价值的年均增长率达到25%。而农村的财富积累速度年均增长率只有11%，相当于全国水平的一半。

北京大学中国社会科学调查中心发布的《中国民生发展报告2014》显示，1995年我国财产的基尼系数为0.45，2002年为0.55，2012年我国家庭净财产的基尼系数达到0.73，财产不平等程度近年来呈现升高态势，明显高于收入不平等。

（四）扩大中等收入群体任务艰巨

中等收入群体有很多定义，国际通行的标准是收入处于社会平均收入或收入中位数及其附近区间的劳动者。我国有学者根据国民收入与消费情况，将年收入6万元以上的人群划为中产阶层。2005年，国家统计局将年收入6万元至50万元之间的人群定位为中等收入人群。中国社科院社会学所的研究认为，中国中产阶层正以每年1个百分点的速度在扩大规模，2010年中产阶层在我国占22%～23%。2016年底，社科院发布的《社会蓝皮书：2017年中国社会形势分析与预测》指出，我国城乡居民收入继续增长，收入分配差距缩小，中等收入群体规模扩大，所占比重为37.4%。

党的十八大以来，我国高度重视扩大中等收入群体。十八届三中全会提出，规范收入分配秩序，完善收入分配调控体制机制和政策体系，增加低收入者收入，扩大中等收入者比重，努力缩小城乡、区域、行业收入分配差距，逐步形成橄榄形分配格局。2016年政府工作报告也明确，完善收入分配制度，缩小收入差距，提高中等收入人口比重。2016年10月21日，国务院发布《关于激发重点群体活力带动城乡居民增收的实施意见》（以下简称《意见》），首次明确提出扩大中等收入群体目标。《意见》瞄准技能人才、新型职业农民、科研人员、小微创业者、企业经营管理人员、基层干部、有劳动能力的困难群体分类施策，找准各自的重点。比如技能人才关键要实现技高者多得，新型职业农民关键是推进职业化，小微创业者关键是降低创业成本，科研人员关键是实现工资性收入、项目激励、成果转化奖励等多重激励，企业家关键是解决产权保护法治化，基层干部队伍关键是完善工资制度，困难群体关键是提升人力资本。2017年1月发布的《"十三五"促进就业规划》也提出了居民增收行动，尤其是针对上述七类群体实行激励计划，带动城乡居民增收。

我国居民财产存量和人均财产性收入快速增长，对于扩大中等收入群体规模具有推动作用。根据李实等（2015）的研究，在2002—2012年期间，全国家庭人均净财产[1]平均每年以16.4%的速度在增加，远超过居民收入和人均GDP的增速。2002年家庭人均财产平均不到3.2万元（按照

[1] 与国际标准的家庭人均净财产概念一致，包括净房产、金融资产、生产性固定资产、耐用消费品、其他资产、非住房负债和土地价值7类。

2012 年的价格折算)。而到 2012 年，家庭人均财产则超过 14.5 万元，是 2002 年的 4.5 倍以上。从 2013 年开始，我国居民人均支配收入中财产性收入比例快速增长，其中城镇居民人均财产性收入从 2013 年的 2 551.5 元增长到 2015 年的 3 041.9 元，年均增长 9% 左右；农村居民人均财产性收入从 2013 年的 194.7 元增长到 2015 年的 251.5 元，年均增长 13% 左右。2015 年，城乡居民人均财产性收入的占比情况分别为 9.8% 和 2.2%。

扩大中等收入群体，核心上是收入分配改革的重要内容，本质上还涉及转变经济发展方式、加大人力资本投资、加快职业教育和高等教育发展等改革和发展方向，是一系列综合配套改革的产物。实际上，要完成全面建成小康社会目标中到 2020 年居民收入翻一番的目标，扩大中等收入群体规模是有效的举措之一。

二、我国贫富差距的主要问题

从近几年的数据看，虽然我国城乡、人群的收入差距在不断缩小，但这种趋势的保持难度在增加，也就是说，低收入群体的增收难度加大，高收入群体的财富积累不断加速，这将拉大贫富差距的鸿沟。

(一) 促进居民收入增长的外部环境堪忧

我国宏观经济增速下行的态势已经确立。自 2002 年以来，我国工业企业平均利润率一直在 6% ~ 7% 附近波动，从 2010 年之后开始持续下滑，到 2015 年 1 至 4 月，工业企业平均利润同比迅速下跌 4.2%。在这一指标的直接影响下，居民收入增长缺乏来源，工资性收入增速出现连年放缓的态势，我国居民工资性收入占人均可支配收入的比例从 2013 年的 56.9% 下降至 2016 年的 56.5%，城乡居民收入增速呈现显著下降趋势。同时，我国股市波动增加了财产性收入增长的不确定性。2015 年，我国股市出现了大幅波动，致使广大股民财产蒙受较大损失。

从调研情况来看，国家政策性补贴和帮扶资金对西部地区的青海省城乡居民增收带动作用明显。2016 年，全省城镇居民工资性收入和转移性收入占比高达 87%，牧区贫困群众的政策性收入和采挖虫草收入占到家庭总收入的 80% 以上，最具活力的经营性收入和财产净收入在城乡居民收入结构中都严重不足。对东部地区而言，工资性收入是城乡居民的主要收入来源。工资性收入占城乡居民收入来源的比例分别为：广东 70.5%、天津 62.3%、江苏 58.2%、山东 57.8%、浙江 57.6%。居民经营性收入和财产性收入占比较低现象在部分省市较为突出：天津是 9.2% 和 9.4%，江苏是 14.7% 和 9.0%，广东是 9.4% 和 15.4%。收入结构直接影响了居民持续增收的动力来源。在经济新常态下，产业结构调整需要一个过程，财政投入压力持续加大，以工资性收入和转移性收入实现增收短期难度加大，长期后劲不足，只有增加经营性收入和财产性收入的占比才能实现持续增收。

（二）低收入群体增收难度大

近年来，不同行业发展呈现差异，主要依靠体力劳动获取收入的低收入人群在经济下行中所受冲击较大，收入下降的面在扩大，收入差距问题仍然突出。根据国务院发展研究中心“中国民生指数研究”课题组的调查，2014 年以来，家庭总收入在 5 万元以下的家庭中，收入下降的比例超过三成。其中，家庭年收入 1 万元以下的受访者，认为自 2014 年以来收入下降的比例达到 31.4%，比 2014 年的调查上升了 3.3 个百分点；家庭年收入在 1 万 ~ 3 万元和 3 万 ~ 5 万元的受访者，收入下降的比例分别达到 33.6% 和 30.2%，较 2014 年的调查分别高出 6.9 个和 7.9 个百分点。

从行业来看，在经济下行压力加大时，传统一二产业的中低端行业景气状况较低迷，而这些行业大量使用初级劳动力，其用工量减少，导致这些行业中低收入人群的收入下降面扩大。在工作量减少的受访者中，72.4% 的人收入出现下降。从职业来看，从事农业生产的受访者家庭收入下降范围扩大，比例达到 37.0%，比非农就业受访者家庭高出 12.7 个百分点，比 2013 年增加 10 个百分点；家庭收入增加的比例只有 16.7%，比非农就业受访者家庭低 7.2 个百分点，比 2013 年下降 6.9 个百分点。调研反映，河北、山东和青海去产能分流安置任务艰巨。2016 年，河北省共有 93 家钢铁煤炭去产能企业，实际分流安置职工 58 255 人，2017 年分流安置职工 7.3 万人。2016 年，山东省化解钢铁、煤炭行业过剩产能涉及企业 62 家，实际分流安置职工 62 757 人；"十三五"期间，全省化解钢铁、煤炭行业过剩产能涉及企业 122 家，拟分流安置职工共 22 万人。青海省内煤炭、电力、化工等支柱型重化工产业面临调整，建筑、纺织等劳动密集型行业不景气，出现了企业订单减少、盈利状况不佳、招工数量不足等现象，制约了城镇职工和农村进城务工人员的收入增长。同时，在强有力的扶贫政策推动下，青海已经出现贫困城乡倒挂的趋势，省内以下岗和失业职工为主体的城镇贫困人口不断增加。

（三）低收入及边缘人口生存压力加大

调研反映，低收入及边缘人群负担重、技能低、因病返贫问题突出。青海省城乡低保和扶贫政策的边缘（即人均可支配收入略高于城乡低保标准）人群超过 50 万人，是保障和增收政策的短板人群。东部省市的贫困和低收入群体多为点状分布，基本特征均为年龄大、负担重、技能低。同时，各地均反映，在基本医保、大病保险、医疗救助、临时救助包括支出型贫困救助等政策保障以外，个人自费医疗费用仍居高不下，长期患病服药的困难家庭，尤其是低收入老年人家庭，普遍存在药物支出占生活消费一半以上的现象，导致生活捉襟见肘，更谈不上实现增收。以广东为例，低收入农户因病致贫比例高达50%，丽水地区有农户年收入3万元，但一年自费医疗费用就达到5万元，造成累计负债20多万元。

（四）中等收入群体税负压力大、社会保障低

我国中等收入群体的群体属性极为不稳定。各项税收改革中，包括调高印花税、出台车船税、提高烟草税等，以及各税种税率的变化，直接影响中等收入群体。同时，由于我国社会保障水平较低，医疗、养老、生育等方面都意味着巨大开支，自身疾病、家庭变故、企业倒闭都可能导致中等收入者落入低收入范围。有专家指出，在2016年出台的《关于激发重点群体活力带动城乡居民增收的实施意见》中，并没有详细指出如何降低政府所得，如何减少政府税收、行政性收费和社会保障缴费等问题。所以，中等收入群体面临的社会压力很难较大程度缓解。

三、我国贫富差距的原因和影响

（一）我国贫富差距的原因

根据李实的研究，我国贫富差距的形成有其历史原因。我国人口多、底子薄，农村人口占绝大多数。新中国成立后长期实行优先发展重工业、农业支持工业、农村支持城市的政策，导致农村发展明显落后于城市。近年来，国家加大了向农村和中西部的投资，但在一段时期内，因发展的基点不同、条件不同，城乡差距、东西部差距及居民收入差距仍会较大。

贫富差距不断加大的主要原因是在计划经济向市场经济的转型过程

中，部分领域改革不到位导致机会不平等、资源分配不合理以及权力寻租等现象。当市场体系不健全，存在流动性障碍或市场扭曲时，收入差距加大的趋势就难以避免。如劳动力市场不统一，户籍制度导致农民工和城镇职工在收入、社会保障等方面很长一段时间内“双轨制”运行；资本、土地交易并没有形成真正意义上的市场；某些领域，政府对市场干预过多，有大量的市场准入限制，权力寻租带来非法收入、灰色收入、腐败收入等的体制因素造成的贫富差距过大。政府干预过多，容易造成资源行业和一些自然垄断行业同其他竞争行业之间产生巨大收入差距。垄断性企业员工特别是高管收入偏高乃至畸高；一些人和群体依靠权力资源得到优先发展、优先致富甚至一夜暴富的机会，而被权力边缘化的群体很难得到发展机会。

经济发展步入新常态，从高速增长转为中高速增长，强调“质量更好、结构更优”的增长，更依赖于资本、技术带来的创新驱动，这对劳动密集型产业影响较大，会进一步影响非技术、低学历、低技能人才的就业和收入。未来几年低端劳动力的工资收入不会像前几年那样增长较快，甚至有可能下降。

上述问题大多体现为收入分配问题，但背后的原因却体现在经济发展方式等层面。一般来说，提低和扩中至少需要具备两个条件，包括促进劳动生产率提高、优化经济结构（保持一定比例的高端服务业和制造业），以及推进高等教育发展（即高等教育人群比例需要达到 50% 以上）。而目前，我国的高端服务业和制造业的占比只有 13%，劳动力结构中受高等教育的比例也低于 15%。这两个因素都不是一朝一夕能改变的，要经过长期的发展才能达成。

同时，在新常态下，高收入群体更容易在短期内获益。这是由于高收入群体的主要收入来源于财产性和经营性收入，政府不断出台各种反周期政策来调节经济增长速度和结构，如各种积极的财政政策和宽松的货币政策等，短期内就会加速资产价格暴涨、显著提升财产收益，从而以财产性收入为主的高收入群体的收入快速膨胀；相反，以工资性收入为主的中低收入群体无法分享资产价格上涨带来的收益，很难跟上高收入群体的收入增长速度。而且，低收入群体的劳动收入份额不断降低，客观上形成了更大的收入落差。这就意味着高收入者财产会越来越多，但由于群体阶层固化，对形成中等收入群体没有任何贡献；同时，低收入者收入不断走低，上升为中等收入群体的困难加大。

（二）我国贫富差距的影响

1. 橄榄型社会难建

肯定地讲，我国总体的收入差距呈现出不断缩小的发展态势，全面建成小康社会关于收入翻番的目标预计能够实现。但是，收入差距以及财富差距的绝对值水平，造成了社会阶层流动性下降、特别是向上流动困难的问题，中等收入群体难形成、难巩固、难扩大。收入差距虽然已经出现拐点迹象，但累积效应、财富效应、排斥效应等阻碍了橄榄型社会的构建。

2. 极易形成贫穷的代际传递

扩大中等收入群体，就是要加大社会流动，并增加向上流动的机会，使低收入群体、普通劳动者群体能够获得上升渠道，跻身中等收入群体。但是，如果形成社会固化，从长远看，极易形成贫困的代际传递。要从根本上消除贫困，提高农村儿童和贫困家庭子女的人力资源积累能力是关键因素。

3. 社会不稳定风险加剧

在经济新常态的背景下，经济形势持续下滑，长期下去就可能影响到就业，并带来收入的绝对下滑和贫困人口数量的激增。在这种情况下，对于低收入群体来说，不但跟其他群体相比的相对收入水平会下降，甚至跟自己过去相比的绝对收入水平也会显著下降。可以说，我国持续多年的高收入差距水平，再加上收入流动性的持续降低，已经给社会积累了不少的负面情绪。另外，收入分配秩序不规范问题也会进一步降低居民对高收入差距的容忍程度[1]。

四、对策建议

缩小贫富差距，最核心的任务是增加低收入群体的收入。促进低收入群体增收，扩大中等收入群体规模，不仅仅是收入分配问题，也是国民经济和社会发展的综合任务。

（一）调整产业结构，推动经济稳定增长

保持宏观经济平稳有序发展是促进居民增收的前提保障。深入推进稳增长、调结构、惠民生、促改革，保持经济平稳较快增长，经济发展质量和效益明显上升，产业结构不断优化调整。正确认识城镇化过程中的产业升级，发挥市场机制在产业转型中的作用，对于市场需求旺盛、吸纳就业能力强、方便居民生活的低端生活性服务业，应避免一味地清理、腾退。

---

[1] 主要表现在：一是低收入者付出的劳动得不到相应报酬，有的企业长期把最低工资作为实际工资标准，有的企业通过延长劳动时间、增加劳动定额等手段变相压低工资水平，有的企业恶意拖欠、克扣职工特别是农民工工资。同工不同酬现象仍然存在，国有企业大量使用劳务派遣工，其工资水平远远低于同岗位的合同制职工。二是隐形收入大量存在，不少企业通过虚增成本谋取不当利益，部分国有企业福利项目多、标准高，高管职务消费约束不力，一些地方和单位违规发放各种津贴补贴，资金来源混乱。少数公职人员利用特殊身份和公共资源，谋取各种额外收入。三是非法收入问题比较突出，通过侵吞公有财产、走私贩卖、偷税漏税、贪污受贿、权力寻租、市场操纵和制假售假等违法活动牟取非法收入的现象不断出现。

（二）改革财税制度，规范初次分配

继续推进财税改革，改变我国间接税占比过高、直接税尤其是财产税占比过低的现状，真正发挥财税体制调节收入分配的功能。调整政府收支结构，降低流转税，提高财产税，提高社会保障和公共服务支出。为企业减轻税费负担，对于吸纳劳动力较多、工资上涨较快的企业给予一定的税收减免。多措并举鼓励民营经济发展，充分发挥民营经济在吸纳就业方面的优势。

（三）推动农业创新发展，增加农业从业人员收入

培育农业新业态，带动农户增收。以产业化思路抓农业，围绕农业发展加工业和服务业，延伸农业发展和农副产品加工链条，促进农村一二三产业融合发展。拓宽农业营销渠道，实施“互联网+农业”行动计划，大力发展农产品电商，建立新型农产品营销体系，带动留村务农的农民增加收入。

低收入纯农户是农民中的弱势群体。针对纯农户，完善强农惠农富农各项政策，推进农业向高效化、规模化、特色化发展。成立低收入农户增收合作社，通过吸纳低收入农户以农村集体承包经营权作价土地入股的方式，让农户参与股份合作经营。加快土地流转，确保低收入农户土地流转收益逐年增加。促进转移就业，安排低收入户直接或优先参与集体经济项目。

增加农村的教育投入，鼓励科技人员同低收入农户组成利益共同体，实行利益共享、风险共担，大力发展农村金融业，扩大农民小额贷款的发放范围。

（四）推动工资收入持续增长，保障农民工的合法权益

重点保障劳动密集型的传统制造业、服务业的低收入职工的工资翻

番，建立“基本工资+效益工资+工龄工资”的结构工资制，有利于企业职工队伍的稳定和人才培养。

督促建立企业职工工资集体协商制度，在保证企业利润、竞争力的基础上，使职工能够分享企业发展成果。鼓励地方根据本地经济增长、物价指数和财政收入增长等情况，制定区域和行业职工工资增长机制。根据地方情况，适当公布职工收入增速高和低企业名单，引导企业适时提高职工工资。

建立与CPI相适应的津贴补助制度，确保广大低收入职工不因物价过快上涨而影响生活。

（五）鼓励多种形式的灵活就业，在新经济中增加增收渠道

充分发展网络灵活就业等新经济创业就业模式，带动大学生、新生代农民工等大量年轻群体创业、就业，发挥稳就业作用。加大对新经济的支持力度，发挥其带动就业的有效势能。鼓励就业困难人员投身新经济形态下的灵活就业，鼓励雇佣双方订立劳动合同，对于各类灵活就业的形式进行科学界定，保障灵活就业人员的合法权益。落实针对灵活就业人员参加社保的优惠政策，包括参保补贴和费率优惠等，提高社保经办服务的方便可及性，加大灵活就业人员的参保比例。

（六）提升低收入群体的人力资本，适应产业发展需求

鼓励基层制定促进劳动者技能升级的培训计划，对低收入群体、就业困难群体等进行技能培训，提升其就业和增收能力。

扩大培训补贴奖励范围。对失业人员特别是就业困难人员参加技能培训并实现就业或创业的给予生活补贴，对农民实行免费培训。

加强财政转移支付力度，扩大对经济欠发达地区、贫困地区以及农村教育投入支持的覆盖面，在严格执行九年制义务教育制度、确保愿意接受教育的低收入群体“有学上”的前提下，通过充足的教育经费投入，保障该群体“上得起”学。科学统筹城乡教育资源与师资分配，合理、有序地向农村地区倾斜包括师资力量在内各项的教育资源，全面缩小城乡教育差距，尽可能使农村受教育者获得优质教育。

（七）推进政府购买岗位，加大公益性岗位开发

参照国际经验，在经济下行时期加大政府购买公益性岗位的力度，保障就业困难人群和低收入群体的基本生活。参照扶贫开发中“以工代赈”的做法，加快建立健全公益性岗位项目库。

加大财政保障，保证就业专项资金增长幅度不低于救济救助资金增长，打破就业专项资金中用于公益性岗位开发的比例限制，增强财政资金支持的灵活性和有效性。

鼓励和吸引多种社会资金投入公益性岗位开发，通过税费减免、以奖代补、特许经营条件让渡等形式，在公交、供水、燃气、电力等涉及公共服务的市政类公司以及垃圾处理、共性技术平台岗位等领域开发公益性岗位。将公益性岗位向社区服务、医疗卫生、专业护理、老年康复、幼儿教育、环境保护等专业性社会公益服务领域延伸，同时，定向支持技术实验、资料分析、产品维护和辅助管理等科研教育机构中的专业技术岗位，实现多行业增加就业岗位。

（八）发挥转移性收入功能，夯实民生托底保障

参照国际经验，各国财政支出方向大多集中在农村公共服务、落后地区公共建设和区域间公共服务协调等，其目的在于通过政府的财政转移

支付来缩小城乡、群体和地区间较大的收入差异。我国政府财政支出也应向收入再分配倾斜，增加与民生紧密相关的各种转移性支出，包括社会保险、社会救助、社会福利和慈善事业相衔接的社会保障体系等，尽可能多地安排对低收入群体、贫困人口的转移性支出，从而有效缩小收入分配差距。

（九）推进扶贫开发精准化，有效帮扶支出型贫困家庭

鉴于贫困人口分布的变化，扶贫开发战略也需要进行重大调整，即由以前的区域瞄准和经济增长为主的开发式扶贫，转变为针对不同群体的精准扶贫政策。对于有能力、有意愿外出从事非农就业的群体给予就业培训和保障资金支持，从而避免陷入单一依靠农业难以脱贫的恶性循环。对于只能在农村务农的群体，由于其缺乏农业以外的生存技能，很容易掉入贫困线以下，则应建立更完善的社会保障网络和农业生产帮扶机制来摆脱贫困。进一步加大对集中连片特殊困难地区开发扶贫投入力度，让农村居民收入增长的潜力得到更大程度的释放。

低收入家庭本身属于脆弱群体，极易因为家庭成员大病、因病丧失工作能力或事故灾害等突发事件落入贫困的陷阱，这类家庭即支出型贫困家庭。在促进低收入群体增收的同时要防止低收入家庭成为支出型贫困家庭。引导各地出台支出型贫困家庭救助办法，加快识别和认定过程，及时对支出型贫困家庭给予经济、物质及其他形式的帮扶，并推进支出型贫困救助与现有的大病保险、医疗救助、教育救助、住房救助等专项保障制度实现衔接。

（十）建立居民收入动态跟踪评估机制，加强危机预警

分地区、分行业、分群体加强收入变化的调查、记录、分析，并借助

现代手段，建立、完善国民收入基础性调查分析制度的体系和网络建设，为合理调节收入分配、建立符合实际的工资增长机制提供决策上的依据和参考。

各地建立居民收入调查预警机制，基层负责及时上报收入困难人群情况，建立特殊困难群体或家庭临时救助的绿色通道。如区域内出现一定数量以上的居民收入不稳，应启动特殊补贴等危机应对策略。

（执笔人：李璐）

主要参考文献

［1］国家发展和改革委员会社会发展研究所课题组.利用国际市场资源开拓居民增收新空间研究［R］.北京：国家发展和改革委员会社会发展研究所，2016.

［2］国务院发展研究中心课题组.中国民生指数研究［R］.北京：国务院发展研究中心，2015.

［3］李培林.着力解决全面建成小康社会的民生“短板”［J］.求是，2015（7）：26–28.

［4］李培林，陈光金，张翼.社会蓝皮书：2017年中国社会形势分析与预测［M］.北京：社会科学文献出版社，2016.

［5］冯华.李实：居民在资产方面的差距是衡量贫富差距状况的重要方面［EB/OL］.（2015–01–26）.http://theory.people.com.cn/n/2015/0126/c40531–26451500.html.

［6］贾媛.对外直接投资的就业结构和国民收入效应研究：基于省际面板数据的分析［J］.改革与战略，2015（2）：40–43.

［7］中国共产党新闻网 . 五个问题带你读懂“全面小康”［EB/OL］.（2015-02-26）.http：//theory.people.com.cn/n/2015/0226/c40531-26600335.html.

［8］谢宇，张晓波，李建新，等 . 中国民生发展报告 2014［M］. 北京：北京大学出版社，2014.

［9］李璐 . 北京市支出型贫困社会救助研究报告［R］.2014.

第六章
全面建成小康社会文化领域存在的难题短板研究

内容提要

文化是民族的血脉，是一个国家、一个民族的灵魂。文化小康既是小康社会不可或缺的重要组成部分，又为全面建成小康社会提供了强大的精神动力和文化支撑。改革开放40余年来，我国文化领域建设取得重大成就，文化自信纳入“四个自信”体系之中，文化事业发展取得显著成效，文化产业蓬勃发展，国家文化软实力和中华文化影响力大幅提升。但相对于经济发展水平，文化领域总体上仍存在着文化软实力与我国国际地位不相称的难题，以及社会诚信缺失的短板，需要在全面小康冲刺阶段高度重视，加快补齐。

一、党的十八大以来文化领域取得的重大成就

（一）文化自信纳入“四个自信”体系之中

党的十八大以来，习近平总书记高度重视文化建设，在多个场合提到

文化自信，特别是在庆祝中国共产党成立 95 周年大会的讲话中，首次将文化自信提升为继道路自信、理论自信和制度自信之后中国特色社会主义的“第四个自信”。文化具有强大的感召力和凝聚力，基于对博大精深优秀传统文化的继承创新，以及在党和人民伟大斗争中孕育的革命文化和社会主义先进文化的不断发展，我们的文化自信拥有强大底气和坚实根基。文化自信是一个国家、一个民族发展中更基本、更深沉、更持久的力量。坚定文化自信将进一步增强中华民族内心深处的自信心和自豪感，为广大干部群众提供坚定的信心、进取的勇气和创新的活力，为实现全面小康社会目标提供不竭的精神动力和强大的文化保障。

（二）国家文化软实力和中华文化影响力大幅提升

核心价值观是文化软实力的灵魂，是文化软实力建设的重点。党的十八大以来，以习近平同志为核心的党中央从建设社会主义文化强国的战略高度，不断推进社会主义核心价值体系建设，大力培育和践行社会主义核心价值观，更好地构筑起了中国精神、中国价值和中国力量，为全面建成小康社会凝心聚力。同时，党的十八大以来，文化走出去步伐加快，对外文化交流呈现全方位、多层次、宽领域的新特征。目前，我国已与约 160 个国家签署了文化合作协定，初步形成了覆盖世界主要国家和地区的政府间文化交流与合作网络。在 134 个国家和地区建立了 500 多所孔子学院和 1 000 多个中小学孔子课堂。同时，围绕“一带一路”倡议，开创了丝绸之路国际艺术节、丝绸之路国际电影节、丝绸之路文化之旅、海上丝绸之路国际艺术节等品牌活动，全方位展示了“文化中国”的形象，提升了中华文化的国际影响力。文化软实力的提升有利于弘扬优秀传统文化、加强道德规范、增强精神动力、形成强大感召力，进而提升人民幸福感，积极促进全面小康社会目标的实现。

（三）文化事业发展取得显著成效

党的十八大以来，文化事业繁荣发展，基本公共服务标准化均等化工作进展明显。2018 年，全国文化事业支出 928.33 亿元，比 2012 年增长 93.4%。全国博物馆、公共图书馆、美术馆、文化馆（站）等公共文化服务机构全部实现免费开放，全国公共图书馆总藏量 10.4 亿册。农村广播电视在实现村村通的基础上正向户户通升级，乡镇综合文化站工程实现乡乡设有文化站，农家书屋工程基本覆盖所有行政村，初步建成了包括国家、省、地市、县、乡、村和城市社区在内的六级公共文化服务网络体系，有效打通公共文化服务“最后一公里”，让更多的城乡居民享受到优质的精神文化生活，进一步夯实了文化小康建设的基础。

（四）文化产业蓬勃发展

党的十八大以来，在宏观经济下行压力较大的背景下，文化产业作为朝阳产业、绿色产业，实现了逆势增长，在推动经济发展、优化产业结构、提升发展质量中发挥着越来越重要的作用。2018 年，全国文化及相关产业增加值达 41 171 亿元，占 GDP 的比重达到 4.3%，距离成为国民经济支持性产业的目标更加接近，实现了自 2013 年以来的两位数增速，高于同期 GDP 年均增速近 5 个百分点。其中，北京、深圳、江苏等十个左右的省市，文化产业增加值占 GDP 比重已经超过 5%，成为当地的支柱型产业，为实现全面小康社会目标提供了新的经济增长点。从 2012 年到 2018 年，我国电影故事片产量从 745 部增长到 902 部，电影票房从 170 亿元增长到 610 亿元。特别是优秀影片的国内外影响力不断提升，以 2017 年的《战狼 2》为例，该部影片以 56.8 亿元人民币的票房强势成为华语影史票房第一，同时成为全球影史单一市场观影人次冠军，这也是我国电影产业国际影响力提升的一个典范。2018 年我国电视剧达到 323 部 1.4 万集，产量连年稳居世界第一，文化市场体系进一步健全，文化产业蓬勃发展。

二、文化领域的难题研究

文化软实力是综合国力的重要组成部分，是衡量一个国家整体实力的重要尺度。当今世界各国，除经济、科技、军事力量等“硬实力”比拼外，文化软实力的竞争也日趋激烈。在此背景下，如何更加有效地夯实文化软实力的根基，构建与我国国际地位相称的文化软实力，是我国全面建成小康社会面临的一大难题。

（一）存在的主要问题

一是培育和践行社会主义核心价值观过程中存在问题。随着经济全球化和信息网络化的深入发展，加之西方国家极力输出和渗透的所谓“民主”“自由”“人权”等价值观念，我国进入了一个思想文化多元多变的个性化时代，各种观念相互交织冲撞，迫切需要社会主义核心价值观来规范和引导人们的思想和行为。虽然党的十八大以来，中央高度重视培育和践行社会主义核心价值观，但在实践过程中，仍存在一些问题。一方面，宣传方式较为抽象单一。社会主义核心价值观是社会主义核心价值体系的高度凝练和集中反映，具有较强理论性、抽象性，但作为社会主义核心价值观的认同主体，民众的感觉往往是具体的、感性的。在宣传过程中，相关部门常常忽视这一矛盾，简单地向民众单向传播和灌输口号式内容，忽视了民众的感受度和接受性，影响了民众对社会主义核心价值观的认同。另一方面，我国经济社会发展累积出现的一些矛盾也影响了民众对核心价值观的认同。随着我国经济发展进入新常态，当年高速增长遗留的矛盾逐步显现，如房价过高、看病难看病贵、教育资源不均衡、部分党员干部形式主义官僚主义严重等问题较为突出，不利于民众形成对社会主义核心价值观的认同感。

二是传统文化资源没有得到充分挖掘。我国拥有五千年的文明历史，孕育出众多丰富多彩、博大精深的文化结晶。但长期以来重经济、轻文化的政策导向，使得我们将传统文化资源转化为有国际竞争力的文化优势资源的能力仍然偏弱。一方面，在强调经济发展的阶段，对传统文化保护和开发的重视程度不够，文化遗产消失、资金紧缺、人才匮乏、受外来文化冲击等问题和欠账较多。并且，即使有所挖掘，也大多被注入大量商业元素，极大地冲淡了原有文化本身的核心要意和优势所在，降低了传统文化对民众的吸引力。另一方面，文化市场运行不规范，相关法律法规不健全、管理不完善、经营者素质不高、监督不力，一些低俗、暴力的文化产品充斥市场，特别是在互联网时代，网络游戏经营单位运营责任不清、变相诱导消费、用户权益保护不力等问题也日益突出，侵害了消费者和企业的合法权益，扰乱了文化市场的健康有序发展。

三是文化产业发展迅速但总量不大。近年来，我国文化产业持续快速增长，比重日益上升，但总量仍较为有限。一方面，2018 年全国文化及相关产业增加值占 GDP 的比重达到历史最高的 4.5%，但与成长为国民经济支柱性产业的目标仍有距离。特别是从国际横向比较看，美国和日本的文化产业是这两个国家的第二大产业，其产业总值占 GDP 总量的比重分别约为 25% 和 20%，韩国该比例也高于 15%，欧洲各国基本也保持在 10% ~ 15%，均远高于我国。另一方面，文化贸易逆差始终未能得到有效改变。近年来，各类图书出版物的出口额与进口额的比值大约为 1 : 4，逆差问题突出，特别是音像、电子出版物领域的贸易逆差更为严重，2015 年我国录音带出口额为 137 万美元，但同期的进口额达到 24 208 万美元，出口与进口额之比高达 1∶177。

四是国民素质和社会文明程度与大国形象不符。“国民素质和社会文明程度显著提高”既是“十三五”规划纲要提出的七大主要目标之一，又是全面建成小康社会所要求的人的全面发展的重要实现途径。经过多年的发展，我国的国民素质有了很大提高，但总体而言与我国世界大国的地位仍不匹配。某些行业人员的职业操守滑坡现象增多。网络诈骗形式不断翻新，社会诚信缺失问题严重，人与人之间信任度降低。随着出国游规模的迅速扩大，某些游客的不文明行为已使中国作为文明大国的形象大打折扣。这严重降低了人民群众的安全感，大幅增加了社会正常运转的成本，弱化了小康社会建设的精神动力和文化保障，阻碍了全面小康社会目标的实现。由于国民道德素质涉及经济发展、教育水平、社会公平等多个方面，现实改善和提升的难度大、用时长，在全面建成小康社会过程中问题较为突出。

（二）根源分析

我国文化软实力建设过程中存在的主要问题，从根源而言，还是体制方面的问题。近年来，我国在文化管理体制方面开展了大量的改革探索，推进了文化行政管理体制改革、加快了经营性文化单位转企改制、加强了公益性文化单位改革与公共文化服务体系的建设、调整了产业结构布局、提高了产业竞争力，取得了显著成效。但总体看，一些深层次问题未能得到有效解决。

一是政府角色转变不到位。政府和文化单位的职能仍未完全分开，管理体制尚未理顺。文化生产经营权和管理权没有实现真正分离，文化产品在社会效益和经济效益之间存在矛盾。国有文化单位有财政支持，以追求社会效益为主，市场压力较小，但由于文化创新动力不足，作品缺乏原创性，难以获得消费者的广泛接受。民营文化单位难以得到财政支持，只能实行商业化运作，过分强调经济效益至上，一旦某个题材的文化产品成功开发，获得较可观的市场效益，其他企业就会一哄而上模仿复制，扰乱市场正常秩序。

二是市场管理体制不够完善。文化产业链的研发链条较长、风险大、投入高，近年来文化产业特别是文创产业发展迅速，与资本的结合更快、方式更多，但传统管理模式未能及时调整，对新媒介新技术的挑战还缺乏及时高效的应对能力。例如，原有文化管理体制是建立在实体企业管理基础上的，而由互联网构建的文化新空间具有虚拟化、无中心和跨区域的特点，并且新技术的发展和应用不断催生网络文化的新业态新模式，原有文化管理体制明显跟不上新的节奏，有可能出现监管空白等问题。

三是经济社会转型过程中对民众心理变化重视程度不够。国民素质水平是由经济、政治、文化和社会等发展水平决定的。“仓廪实而知礼节，衣食足而知荣辱”，经济社会发展对于推动国民素质提升非常重要。近年来，经济社会的重大变革对国民的心理、生理造成重大冲击，一些民众的思想观念和意识不能实现同步转变，从而出现身心失衡、道德思想混乱、信仰信念动摇等众多问题。

（三）提升文化软实力的建议

一是在利益共享中推动民众对社会主义核心价值观的认同感。充分利用各种传统媒体和新媒体，通过学校教育、理论研究、影视作品、文学作品等各种参与性广、贴近生活的方式和手段，把社会主义核心价值观融入社会发展各方面，转化为人们的情感认同和行为习惯。深入挖掘中华优秀传统文化蕴含的思想观念、人文精神、道德规范，结合时代要求继承创新，对其进行深入发掘、梳理、提炼、升华，进行创造性转化和创新性发展，更好地与民众感受相匹配，让中华文化展现出永久魅力和时代风采。坚持全民行动、干部带头，从家庭做起，从娃娃抓起，从思想道德抓起，从社会风气抓起，努力实现中华传统美德的创造性转化、创新性发展。

二是增强文化传播的战略性。推进国际传播能力建设，讲好中国故事，展现真实、立体、全面的中国。以“一带一路”倡议为契机，制定实施提高国家文化软实力和国际竞争力的战略规划，拓展对外传播平台和载体，提升提炼和阐释能力，塑造历史底蕴深厚、各民族多元一体、文化多样和谐的文明大国形象和更加开放、更具亲和力、充满希望、充满活力的社会主义大国形象，把跨越时空、超越国度、富有永恒魅力、具有当代价值的文化精神弘扬起来，把继承传统优秀文化又弘扬时代精神、立足本国又面向世界的当代中国价值观念传播出去。

三是继续深化文化管理体制改革。完善文化管理体制，加快构建把社会效益放在首位、社会效益和经济效益相统一的体制机制。推动政府角色转变，理顺文化生产和文化管理的关系，将文化管理部门的主要职责逐步转到政策调节、市场监管、社会管理和公共服务等方面。大力发展文化产业，建立健全现代文化市场体系，培育文化市场主体，对非公有制企业的发展要提供公平的竞争环境与条件，降低社会资本进入门槛，鼓励各类市场主体公平竞争、优胜劣汰，加快复合型、高素质的文化产业领军人才建设，促进文化资源在全国范围内流动。大力发展文化事业，完善公共文化服务体系，深入实施文化惠民工程，丰富群众性文化活动，促进基本公共文化服务标准化、均等化，推动服务社会化发展。

四是改进思想道德素质建设方式。广泛开展理想信念教育，深化中国特色社会主义和中国梦宣传教育，大力加强社会公德、职业道德、家庭美德、个人品德建设，营造全社会崇德向善的浓厚氛围。加强爱国主义、集体主义、社会主义教育，引导人们树立正确的历史观、民族观、国家观、文化观。加强坚定理想信念、端正价值追求的宣传教育，把培育和践行社会主义核心价值观融入国民教育全过程，落实到经济发展实践和社会治理中。加强全社会的思想道德建设，培育正确的道德判断和道德责任，强化社会责任意识、规则意识、奉献意识，通过各种媒体渠道进一步弘扬中华传统美德和时代新风，引导人们自觉履行法定义务、社会责任、家庭责任，形成全体人民的共同道德遵循，形成全社会向上向善的力量。深入实施公民道德建设工程，激励人们向上向善、孝老爱亲，忠于祖国、忠于人民。健全覆盖全社会的征信系统，建立旅游黑名单制度，加大对失信和不文明行为的约束和惩戒力度，营造知荣辱、讲文明、守礼仪的良好风尚。

三、文化领域的短板研究

改革开放40年来，我国经济社会发展取得巨大成就，全面建成小康社会的目标特别是经济目标即将如期实现。但总体看，文化建设方面仍存在着社会诚信缺失等突出短板，需要高度重视加以应对。

（一）存在的主要短板

社会诚信涵盖了法律、道德和经济等各个方面，从主体看，包括个人诚信、企业诚信以及政府诚信三个层面。

一是个人诚信问题。不守信用、弄虚作假现象时有发生。一些贷款者不讲诚信，拒不履行到期还贷义务，成为欠贷不还的“老赖”；大学生考试作弊、履历造假等失信行为时有发生。一些人信仰缺失，道德观念和善恶标准扭曲，诚信意识淡薄，职业操守滑坡。

二是企业诚信问题。一些企业通过虚假广告、制假售假、掺杂使假等方式，欺骗消费者。网络诈骗已形成包括开发制作、批发零售、诈骗实施、分赃销赃等多项分工的完整产业链，同时结合大数据等新型技术，实施精准诈骗，套路众多，令人防不胜防，增加了社会正常运转的成本。

三是政府诚信问题。一些政府部门的政策存在短期性和随意性，特别是随着主要负责同志的工作变动而变换或中断，地方政府与企业之间的债务纠纷也常因“新官不理旧账”的问题而拖欠延迟，影响了政府的形象和威信。一些地方政府在招商引资过程中承诺了许多优惠政策，但项目投资后一些政策由于各种原因不能如约兑现，也损害了政府的公信力。

（二）主要原因分析

一是社会转型过程中传统道德受到冲击。我国当前正处于社会转型时期，无论是社会经济政治文化还是道德文化都在逐步转型。近年来，我国社会在快速发展中产生重大变革，随着人员的大规模流动和网络的快速普及，以血缘关系、地缘关系为纽带的关系网被打破，以往的地域“熟人社会”正向网上“陌生人社会”过渡，传统“熟人社会”的道德约束力正在减弱，个人行为的随意性增多。同时，某些人的思想观念和意识不能实现同步转变，对于某些社会不公、贫富差距较大的情况难以正确认识，进而道德思想混乱、信仰信念动摇，形成道德滑坡、诚信缺失、个性畸形张扬等众多问题。

二是法律法规不健全。当前，我国的法律制度建设对于各行为主体的失信行为规范并不到位，有时候也无明确惩戒，通常是失信事件爆发后才进行相关法律补充。同时，已有的法律制度未能紧跟新生事物的发展而进行及时更新，难以根据现实状况及时补充完善相关法规条例。此外，除了法律条文的缺失和过于笼统，法律执行过程中也存在力度不够、实际执行困难等现实情况。

三是网络与新媒体的快速发展加大了社会诚信建设的难度。网络已成为当今社会舆情的主要载体，网络监管的难度不断增加。近年来曝出的一些诚信缺失事件，许多都是首先从自媒体迅速传播，官方反应相对较慢，往往造成较为被动的情况，一些事件即使在事后被证实是假的，但之前对于社会各界的影响已经形成，后续跟踪报道大家不甚关注，从而给人们以社会诚信缺失问题较为突出的印象。

（三）社会诚信缺失的破解

一是培育以“诚信”为核心的社会主义市场经济道德规范。要努力推进社会公德、职业道德、家庭美德、个人品德建设，激励人们向上向善、孝老爱亲，忠于祖国、忠于人民。开展形式多样的诚信教育，增强全社会的诚信道德意识，以诚信作为核心加强职业道德建设，发挥传统伦理文化的内在整合力，建立良好的诚信企业文化与诚信个人文化，加强社会主义核心价值体系建设。

二是以法治建设推进社会诚信建设。重视法治建设在加强社会诚信中的积极作用，从立法、司法、执法、普法等各个环节各个层面推动社会诚信建设。进一步完善各主体、各行业失信行为的监督管理办法，及时根据新出现的问题更新相关法律制度。健全惩戒机制，大幅提高各类社会主体的失信成本。

三是加强政务诚信建设。法治社会的政府理应带头守法守信。各级政府部门要以身作则遵守法律制度，规范自身行为。组织部门应当把诚信作为考核干部的一项重要内容，不断推动行政人员的诚信行为。减少政策的随意性，增加各项决策的透明度，加强科学决策，加大政务公开力度，提高公众参与政府决策的积极性。进一步提高执法人员的准入门槛，加强对执法人员的职业道德培训教育，重视执法的录音录像管理，提升其职业道德水平、执法力度以及执法的速度和效率。失信事件处理流程中各环节涉及的职能部门之间要相互配合，相互沟通交流，尽快解决问题。

（执笔人：卞靖）

主要参考文献

［1］周玮，白瀛，史竞男 . 坚定文化自信　创造中华文化新辉煌——党的十八大以来文化建设成就综述［EB/OL］.（2017-10-04）.http://www.xinhuanet.com//2017-10/04/c_1121762508.htm.

［2］贾童 . 社会主义核心价值观与社会政治文化建设研究［J］. 智库时代，2019（36）：8-9.

［3］卞靖 . 发达国家市场监管体系建设的发展历程、共同特征及相关启示：以社会性监管为例［J］. 当代经济管理，2015（1）：1-6.

［4］石泌禾 . 文化软实力发展与社会主义核心价值观培育［J］. 南京社会科学，2018（11）：123-128.

［5］林航，邱丹妮，林锴 ."一带一路"视域下孔子学院对中国文化软实力的影响：基于中国文化输出的数据［J］. 浙江树人大学学报（人文社会科学），2018（5）：27-34.

［6］许继红，刘娅茹 . 中国特色公共文化服务体系的现代化进程研究［J］. 经济问题，2018（12）：8-14.

［7］马龙，钟晓玲 . 当代社会诚信危机产生的根源及治理对策［J］. 山西广播电视大学学报，2018（4）：47-52.

［8］欧阳兵 . 诚信建设是社会治理链中最承重的一环［N］. 社会科学报，2018-05-17（3）.

第七章
全面建成小康社会的生态环境短板和难题研究

内容提要

我国生态环境问题依然突出，人民群众希望生态环境改善的迫切性和治理的长期性之间存在矛盾，成为全面建成小康社会的突出短板。必须兼顾当前和长远，加大环境治理力度，建立健全生态环境责任体系、激励机制，发挥全社会监督作用，抓紧补上生态环境治理短板，切实改善生态环境质量。

一、生态环境质量成为全面建成小康社会突出短板

长期以来随着我国经济快速发展，资源持续高强度开发利用，生态环境遭受了严重破坏。“十三五”期间，我国新型工业化、城镇化将持续推进，生态环境保护仍面临巨大压力。伴随着经济下行压力加大，发展与保护的矛盾更加突出，一些地方环保投入减弱，区域生态环境分化趋势显

现。生态环境质量改善进程与人民群众需求和期待差距较大，生态环境质量成为全面建成小康社会的突出短板。

（一）我国生态环境问题依然突出

“十一五”以来，尽管我国不断加强生态环境保护工作，但目前环境污染仍较为严重，生态破坏较严重。过去十年间我国单位 GDP 能耗和二氧化碳排放强度大幅下降了 30% 以上，主要污染物排放总量逐步达到峰值且不断减少，但依然超过环境承载能力上限。2018 年，64.2% 的城市空气质量未达标，公众反映强烈的重度及以上污染天数比例为 2.2%，部分地区冬季空气重污染频发高发。城市建成区黑臭水体大量存在，湖库富营养化问题依然突出，部分流域水体污染依然较重。根据 2014 年发布的《全国土壤污染状况调查公报》显示，全国土壤点位超标率 16.1%，耕地土壤点位超标率 19.4%，工矿废弃地土壤污染问题突出。山水林田湖缺乏统筹保护，生态空间不断被蚕食侵占，生态损害很大，系统保护难度不断加大。根据《“十三五”生态环境保护规划》，中度以上生态脆弱区域占全国陆地国土面积的 55%，荒漠化和石漠化土地占国土面积的近 20%。森林系统低质化、森林结构纯林化、生态功能低效化、自然景观人工化趋势加剧，每年违法违规侵占林地约 200 万亩，全国森林单位面积蓄积量只有全球平均水平的 78%。全国草原生态总体恶化局面尚未根本扭转，中度和重度退化草原面积仍占 1/3 以上，已恢复的草原生态系统较为脆弱。全国湿地面积近年来每年减少约 510 万亩，900 多种脊椎动物、3 700 多种高等植物生存受到威胁。

一些尚未纳入总量控制范畴的污染物如臭氧（O_3）、挥发性有机物（VOCs）、总磷、总氮等问题逐步浮现，颗粒物排放成为大气污染的焦点。例如，2013 年《大气污染防治行动计划》颁布实施以来，我国城市空气中可吸入颗粒物（PM10）、细颗粒物（PM2.5）、二氧化硫（SO_2）等污染物浓度持续下降，二氧化氮（NO_2）、一氧化碳（CO）保持稳定，而 O_3 浓度却不降反升。特别是在京津冀、长三角、珠三角等重点区域，O_3 成为部分城市夏季空气质量超标的首要污染物。NO_x 与 VOCs 是形成 O_3 的前体物，NO_x 与 VOCs 未能协同控制是导致目前 O_3 污染没有得到有效控制的根本原因。现阶段我国 NO_x、VOCs 控制力度不匹配，2012—2014 年，全国 NO_x 排放量累计下降约 14%，而“十二五”期间 VOCs 污染防治处于起步阶段，存在排放基数不清、法规标准不健全、监测能力不足、治理技术不清晰等问题。据生态环境部环境规划院测算，我国人为源 VOCs 排放量 20 世纪 80 年代以来一直保持快速增长态势，“十二五”期间增长了近 7%。又如，2016 年长江经济带总磷排放量近 20 万吨，已成为长江流域河流、湖泊水体中第一位的超标因子，其中金沙江支流螳螂川云南昆明段、岷江支流府河四川成都段和沱江支流釜溪河四川自贡段等城市河段为重度污染，主要污染物为总磷；太湖和巢湖为轻度污染，主要污染指标为总磷和化学需氧量，总体为轻度富营养；滇池为重度污染，主要污染指标为化学需氧量、总磷和高锰酸盐指数，总体为中度富营养。近十年来，长江口及杭州湾海域劣四类水质海域的面积比例呈持续上升趋势，一二类水质海域面积比例呈下降趋势，主要污染物是无机氮和活性磷酸盐。地下水监测点普查中有超过半数的监测点评级在良好级之下，总氮污染情况较重。此外，随着医药及洗化行业的大规模发展，药品及个人护理用品（PPCPs）的生产和使用量迅猛增长。PPCPs 中含有抗生素、固醇类激素、塑料磨砂颗粒（微塑料）等，通过食物链进入人体，会对人类健康产生严重影响。

此外，我国化工产品产销量巨大，化工企业数量庞大、近水靠城，有毒有害污染物种类持续增加，环境风险不断积聚。以长江经济带为例，由于长江经济带在资源、运输、取水、环境承载力等方面具有重要比较优势，历来是我国重要的重化工产业集聚带，沿线布局了大量重化工企业。高度密集的重化工产业产生了大量的污染物排放，更严重的是大量化工企业规模不大、效率不高，并不能完全实现达标排放，“三废”偷排问题突出，对长江水环境安全构成了严重的威胁。由于重化工企业数量多、布局不合理、污染事故多发频发，区域叠加性、累积性和潜在性的环境污染隐患极多。“十二五”期间，原环境保护部调度处理的突发环境事件中，涉及长江经济带11省市的共有316起，占全国总数的42%。12起重大突发环境事件中，10起涉及饮用水污染，造成严重的环境影响和社会影响，其中3起事件还造成了跨省界污染。另据调查，在湖北、湖南、江西等省，环保部门发现有化工企业竟将暗管布设在环保部门的自动监测点位前方，再引干净的水往监测点位流过，恶意隐瞒偷排；还有的企业将排污暗管从江底伸向江中，把污水“注射”到长江。再者，重化工产业向长江经济带上游省份转移势头明显，很可能导致全局性环境风险。

（二）改善生态环境的迫切性与治理的长期性之间的矛盾加剧

我国生态环境受到严重破坏是长期重发展、轻保护的结果。改革开放以来，我国经济高度依赖要素投入、经济结构以“投资＋出口”为主导、产业结构以工业特别是重工业为主导，粗放型发展特征显著，由此导致了资源的大量消耗和生态环境的严重破坏。生态环境一旦被破坏，自然恢复将是一个漫长的过程。要使生态环境改善到30多年前改革开放初期的水平，不是一朝一夕之事。

从发展阶段看，2019年我国人均GDP已超过10 000美元，迈向高收入国家行列，这正是多数发达国家跨越环境库兹涅茨曲线拐点的阶段。先起工业化国家均普遍发生了严重的生态环境问题，包括伦敦烟雾、洛杉矶光化学烟雾、日本水俣病等，其改善均经历了一个漫长的过程，在发展中逐步加以解决。最典型案例是1952年爆发的伦敦烟雾，据统计，12月5日到12月8日的4天里，伦敦市的死亡人数达4 000人，平均每天死1 000人；当9日有毒烟雾散开后，酸雨降临，雨水的pH值低到1.4～1.9，酸雨停后浩劫并没有停止，2个月后，又有8 000多人陆续丧生；在此后的1956年、1957年和1962年又连续发生了多达十二次严重的烟雾事件，直到1965年后，烟雾事件才得以控制。

《“十三五”规划纲要》首次明确提出要使“生态环境质量总体改善。生产方式和生活方式绿色、低碳水平上升。能源资源开发利用效率大幅提高，能源和水资源消耗、建设用地、碳排放总量得到有效控制，主要污染物排放总量大幅减少。主体功能区布局和生态安全屏障基本形成”。这既彰显了中国政府践行绿色发展理念、切实扭转生态环境恶化态势的决心，又充分体现了务实的工作态度。同时这也意味着，“十三五”期间我国仅能扭转生态环境恶化势头、使生态环境质量较当前有所改善。以PM2.5浓度为例，到2020年京津冀及周边地区、汾渭平原等PM2.5年均浓度仅能降至50微克/米^{3}左右，较35微克/米^{3}的国家空气质量二级标准仍有较大差距，较世界卫生组织（WHO）15微克/米^{3}的空气质量优良标准差距甚远。

然而，随着人们收入的不断增长，广大群众对生态环境质量的要求逐步提高、容忍度不断下降，特别是期望生态环境能够马上得到改善。同样以大气污染防治为例，自2013年启动《大气污染防治行动计划》开始，5年来，全国338个地级及以上城市可吸入颗粒物（PM10）平均浓度比2013年下降22.7%，京津冀、长三角、珠三角区域PM2.5平均浓度比2013年分别下降39.6%、34.3%、27.7%，空气质量优良天数也在逐步增加。但是，人们对于空气质量改进速度尚不满意，特别是遭遇了冬季雾霾天气后，大家的呼声更为强烈。因此，冬季空气质量必须持续显著改善，才能实现广大群众对小康社会的基本预期，可谓任重而道远；如果不能，将会削弱广大群众对小康社会的期待及评价。

二、绿水青山向金山银山转变难成为全面建成小康社会关键难题

我国广大绿水青山地区普遍经济欠发达。尽管保护好绿水青山已成为社会普遍共识，但在经济发展还不富裕的阶段，绿水青山转化为金山银山的途径不清晰、制度不健全、前景不明朗，广大绿水青山地区现实中面临痛苦的两难选择，成为全面建成小康社会的关键难题。

（一）绿水青山地区开发和保护的矛盾尤为突出

绿水青山地区，特别是西部地区、边疆民族等相对落后地区，经济发展滞后，人民生活贫困，生态环境更是脆弱，生态风险持续加大，生态环境保护缺乏长效机制，要发展与要保护的矛盾尤为尖锐。

以我国蓄水量最大的Ⅰ类水质抚仙湖为例。抚仙湖是珠江源头的第一大湖，位于玉溪市澄江市、江川区、华宁县之间。流域径流面积 1 053 平方公里（含星云湖 378 平方公里），水域面积 216.6 平方公里，平均水深 95.2 米，最大水深 158.9 米，蓄水量 206.2 亿立方米，水量是滇池的 15 倍、洱海的 6 倍、太湖的 4 倍，占云南九大高原湖泊总蓄水量的 68.8%，占全国淡水湖泊总蓄水量的 9.2%，占全国优于Ⅱ类水质湖泊淡水资源量的 50% 以上，占全国 62 个国控重点湖泊（水库）Ⅰ类水的 90% 以上。

抚仙湖目前是云南乃至全国淡水湖中极少未被污染的湖泊，也是我国内陆湖中最深、水质最好、蓄水量最大的深水型贫营养湖泊，生态环境较

脆弱。抚仙湖属于内陆断陷湖，一旦污染，就无法治理。保护好抚仙湖，对于云南生态建设乃至全国生态文明和美丽中国建设也具有十分重要的意义。

保护好抚仙湖将为全国近14亿人口每人储备14立方米Ⅰ类水，但守着这个地球上同一纬度唯一保持Ⅰ类水质的湖泊，老百姓怎么能捧起“金饭碗”仍是目前亟待破解的难题。2016年，澄江县人均GDP仅为4.4万元，较全国平均水平仍有较大差距，较下游珠三角地区更是差距甚远。沿湖周边更是有不少贫困人口。一旦周边人群“靠山吃山、靠水吃水”，加大抚仙湖开发力度，就很可能加剧生态破坏风险，造成不可扭转的生态损害。近年来，当地坚决树立“绿水青山就是金山银山”的意识，加大了退耕还湖、退林还湖等水生态保护力度，但反过来给湖区周边经济发展带来损失。当地群众普遍反映目前水生态补偿的长效机制还不完善，他们做出了牺牲，结果可能更加贫困。如何实现绿水地区生态保护与脱贫致富的协同，难题待解。

（二）绿水青山地区脱贫攻坚不易、全面小康更难

近年来，在政府一系列脱贫攻坚政策支持下，不少绿水青山地区已摆脱了贫困，可以说初步实现了从“青山”到“银山”的转变。但是，许多地方仍存在基础不牢、返贫风险大等潜在短板问题，更严重的是，下一步要实现从“银山”到“金山”的跨越，即由摆脱贫困到全面小康，难度将进一步加大。

以重庆市武隆区为例，该区是全国唯一同时拥有“世界自然遗产”“国家5A级旅游景区”和“国家级旅游度假区”三大品牌的区，还成功创建了国家级风景名胜区、国家地质公园、国家森林公园等品牌，旅游资源十分独特且极为丰富。党的十八大以来，武隆区坚持把旅游业作为全区主导

产业和富民产业，强力推进“绿色崛起、富民兴区”战略，以全域生态旅游带动当地经济社会发展和广大群众脱贫致富。一是按照“全民兴旅、全域景区、全境旅游”“山水结合、水陆并进、文旅融合”的思路，武隆区努力打造“国际知名旅游胜地”，实现了由“重庆的武隆”到“中国的武隆”，正加快向“世界的武隆”的蝶变。二是积极推进旅游“进集镇、进乡村、进农家”，使许多农户摆脱了贫困、奔上了小康。截止到2017年上半年，武隆区农家乐、家庭公寓、土特产店达4 568家，涉旅农户3.1万余户，旅游产业为社会直接提供就业岗位5.5万个；巷口、仙女山、双河等乡村旅游集镇农民人均收入增速达20%以上。旅游沿线老百姓一改过去“端着金饭碗讨饭吃”，实现“旅游做到哪里，老百姓就富裕到哪里”。三是旅游资源开发进一步拉动了武隆区旅游酒店、地产、文化、创意设计、会展商务等相关产业发展。截止到2017年上半年，武隆区在建、建成四星级及以上酒店31家，投入使用16家；仙女山国家级旅游度假区累计完成投资125亿元，建成旅游地产110万平方米；“印象武隆”成为全市旅游文化名片，夜宴仙女山、七色天街、雪岭仙山、仙山流云等一批商业街开始运营，国际会议中心启动建设，国际影视创意文化产业城完成前期工作，金融、贸易、文化创意、设计类等知名企业、高新企业也开始进驻武隆区。2017年11月，武隆区正式退出“国家扶贫开发重点工作县”，取得了“精准退出、顺利摘帽”的阶段性成果。

尽管武隆区基本全面摆脱了贫困，但经济发展水平依然较低，经济基础仍十分薄弱。2016年，武隆区实现地区生产总值145.6亿元，人均生产总值约4.2万元，尽管增速达两位数，但较全国平均水平低20%以上；城乡居民人均可支配收入实现1.8万元，较全国水平也低20%以上。更关键的是，进一步提升经济发展水平的路径不清晰。

第一，武隆区旅游景区门票价格已较高，运营成本高，未来收入存在波动风险。目前，武隆区已开发的天生三桥、仙女山、芙蓉洞、龙水峡地缝、仙女峡漂流、天坑寨子等 6 大景点旺季门票价格合计达 730 元 / 人（见表 7–1），价格不菲。除仙女山外，五大景点门票价格均超过 100 元 / 人；仙女山是个大型旅游度假综合体，再加上小火车等交通工具的费用，价格也超过 100 元 / 人。另外，著名的《印象武隆》剧场的普通门票价格高达 238 元 / 人，每晚平均上座超过 1 500 人；姊妹篇《仙女恋歌》普通门票价格也为 238 元 / 人。如果一个成年人在旺季到武隆进行 3 天 2 晚的旅游，游览所有景点，并且把《印象武隆》和《仙女恋歌》都观看的话，门票价格将达 1 206 元，旅游观光的成本不可谓不高。即使景区门票价格达到这样一个较高水平，据介绍，维持上述景点的运营，武隆区政府仍需要进行一定的补贴。这表明，武隆区主要旅游景区的运营成本相对较高，面临较大的成本压力，仍属“赔本赚吆喝”。而且，高昂的门票价格对旅游观光者的支出有一定抑制作用。特别是在国际国内经济大环境不景气时，有可能导致武隆区面临较大的收入波动风险。

表 7–1　重庆市武隆区主要旅游景区门票及收入情况

名　称		门票价格（元 / 人）	2017 年 1—5 月门票收入（万元）
旅游景点	天生三桥	135（旺）/95（淡）	5 703
	仙女山	60	3 317
	芙蓉洞	120（旺）/65（淡）	962
	龙水峡地缝	115（旺）/85（淡）	2 444
	仙女峡漂流	180	5
	天坑寨子	120	105
	合计	730（旺）/605（淡）	12 536
主要剧场	印象武隆	238	—
	仙女恋歌	238	—
	合计	476	—

注：根据调研资料整理。

第二，继续当前的发展方式，武隆区增长潜力将比较有限。以旅游开发为例，目前武隆区主要的知名景区开发近 10 个，已初具规模。此外，还有后坪天坑、天星竖井群、桐梓山洞穴群、芙蓉湖等一系列景点待开发。如果武隆区将这些景点都陆续开发，那么一个区县内的景点将十分密集，加之地形复杂，景点之间的交通往来也要耗费不少时间。《印象武隆》剧场吸引了大量游客观看，《仙女恋歌》也于 2017 年 7 月开始公演。考虑到大多数游客均是在小长假或周末前来游玩，以 2～3 天停留为主，恐怕很难游遍所有景区。单纯依靠规模的扩张，加大各类景点或剧场的开发力度，将很难再达到之前同样的效果，对武隆区脱贫致富的带动作用也将大大降低。

如何提升旅游产业质量效益，如何增强内生增长动力，实现从“银山”到“金山”的跨越，将是武隆区未来较长一个阶段面临的关键难题，同样是广大绿水青山地区面临的关键难题。从摆脱贫困跨越到全面小康，实现从“青山”到“银山”再到“金山”的转变，绿水青山地区依然有较长的路要走。

三、加快补上生态环境治理短板的主要举措

“十三五”期间，为尽快补上生态环境治理短板，必须贯彻落实五大新发展理念，按照党的十九大报告、“十三五”规划纲要以及《“十三五”生态环境保护规划》要求，充分预估不达标的风险，提前谋划、加大力度、全面施策，切实改善生态环境质量。

（一）加大生态环境治理力度

第一，以改善环境质量为核心，深入实施水、土、大气污染防治行动计划。深入贯彻落实《大气污染防治行动计划》各项治理措施和要求，延

续其治理力度和方向，强化监管手段和方法，实施大气环境质量目标管理和限期达标规划，加强重污染天气应对，深化区域大气污染联防联控，显著削减京津冀及周边地区颗粒物浓度，明显降低长三角区域细颗粒物浓度，大力推动珠三角区域率先实现大气环境质量基本达标。深入实施《水污染防治行动计划》，实施以控制单元为基础的水环境质量目标管理，落实控制单元治污责任，实施流域污染综合治理，切实改善长江、黄河等七大水域水生态环境，大力整治城市黑臭水体，着力改善河口和近岸海域生态环境质量。全面实施《土壤污染防治行动计划》，以农用地和重点行业企业用地为重点，开展土壤污染状况详查，尽快查明农用地土壤污染面积、分布及其对农产品质量的影响，进而实施农用地土壤环境分类管理，加强建设用地环境风险管控，开展土壤污染治理与修复，强化重点区域土壤污染防治，有效遏制土壤污染恶化势头。

第二，贯彻“山水林田湖是一个生命共同体”理念，坚持保护优先、自然恢复为主，强化生态保护和修复，筑牢生态安全屏障。加快青藏高原屏障、黄土高原—川滇生态屏障、东北森林带、北方防沙带、南方丘陵山地带等“两屏三带”国家生态安全屏障建设。深入实施中国生物多样性保护战略与行动计划，加强生物多样性保护优先区域管理，构建生物多样性保护网络，完善生物多样性迁地保护设施。整合设立一批国家公园，加强风景名胜区、自然文化遗产、森林公园、沙漠公园、地质公园等各类保护地规划、建设和管理的统筹协调，提高保护管理效能。加大森林、草原、湿地等重要生态系统保护力度，推进森林质量精准提升，增加“三化”草原治理面积，逐步恢复湿地生态功能，扩大湿地面积。

（二）加快建立生态环境治理责任体系

第一，尽快落实地方政府治理生态环境的主体责任。自“十一五”

以来，我国已建立了地方政府节能减排目标责任制，有效推动了节能减排约束性目标的实现，但如何确定一个地方政府必须通过努力才能够摸得着的目标仍然是一大难题，容易出现目标约束过紧、地方无法实现或者目标约束过松、地方无须努力就实现的情况。“十三五”规划纲要明确提出“切实落实地方政府环境责任，开展环保督察巡视，建立环境质量目标责任制和评价考核机制”。建立以地方生态环境质量改善为核心的目标责任制，导向明确，有利于更好地确定地方政府责任，也有助于推动地方政府开展生态环境协同治理、探索区域间企业污染排放指标交易等机制实现。2016 年 12 月，中共中央办公厅、国务院办公厅印发了《关于全面推行河长制的意见》，旨在建立健全以党政领导负责制为核心的责任体系，明确各级河长职责，就是在水环境保护领域落实地方政府责任的重要探索。下一步，应进一步明确地方政府在大气、土壤污染防治领域的具体责任，切实保障大气、土壤质量改善等目标的实现。

第二，务必加强监管监察和考核问责。2016 年以来，中央加强了环保督察巡视工作和环保惩罚力度，但仍出现了诸多企业不达标排污、偷偷排污甚至恶意应付检查的问题，还出现了地方环保部门配合造假的情况，甚至还有一些地方政府把中央大气污染防治专项资金挪作他用的乱象。针对这些问题，2016 年 10 月，中共中央办公厅、国务院办公厅印发了《关于省以下环保机构监测监察执法垂直管理制度改革试点工作的指导意见》，生态环境部要求 2019 年 3 月底全面完成省级环保垂改工作。为此，亟须开展环境保护督察，重点检查环境质量呈现恶化趋势的区域流域及整治情况，重点督察地方党委和政府及其有关部门环保不作为、乱作为的情况，重点了解地方落实环境保护党政同责、一岗双责以及严格责任追究等情况，推动地方生态文明建设和环境保护工作，促进绿色发展。

（三）建立健全生态环境治理激励机制

第一，深化资源环境价格改革。完善资源环境价格机制，全面反映市场供求、资源稀缺程度、生态环境损害成本和修复效益等因素。落实调整污水处理费和水资源费征收标准政策，提高垃圾处理费收缴率，完善再生水价格机制。深化煤炭、石油、天然气等能源资源产品价格改革，发挥市场的决定性作用，结合资源环境财税改革建立反映市场供求、资源稀缺程度和环境损害成本的价格形成机制。完善煤炭全产业成本核算体系，实现煤炭开采、生产过程中的生态环境污染外部成本内部化。理顺天然气与替代能源比价关系，最终建立通过市场竞争、供需双方自主决定价格的机制。完善燃煤发电机组脱硫、脱硝电价机制，广泛实施差别电价、惩罚性电价，全面推行阶梯电价。

第二，发挥财政金融政策引导作用。全面推进资源税改革，逐步将资源税扩展到占用各种自然生态空间范畴，不断提高煤炭、原油、天然气的资源税标准，并基于资源开采区域生态环境破坏程度设定差别税率。落实环境保护、生态建设、新能源开发利用的税收优惠政策。择机征收环境保护税，对碳市场交易覆盖范围之外的碳排放活动，研究征收碳税。完善绿色税收优惠政策，对能源项目同步开展的环保基础设施建设、生态保护和修复工程实行加速折旧、税收抵扣等。建立绿色评级体系以及公益性的环境成本核算和影响评估体系，明确贷款人尽职免责要求和环境保护法律责任。鼓励各类金融机构加大绿色信贷发放力度。在环境高风险领域建立环境污染强制责任保险制度。研究设立绿色股票指数和发展相关投资产品。鼓励银行和企业发行绿色债券，鼓励对绿色信贷资产实行证券化。

第三，建立生态环境治理市场机制。建立健全排污权初始分配和交易制度，落实排污权有偿使用制度，推进排污权有偿使用和交易试点，加强排污权交易平台建设。推行用能预算管理制度，开展用能权有偿使用和交易试点。按照“谁受益谁补偿”的原则，探索建立上中下游开发地区、受益地区与生态保护地区流域间生态补偿机制。依托重点生态功能区开展生态补偿示范区建设，完善森林、湿地生态效益补偿制度，推进重点地区生态补偿试点。借鉴新安江生态补偿试点的经验，推广跨省水环境补偿机制。实行分类分级的补偿政策，探索多元化补偿方式，将生态补偿与扶贫开发有机结合起来，通过资金补助、人才培训、共建园区等方式，对因加强生态保护造成利益损失的地区重点实施补偿。

（四）发挥公众参与环境监管作用

生态环境问题涉及面广，污染源分散，又事关广大公众切身利益，宜将公众监督作为政府监管的有效补充。目前，住建部、生态环境部已建立了城市黑臭水体治理公众监管平台。生态环境部建立了环保举报热线，积极响应公众举报，并对公众反映的环境违法行为依法进行处理。但是，目前仍存在渠道不畅通、信息不透明、响应不及时等问题。有必要尽快建立规范的公众参与机制，将公众监督环境污染作为政府监管的有效补充，畅通公众参与渠道，发挥公众参与环境监管作用。

具体而言，在建设项目立项、实施、后评价等环节，建立沟通协商平台，听取公众意见和建议，保障公众环境知情权、参与权、监督权和表达权。引导新闻媒体，加强舆论监督，充分利用“12369”环保热线和环保微信举报平台。推进环境典型案例指导示范制度，推动司法机关强化公民环境诉权的保障，细化环境公益诉讼的法律程序，加强对环境公益诉讼的技术支持，完善环境公益诉讼制度。

四、推动绿水青山转化为金山银山的主要举措

绿水青山向金山银山转化是一个长期渐进过程，必须按照党的十九大报告要求，从自然资源资产管理和自然生态监管高度出发，从理念树立、政策体系构建，到适宜产业开发乃至人的迁徙流动等方面系统着手，多措并举，扎实推进，方见实效。

（一）牢固树立“绿水青山就是金山银山”的价值观

绿水青山本身就是一笔永恒的财富，但向金山银山转化是一个发展阶段问题。随着国家整体经济的不断发展，人们的“支付意愿”将不断提高，绿水青山的价值将不断体现，最终势必变为金山银山。为此，应加强宣传教育，培养公众耐心，明晰绿水青山转化为金山银山需要一个渐进过程，不可能一蹴而就；加强生态文明制度宣传引导，深刻阐述绿水青山和金山银山的辩证统一关系，让全社会深刻认识到绿水青山的价值，让全社会摒弃牺牲绿水青山换取短期经济利益的行为。通过多层次宣传教育引导，让“绿水青山就是金山银山”由理念进一步升华，逐步深入人心，成为政府制定发展规划、企业投资建设、群众日常生活的基本准则和价值观念。

（二）加快建立健全多层次政策扶持体系

现阶段，对于尚不能将绿水青山直接转化为金山银山的地区，为了缩小其与城镇化地区的差距，必须给予更多的政策扶持，使其步入脱贫致富的发展轨道。对于国家重点生态功能区等绿水青山保护区，中央层面应加大财政转移支付力度，省级层面可制定适当的税收减免或返还等优惠政策。同时，改革绩效考核方式，将保护好绿水青山作为基层政府的最主要

工作内容及业绩，通过监督、考核和奖惩将绿水青山保护转化为基层政府的“政绩”。考虑到绿水青山保护是个巨大的公共产品，应加快推动建立地区间横向生态补偿机制，由经济发达的环境受益者向绿水青山的保护者进行经济补偿，进一步体现绿水青山在整个生态区域的真实合理价值。

（三）努力做好生态旅游这篇大文章

大力发展旅游业，是当前及未来一段时期，绿水青山转化为金山银山最直接也是最有效的途径。一方面，鼓励各地充分挖掘自身的山水文脉特色优势，高标准、高规格规划好旅游景点、旅游路线，营造全域旅游氛围，提升景区的档次和接待能力，完善交通基础设施建设，不断吸引和扩大目标人群。同时，加强科学管理，做好旅游服务，不断降低运营成本，减少对高景点票价的依赖。另一方面，积极拓宽旅游产业链条，提高绿水青山附加值。例如，推动旅游与文化创意相结合，积极发展特色旅游文化、旅游产品加工产业，构建文化旅游产品体系；把握休闲度假、健康养老等需求增长态势，在充分保留自然风貌的基础上，适度开发商品住宅、商业地产，打造生态小镇，培育旅游度假休闲养老于一体的商业模式，让绿水青山的资产价值逐步显现。

（四）支持探索发展环境友好型工业

工业是提高劳动生产率的关键，也通常是落后地区脱贫致富的必由之路。绿水青山地区产业准入要采取负面清单管理方式，除明确禁止的，应支持各地探索发展符合各自比较优势的环境友好型工业。一方面，鼓励各地区充分利用绿水青山资源发展绿色工业，农林资源丰富地区积极发展农林产品加工、食品饮料、生物医药等产业，可再生能源丰富地区有序发展水电、风电、太阳能光伏发电乃至生物质能，变永续资源为可持续能源，实现绿水青山经济价值的飞跃。另一方面，推动各地区深入发掘其他方面的资源禀赋优势，探索发展先进装备制造、电子器件制造等低资源消耗、高附加值产业以及新材料、大数据、云计算等新兴产业，减少对绿水青山的攫取程度，从容等待其金山银山价值的逐步浮现。再者，绿水青山地区工业发展应坚持“面上保护、点上开发”原则，将开发规模控制在生态环境承载范围内，进一步夯实从绿水青山到金山银山的可持续转型之路。

（五）适度促进绿水青山地区人员迁徙流动

绿水青山地区资源环境承载力有限，绿水青山到金山银山的转变必然建立在规模合理的人类活动基础上。为此，将绿水青山地区一部分人员转移出来，有可能让迁徙出和驻留下的人都从中获益，共同走向致富道路，也有助于当地生态环境的逐步修复，可谓帕累托改进，从而真正实现绿水青山到金山银山的转变。建议结合脱贫攻坚工作，大力推动生态扶贫搬迁，将贫困人口从生存环境恶劣、基础设施难以覆盖的地区转移到条件较好的集中安置点，例如靠近旅游点地方，规划好这些居民的长远生计问题，推动他们由政策扶持脱贫到自身能奔小康。同时，加强各类人员特别是年轻人技能培训，帮助寻找就业机会，鼓励其去城镇化地区工作、生活、置业，从大山里彻底走出去。

（执笔人：苏铭）

主要参考文献

［1］胡锦涛 . 中国共产党第十八次全国代表大会报告：坚定不移沿着中国特色社会主义道路前进为全面建成小康社会而奋斗［R/OL］.（2012-

11–17)[2017–06–11].http://www.gov.cn/ldhd/2012–11/17/content_2268826.htm.

[2] 习近平.决胜全面建成小康社会　夺取新时代中国特色社会主义伟大胜利：在中国共产党第十九次全国代表大会上的报告[M].北京：人民出版社，2017.

[3] 中共中央编写组.中华人民共和国国民经济和社会发展第十三个五年规划纲要[M].北京：人民出版社，2016.

[4] 国务院.“十三五”生态环境保护规划[EB/OL].(2016–12–05).http://www.xinhuanet.com//politics/2016–12/05/c_1120057921.htm.

[5] 本书编写组.十八大报告辅导读本[M].北京：人民出版社，2012.

[6] 解振华.我国生态文明建设的国家战略[J].行政管理改革，2013(6)：9–15.

[7] 马凯.坚定不移推进生态文明建设[J].求是，2013(9)：3–9.

[8] 范必.加大生态文明建设力度[M].十二届全国人大一次会议《政府工作报告》辅导读本.北京：人民出版社，中国言实出版社，2013.

[9] 周宏春.生态文明建设的路线图与制度保障[J].中国科学院院刊，2013，28(2)：157–162.

[10] 环保部环境规划研究院.煤炭环境外部成本核算及内部化方案研究[R].2014.

第八章
全面建成小康社会解难题补短板研究综述

内容提要

全面建成小康社会进入最后倒计时阶段，本章重点对全面小康面临形势、难题和短板的众多观点进行了系统梳理。首先整理了对全面小康面临外部环境及形势变化的观点，并搜集了千年发展目标报告、《2030年可持续发展议程》等预估中国全面建成小康社会的主要短板，综合摘录了全面小康面临国内发展形势的部分研判。报告重点从“五位一体”全面小康维度，综述了如期实现全面小康面临的经济发展、社会建设、文化建设、生态环境和制度建设、治理能力、风险管控等方面的难题，综合评价实现全面建成小康社会目标尚存在的主要短板。

全面建成小康社会是我国第一个百年奋斗目标，意义十分重大，各方面都十分关注，相关研究资料汗牛充栋。但在全面建成小康社会进入“最后一公里”的关键阶段，也面临突出的难题和一些短板，只有准确把握认识发展中的难题，精准识别和补齐全面小康的短板，才能因症施策提出确保如期实现全面小康目标的得力举措。围绕这些难题短板，本章梳理了相关研究成果和观点，为做好全面小康研究积累基础，也为深化全面小康的理论和舆情认识提供参考。

一、关于全面小康面临内外部发展形势的判断

（一）全面小康面临的外部环境及形势变化

小康主要是一个国内问题，但如期实现全面小康目标离不开外部环境的影响。当前，国际新形势的研究主要聚焦于2020年前后的发展环境，并非完全针对“全面小康”，但对本研究具有较强的借鉴价值。从已有研究来看，在三大趋势上比较具有共识。第一，中国参与全球治理的格局基本形成。中国积极参与全球治理，并在多边体制下提出中国方案，未来中国在G20、APEC与西方发达国家的交锋将更多（张占斌，2016）。第二，世界经济格局将渐进演变。美国经济与政治地位虽有所下降，但在全球的主导地位没有发生实质性改变（施锦芳、戚洪亮，2015）。第三，新型大国之间博弈加剧但都在尽力避免“修昔底德陷阱”。地缘政治格局变动突出，地区格局由单极加速向多极化方向演化。推动多极化发展的因素中，地区大国的新作用格外显眼（唐志超，2016）。

还有部分研究从国际视角预估了未来中国实现全面建成小康社会的主要短板。例如，新千年发展目标是联合国推动全球脱贫并落实发展愿景的关键性行动。《中国实施千年发展目标报告（2000—2015年）》显示，中国较好地完成了千年发展目标中的绝大多数任务，尤其在消除极端贫困、普及初等教育、促进性别平等、降低儿童死亡率等方面较为突出。同时，“降低生物多样性丧失，到2010年显著降低生物多样性丧失的速度”目标

没有实现，“到 2020 年，明显改善约 1 亿人棚户区居民的居住条件”目标也只是可能实现。以《2030 年可持续发展议程》(以下简称《议程》)《巴黎协定》为代表的国际新框架也给全面建成小康社会提出新要求。《议程》强调要实现可持续发展，主要体现在气候变化和生产消费模式两方面，这意味着全面建成小康社会应尤其注重生态环境维度。《议程》着力促进包容性增长，主要体现在消除贫困和确保权利平等两方面，这意味着全面建成小康社会应做到公平、同步。《议程》明确要推动创新型发展，主要体现在促进创新创业和启动技术完善机制两方面，这意味着全面建成小康社会需要尽快实现创新驱动发展。《议程》涵盖建设和平包容与法治的社会，意味着全面建成小康社会需要注重社会维度尤其是法治社会建设。

（二）关于全面建成小康社会面临国内发展形势的判断

大多数研究是从国内发展形势来分析全面建成小康面临的挑战。其中，经济发展不均衡不可持续、资源环境压力加大、社会矛盾易发多发等因素受到广泛关注。张占斌（2016）认为全面建成小康社会，最重要同时也是最难做到的是“全面”。即便到 2020 年在经济总量和速度上达到了全面小康，但发展不平衡、不协调、不可持续不解决，就不算真正达到了全面建成小康标准。中国社会科学院关于“十三五”研究系列的智库报告（张平等，2015）指出，“十三五”经济增长年均达到 6.5% 就能实现 2020 年比 2010 年翻一番的总量目标，但趋势性、结构性、机制性三大方面的短板不容忽视。经济效率低效的短板，如投资边际效率下降，劳动生产率、人力资本积累、全要素生产率的增长均出现放缓，从而引起经济增长速度趋势性下滑。

二、关于如期实现全面小康面临发展中的难题

本文所指难题，是指对全面小康目标实现有重大影响的全局性问题、体制性问题和突出矛盾。杨宜勇（2016）、肖宏伟（2014）等相关研究成果通过构建由经济发展、民主法制、文化建设、人民生活、资源环境五大指标体系测算了我国全面建成小康社会的实现程度，全面建成小康社会进入临门一脚决胜期，难点和短板效应逐渐凸显。从几个具体的维度看，全面小康在各自领域存在一些难题。

（一）经济发展方面的难题

全面建成小康社会面临的制约因素主要来自经济总量领先下的人均落后与经济发展速度下滑、先富带动共富的挑战、经济结构不合理、技术创新能力不强、资源环境压力加大等（王军旗，2015）。从全面建成小康社会的区域发展看，西部欠发达地区如何做到同步是难题。和军（2016）测算了2004—2014年全面建成小康社会的实现程度发现，西部地区的贵州、云南、甘肃、宁夏、青海、新疆和西藏等省份实现程度较低，是全面建成小康社会的难点地区。抛开行政区划的区域发展看，我国能否全面建成小康社会，关键的“瓶颈”在于革命老区、少数民族地区、边境地区、欠发达地区等老少边穷地区能否脱贫致富（林家彬，2016）。

城镇化特别是实现户籍人口城镇化率预期目标是难题。全面建成小康社会与统筹城乡区域发展从根本上说是一体的，加快实现城乡二元结构战略性转换是全面建设小康社会的中心任务（吴晓华，2004），应该把统筹城乡发展列入建设全面小康社会的计划和实践之中（陈锡文，2003）。全面建成小康社会应该是全部区域的小康，逐步缩小区域差距，实现区域协

调发展是全面建成小康社会的重要内容（和军，2016）。

（二）社会发展方面的难题

社会发展方面的难题，主要表现为社会矛盾冲突多发（马超林，2016），基本公共服务均等化水平不高（曾红颖，2012；王晓玲，2013）、就业不充分（顾严，张本波，2014），收入分配特别是财富分配不公，快速信息化下的社会治理难。城乡居民收入的增长速度总体放缓，低收入群体增收压力加大，实现“十三五”居民增收目标有难度。受经济增速下滑的影响，农村居民人均可支配收入的实际增速不断下降。收入分配、财产差距拉大，中国经济趋势研究院编制的《中国家庭财富调查报告（2017）》显示，城镇居民更多地从房产价格上升中获益，房产净值的增长也成为家庭人均财富增长的最重要因素，对全国居民而言，房产净值的增长额占到了家庭人均财富增长额的68.24%。“十三五”时期，我国经济下行压力依然巨大，GDP增速放缓对居民收入增长的“拖累”作用将进一步显现。在当前经济下行压力较大、国内需求不足、企业经营困难的背景下，实现翻番目标尽管比预期增加了一些难度，但基本可以实现。张平（2016）等更强调机制性短板，如收入分配中的基尼系数、城乡收入分配差距、区域不平衡虽然在缩小，但很多是靠政府的转移支付来实现的，没有完成太多的机制性变革。

（三）文化发展方面的难题

全面小康不仅仅是物质生活上要富足，精神文化生活方面也要充实，文化小康是建成全面小康的不可或缺部分（齐勇锋，2015）。文化小康是全面小康的重要内容，而实现文化小康，主要任务和重点难点都是在农村、在基层（齐勇锋，2015）。目前物质小康逐步实现，文化小康的需求日益凸显，推进文化小康建设要把握好引导与满足、存量与增量、主导与主体、传承与创新等四个方面的关系（陈涛，2017）。杨永恒（2014）则将我国公共文化服务存在的问题归纳为网络传播方式与传统方式融合不够、公共文化队伍素质不高、网络文化资源整合不足、网络成本较高、群众文化需求和消费能力不足等五个方面。在全球化背景下，我国社会主义主流意识形态安全面临重要挑战（赵军，2016）。要高度重视网络社会下的文化风险（齐勇锋，2016）。

（四）生态文明方面的难题

虽然我国近年来愈发重视生态环境保护，但现实情况却不容乐观，多种问题矛盾较为明显。经济增长诉求、资源利用模式、环境认识水平、监管能力建设等多重因素都制约着我国生态环境保护（翁伯琦，2004）。

第一，发展和保护的矛盾依然突出。在政府层面，虽然中央政府将生态文明建设作为重要目标，但一些地方政府仍然只追求短期效益，吸纳高污染高能耗企业进驻（史亚楠、佟光霁，2013）；在企业层面，自身利益最大化才是经营目标，企业缺乏承担污染治理等外部性问题的意愿；在公众层面，百姓一方面反映污染严重，另一方面却采取享乐型消费模式加剧污染情况（熊欢欢、阮涵淇，2016）。社会对于环境问题更多地采取事后弥补措施，部分政府和企业主体仅仅抱持完成任务的心态开展工作，对环境保护和生态建设没有树立应有的理念和责任（王军、钟莉娜，2017）。此外，区域间的情况差异也导致了社会不公正，很多地方秉持“靠山吃山，靠水吃水”的生存信条，陷入“越穷越污染、越污染越穷”的怪圈（袁晓文，2013）。特别是广大农村和民族地区有迫切的经济发展诉求，而资源开发和工业生产是拉动经济增长的快速手段，由此产生的环境问题日益明显。农村地区竞相设立工业项目，却不具备控污资金和技术，由此引起点源污染面源化（卞新民、张卫建、叶飞，2004）。农业生产倾向于过度使用化肥和农药，对土地和地下水资源造成污染。快速城镇化建设又大量占用土地，破坏地表植被，造成水土流失（史亚楠、佟光霁，2013）。

第二，资金等投入不到位。对于一些政府部门和企业而言，资金缺口是落实生态保护的关键难题。虽然我国设立了生态补偿资金等措施，但实际执行中仍未能充分调动主体积极性。在我国乡镇地区，政府资金预算有限，没有能力建立污水和垃圾处理装置，大量生活污水、垃圾均直接排放；小企业也无钱购置处理设备，粗放生产加剧污染问题（史亚楠、佟光霁，2013）。我国生态补偿资金的金额偏低，发放不到位，使用效果差强人意（高红贵、汪成，2014；王干、白明旭，2015）。一方面，我国大量废弃矿山的生态补偿资金主要由政府承担，历史欠账给政府财政造成巨大压力；另一方面，新开矿山由矿业企业承担环境恢复治理义务，也给企业造成了沉重的经济负担。目前补偿资金的资金收取标准不统一，且资金来往主体不明确。此外，我国清洁能源的开发和利用也存在技术瓶颈、制度障碍、市场不成熟等问题（郑娟尔、袁国华、贾立斌等，2013）。

第三，政策制度和法律法规不健全。我国正在将与生态文明相关的污染防控和环境保护等内容逐步纳入政策法规，然而现有制度存在一定问题，导致责任主体行动意愿不强，激励和惩罚难以落实。我国对政府部门的政绩考核评价体系不全面，以 GDP 为主，未能充分体现生态环境指标（王立华，2015；熊欢欢、阮涵淇，2016）。目前我国的政府环境绩效评估既缺乏政府内部的自我监督和约束，也没有部门与部门间的相互监督，尤其没有建立来自民间的外部监督；有时地方政府制定的评估指标甚至低于标准，制造结果优良的假象（卢智增，2015）。分析我国生态资源管理体系，横向看，资源环境统一管理难以实施，综合协调能力不足；纵向看，上级环保行政主管部门对下级环保行政主管部门缺乏有效的监督管理（高红贵、汪成，2014）。我国生态环境相关的政策法律制度还未形成完整体系，整体进度显著滞后，立法和执法过程中暴露出一系列问题（张永清，2006；薛睿，2013；史亚楠、佟光霁，2013；杨继瑞、黄潇、田杰，2013）。我国现有的生态文明法律法规存在空白、失当、自相矛盾等弊病，不能从产权制度和环境税收这两大基本制度出发，未能发挥制度的市场效应。现有制度很多不具有严格的约束效力，实施细则不完备，导致无法真正落实开展。同时，环保执法部门能力有限，受污染影响个人举证困难，这些都阻碍了生态问题的查处和惩罚力度。此外，生态环境作为公共资源，有可能面临“反公共地悲剧”，即因为几个部门同时拥有正式或非正式的排他权，利用排他权阻止其他人对资源的使用，或是互相推诿，或是希望“搭便车”抽成，最终反而不利于资源高效利用（肖祥，2012）。

第四，环境末端治理的方式难以起到治本效果。空气和水污染治理是社会迫切需求的难题，但目前很多措施是末端治理。戴彦德（2015）等主张，目前雾霾等以末端为导向的治理机制本身就存在问题，末端激励的治理机制不会有根本性效果。因此，戴彦德、冯超（2015）等认为，关键在于转变治理思路，要通过能源结构、产业结构和生产方式等改变，从源头上减少污染。此外，与近 100 万亿元（2019 年）的经济总量产出规模相比，环保投入不足也是明显的问题，设施建设和设施运营都存在投入不足的问题。同时，在当前发展阶段，良好的生态环境资源如何转化为经济效益，即绿水青山如何转化为金山银山，还没有找到普遍适用的解决模式。

（五）制度建设和治理现代化方面的难题

确保全面小康攻坚决胜，当前一个突出问题是政策和改革落地传导机制不畅，监督不到位，政策落地面临“中梗阻”（张林山等，2016）。钱再见等学者认为，政策在执行中传导不畅，无法实现预期效果，即政策面临

“中梗阻”问题是行政管理方面面临的一个重要短板。公务人员正向激励机制不健全。张泳全认为，当前公务人员管理机制中“激励不足、约束偏软”的问题突出，公务人员工作积极性不高，成为政府管理效率低下、不廉洁、政策落地难等问题的重要原因。政治民主方面，基层民主政治建设有待完善（魏后凯，2016）、基层组织公共服务意识有待加强（马超林，2016）。

（六）实现全面小康面临的各类风险综述

现有文献对实现全面小康面临风险的研究主要集中于对“十三五”时期各类风险的研究，主要在五个方面。一是经济风险，主要指经济领域面临的不确定性，以及由此给我国经济发展带来的损失。二是安全风险，重点是地缘政治安全、信息安全、生物安全、公共安全及重大突发事件的安全风险，会增加发展中的不确定性影响。三是文化风险，在现代化的过程中，由于价值观和信仰的迷失而对社会造成的不确定性及相应的损失。四是社会风险。社会系统中的一些人为原因造成的社会秩序紊乱和社会局势不稳定的可能性，包括诚信缺失引发的风险、分配不公引发的风险、社会阶层结构不合理引发的风险等。五是生态风险，特别是看不见的生态隐性风险。

也有的研究把风险分为显性风险和潜在风险（国家发展改革委宏观经济研究院课题组，2016），并对各类风险发生的概率进行了量化分析。显性风险主要包括：国际经济政治格局深刻调整引发的周边安全风险与对外经贸风险，产能过剩问题持续发酵引发的制造业风险，房地产市场结构失衡、泡沫膨胀引发的房地产风险，财政金融系统矛盾日渐积累引发的金融风险，生态环境恶化诱发的环境风险以及因此而产生的群体性事件风险等。潜在风险主要表现为产业发展空心化风险，城镇化进程缓慢造成的二元结构矛盾加剧，收入分配不合理造成的需求结构调整缓慢，社会治理不完善造成的社会矛盾和冲突等。“十三五”时期，经济社会发展环境的变化使各类风险表现出了一些新的特征（曾铮、刘志成，2016），如触发点增加、关联性增强、燃爆值降低。

三、关于实现全面建成小康社会目标的短板研究综述

本章所指短板，主要借鉴“木桶理论”的短板含义，基于可测算的指标数据、专家的判断和参考各方面的调查结论，综合评判出全面小康在目标实现上的短板。本文围绕这一问题梳理了相关研究观点。

（一）全面小康涉及经济方面的短板

全面建成小康社会、统筹城乡发展的短板在农村（陈锡文，2002；李说，2015）。解决好“三农问题”是全面建成小康社会的重点和难点，尤其是解决农村扶贫问题。经济发展和人民生活水平提升幅度较快，而政治民主、社会发展和农村环境指标虽有进步，但仍然属于农村全面建成小康社会的短板（魏后凯，2016）。农村居民文教娱乐消费支出比、村民参选率、农业源化学需氧量排放量、农业源氨氮排放量、农村人口平均受教育年限、化肥施用量、农田地力等级 7 项指标将是农村全面建成小康社会的难点所在，实现全面建成小康社会的目标关键在于补齐农村短板。

农村贫困地区是短板中的短板。当前我国脱贫攻坚形势依然严峻。我国农村贫困人口从 2012 年底的 9 899 万减少到 2018 年底的 1 660 万，贫困发生率从 2012 年底的 10.2% 下降到 2018 年底的 1.7%，但剩下的都是脱贫最艰难的部分。目前，贫困人口增收难度加大，发展动力不足，返

贫压力不小，脱贫的边际难度不断加大。革命老区、民族地区、边疆地区、贫困地区在“三农”工作中要把扶贫开发作为重中之重（徐学庆，2015）。

创新不足是支撑经济发展的短板。创新发展还存在诸多困境，创新激励机制作用不够。王昌林认为，深化对创新驱动发展的规律性认识，强化企业创新主体，以突破发展瓶颈为主攻方向，以提升企业创新能力为抓手，以推动重点地区率先创新发展为突破口，以增强科技创新能力为支撑，以建设创新型人才队伍为基石，着力推进科技与经济发展结合。辜胜阻提出我国创新面临四大瓶颈：“动力不足，不想创新”“风险太大，不敢创新”“能力有限，不会创新”“融资太难，不能创新”。

（二）全面小康涉及民生领域的短板

1. 教育短板

我国教育体系的规模已经是世界最大，处于全球发展中国家的较好水平。但是，区域之间、城乡之间教育发展依然不平衡，贫困农村地区教育发展相对滞后，面向经济困难家庭“控辍保学”任务在中西部欠发达地区依然很重。“十三五”时期教育领域最需要补的短板，就是家庭经济困难学生享有平等受教育机会，直接关系到打赢脱贫攻坚战、如期全面建成小康社会的大局。张力（2015）根据已有研究，贫困地区教育短板主要体现在：第一，初中升学率水平总体低于全国水平；第二，在义务教育阶段的资源投入仍存在一定的不足，尤其是教师资源；第三，从贫困地区幼儿教育发展来看，水平不均衡的现象较为突出，仍存在较大的发展空间（李璐，2016）。

2. 医疗短板

医药卫生领域的发展与人民群众的需求之间仍存在较大差距。突出表现为卫生资源总量不足且纵向配置失衡、尚未形成多元办医格局、医疗技术水平相对薄弱，以及落后地区医疗卫生条件差、服务水平低等问题（刘宝、陈群民，2016）。从医药卫生体制方面看，存在医疗卫生领域筹资总量不足，渠道单一，经常性、可持续投入难以保障；改革资金难以到位，公立医院经营性和公益性无法兼顾；难以获得政策性金融支持，非营利性社会办医动力不足；项目研发缺乏引导性资金，新兴领域难以抢占发展先机等问题（李璐、韦潇，2016）。

3. 社会服务短板

缩小贫困地区基本公共服务与全国平均水平的差距，仍有较长的一段路要走，尤其是一些地理位势恶劣、贫困代际传递的地区，需要将加大扶贫攻坚与推进基本公共服务两方面的任务结合起来，相互带动、共同推进。从表征社会服务发展水平的几项主要指标情况来看，贫困地区的社会服务发展相较于全国平均水平差距非常明显。最低生活保障标准较低，人均社会服务床位明显不足，社区服务机构覆盖率不高，社会组织发育程度不够，专业的社会工作人员严重不足（李璐，2016）。

（三）全面建成小康社会中的文化短板

一是我国公共文化服务体系建设存在问题。袁慧晶（2017）认为，只有基层文化活起来，才能奔向文化小康。二是财政资金支持总体不足。李毓秀（2009）、王岩（2011）指出，目前维持性开支比重高，发展经费不足。江光华（2014）认为，当前公共文化服务建设“重硬件建设，轻软件服务”的状况较为突出。三是地区间发展不平衡问题突出。高伟华（2010）分析认为我国地区间在绝大部分基本公共文化服务类别上存在很大差异。四是群体间文化服务水平差距较大。刘敬严、李占平（2012）指出，户籍制度使得农民工无法平等地享有和市民一样的公共文化，农民工公共文化服务现状令人担忧。胡杨玲、周林刚（2012）调查分析认为，既有的公共文化服务体系没有惠及广大弱势群体。周晓丽（2011）认为，民族地区人群的公共文化服务建设有其特殊性，提供的文化服务与实际需求不符，未来应更加尊重民族文化的多样性，更加尊重各民族地区群众对公共文化偏好的选择权。

（四）全面建成小康社会的生态短板

生态环境问题是全面建成小康社会中的突出短板。全面建成小康社会涉及生态环境短板具有社会普遍共识。随着我国经济社会的快速发展，生态文明建设的地位和作用日益凸显。习近平指出："建设生态文明是关系人民福祉、关系民族未来的大计"。生态环境保护是功在当代、利在千秋的事业。良好的生态环境是最公平的公共产品，是最普惠的民生福祉。我国生态环境各项指标都在好转，特别是推进污染防治攻坚战以来，全面建成小康社会部分生态环境短板指标改善明显，然而目前我国的生态环境形势仍然较为严峻。这些问题严重影响人民群众的身体健康，影响党和政府的形象（徐学庆，2015）。生态文明方面的短板还体现在生态环境恶化、农业源污染物排放增多（魏后凯，2016）。

生态文明是全面建成小康社会的基础，学术界对生态文明建设已进行了理论研究。马克思、恩格斯就曾以生产实践为基础，科学论述了人与自然的辩证关系，提出人依赖于自然界而生存，人能够改造自然界，改造自然界必须尊重客观规律。因此，生态文明是其他文明成果的基础，其他文明成果离不开生态文明建设。如果违背自然规律，以牺牲生态环境为代价换取经济增长，长期必然导致自然灾害，危及经济和社会发展安全（田孟清、曾铮，2004）。经过数十年问题累计，我国环境污染、极端天气等现象已经为人们发出警告，水土流失等阻碍了农村地区经济社会可持续发展

（翁伯琦，2004）。我国持续高速的经济发展已经导致环境污染事件频发，由此带来的群体事件也在逐年增长。按照代际平等原则，当代人的文明建设应当保证生态可持续性，不能损害后代人的利益（张冬冬、朱继英，2013）。“小康社会”涉及三方面内容，即物质生活、生活环境和社会环境。良好的生态环境是经济持续、快速、健康发展的必要条件。

生态文明与经济建设密不可分，二者相互支撑推动经济社会发展。经济发展是建设生态文明的物质基础，而生态文明则是促进经济可持续发展的保障（杨继瑞、黄潇、田杰，2013）。生态文明和经济建设需要相互促进，步入良性循环，才能真正实现小康社会。脱离了生态文明的经济建设不符合我国的社会发展道路，也不被人民群众认可和接受。如果忽视生态环境，一味追求经济增长，仅依靠末端治理应对环境污染，最终会产生社会问题，降低经济增速。人们需要在环境问题与经济和社会发展之间作出权衡。末端治理不但难以真正降低污染总量，而且会抵消经济增长，并且阻碍技术革新（诸大建、周建亮，2003）。

生态文明目前是我国全面建成小康社会的瓶颈之一。在全面建成小康社会的各项具体目标中，可持续发展的多个指标在“十三五”前期形势严峻，短板比较突出，在大力实施污染防治攻坚战后指标改善明显，但仍有压力。随着经济高速增长，“三废”排放量日益增加，环境污染日趋加剧，生态安全日益严峻，我国每年因环境污染和生态破坏造成巨额经济损失，同时还要将大量资金投入环境改善（王成新、李昌峰，2003）。此外，值得关注的是，由于我国部分民族地区地理条件特殊，生态环境较为脆弱，这些地区面临着生态保护、治理和经济发展的双重压力。民族地区因此成了 2020 年实现全面建成小康社会目标的重点和难点（王立华，2015）。

（五）制度建设和治理能力的短板

在全面建设小康社会时，如何认识我国当前在政治建设方面存在的体制性短板，许多人提出了自己的见解。张智全认为，当前全面建成小康社会在政治文明领域最大的短板在于法治建设的不健全。保护知识产权、保护非公产权方面还存在很多法律空白，同时法律的权威得不到有效尊重。国家行政学院的刘熙瑞教授认为，目前政府职能界限不清的问题得到较大改善，但政府与市场边界在部分领域仍存在交叉，政企不分、政事不分、政府与市场中介组织不分的问题尚未完全厘清，职责权限交叉、部门信息打通共享等问题是亟待解决的短板问题。陈锡文认为，全面建设小康社会的难点在农村，政治制度的短板也在农村。城乡二元分割、农村基层民主制度不健全、管理制度落后、权益保障和诉求表达机制不畅等是农民收入增长缓慢、城乡居民收入差距扩大、农村长期落后的重要原因。

四、关于确保如期实现全面小康的建议

许多研究给出了破解民生难题、补齐民生短板的政策建议。国家发展改革委社会发展司调研组（2015，2016）提出，应更加重视强化基本民生保障，继续深化重点领域改革发展，打造社会领域产业发展新引擎，统筹协调社会领域规划和政策制定。国务院发展研究中心与人大财经委“中国民生指数”课题组（2015）提出，应回应居民关切，加强重点领域的民生工作，重视不满意群体的民生工作。郑会霞（2012）、周全德（2013）认为，破解民生难题，关键要调整收入分配政策，建立公平合理的收入分配机制，加强社会保障体系建设，优化财政支出结构，搭建多元化民生投资

平台，形成民生工程的联动机制。

关于全面建成小康社会在统筹城乡、区域协调方面的对策建议，陈锡文提出通过城市化、工业化及调动农民积极性解决“三农问题”、建设小康社会的思路。吴晓华提出坚持合理的区域发展战略、注重促进中部地区和县域经济发展，深化改革、着力形成有利于城乡二元结构转换的经济体制和政治体制建议。和军（2016）提出着力解决经济发展的结构性和体制性矛盾问题，政府建设要更适应全面小康社会建设对公共服务的新要求。

关于文化小康建设的政策建议。一是要处理好政府与市场的边界。杨立青（2012）认为，从制度上破解目前公共文化服务体系仍然主要依赖于政府的一元主体问题，建立“多元共建”格局。曾军、杨灯（2016）针对公共文化服务建设中的“文化失灵”现象，指出政府应将公共文化的管理和建设视为自己必须承担的责任和义务，避免过于“经济化”。吴理财（2015）提出，把公共文化服务仅仅视作“文化福利”或“文化权利”的要求有其不足，需要把治理引入公共文化服务。二是要大力提升国民素质和社会文明程度。施立奎（2011）认为，我国国民素质整体不高，不遵守法律、不讲秩序、不讲信用、制造虚假信息、挥霍浪费等现象还经常存在，需要从小学开始就着眼于人才素质的培养和提高。田霞（2016）认为，当代国民素质是由社会转型、发展不平衡、传统与现代文明冲突等多方面原因形成的，也需要相关法律法规的完善。吴穹（2016）认为，要通过进一步挖掘工匠精神背后的价值理念，重塑良好的做事文化，来锻造国人的职业素质和精神素质。

积极应对全面小康面临的各类风险问题。国家发展改革委宏观经济研究院课题组（2016）提出了防范和化解风险的四大原则：点面兼顾、远近兼举、标本兼治、内外兼修，国家发展改革委宏观经济研究院课题组（2016）还提出了“强化一个前提，完善两大体系，提升三个能力，实施四方面针对措施”的思路。现有研究并未对各类风险与全面建成小康社会之间的关系进行研究，也未分析各类风险对全面建成小康目标的影响，这两方面的研究有待深化。

（执笔人：中国宏观经济研究院全面小康研究课题组）

主要参考文献

［1］中共中央文献研究室.习近平关于全面建成小康社会论述摘编［M］.北京：中国文献出版社，2016.

［2］胡锦涛.中国共产党第十八次全国代表大会报告：坚定不移沿着中国特色社会主义道路前进为全面建成小康社会而奋斗［R/OL］.(2012-11-17)［2017-06-11］.http：//www.gov.cn/ldhd/2012-11/17/content_2268826.htm.

［3］习近平.中国共产党第十九次全国代表大会报告：决胜全面建成小康社会　夺取新时代中国特色社会主义伟大胜利［R/OL］.(2017-10-27)［2017-11-15］.http：//www.gov.cn/zhuanti/2017-10/27/content_5234876.htm.

［4］中共中央编写组.中华人民共和国国民经济和社会发展第十三个五年规划纲要［M］.北京：人民出版社，2016.

［5］李培林，蔡昉.2020走向全面小康社会［M］.北京：社会科学文献出版社，2015.

［6］林兆木.林兆木文集［M］.北京：红旗出版社，2016.

［7］杨伟民.全面建成小康社会的行动纲领：十八届五中全会《建议》学习体会［J］.全球化，2016（5）：5-15.

［8］陈锡文.把统筹城乡发展列入建设全面小康社会的计划和实践之中［J］.领导决策信息，2003（37）：20-21.

［9］陈锡文 . 全面建设小康社会的关键在农村［J］. 经济研究，2002（12）：10–12.

［10］陈仁安 . 西部地区全面建成小康社会面临的挑战与对策［J］. 经济研究导刊，2013（18）：117–118.

［11］中国宏观经济研究院课题组 ."十三五" 时期防范重大市场风险的对策思路研究［R］. 北京：中国宏观经济研究院，2016.

［12］中国宏观经济研究院课题组 ."十三五"：经济社会发展风险处于高发窗口期［J］. 全球化，2016（10）：30–53.

［13］国家发展和改革委员会社会发展研究所课题组 . 利用国际市场资源开拓居民增收新空间研究［R］. 北京：国家发展和改革委员会社会发展研究所，2016.

［14］国务院发展研究中心课题组 . 中国民生指数研究［R］. 北京：国务院发展研究中心，2015.

［15］高尚全 . 全面建成小康社会需补齐农村短板［N］. 人民日报，2015–11–09（7）.

［16］和军，樊寒伟 .2004—2014 年全国四大区域全面小康建设比较研究［J］. 中国特色社会主义研究，2016（1）：47–54.

［17］何勤华 . 初步建成法治社会：全面建成小康社会的重要标志［J］. 学术前沿，2016（9）：54–64.

［18］李诜 . 全面建成小康社会需补齐农村短板［J］. 中国经贸导刊，2015（11）：14.

［19］李雪松，娄峰，张友国 ."十三五" 及 2030 年发展目标与战略研究［M］. 北京：社会科学文献出版社，2016.

［20］李璐 . 缩小贫困地区公共教育指标与国家平均水平差距研究［R］.2016.

［21］刘志成，曾铮．如何认识“十三五”时期重大市场风险［J］．中国发展观察，2016（11）：21–23.

［22］刘奇葆．统筹城乡发展建设小康社会［J］．求是，2003（12）：32–34.

［23］石亚军．当前推进政府职能根本转变亟需解决的若干深层问题［J］．中国行政管理，2015（6）：8–20.

［24］杨宜勇，张强．全面建成小康社会的测评方法研究［J］．学术前沿，2016（18）：17–26.

［25］魏后凯，张瑞娟．中国农村全面建成小康社会进程评估［J］．学术前沿，2016（18）：27–40.

［26］魏加宁，朱太辉．我国“十三五”时期国民经济风险预评估与防控对策［J］．中国发展观察，2016（2）：22–26.

［27］吴晓华．全面建设小康社会与城乡二元结构战略性转换［J］．宏观经济研究，2004（8）：22–25.

［28］邬沧萍．全面建成小康社会积极应对人口老龄化［M］．北京：中国人口出版社，2016.

［29］袁初明．试论全面建成小康社会背景下我国面临的发展风险［J］．理论月刊，2014（11）：127–129.

［30］谢志强，王剑莹．如何构建全面建成小康社会的评价指标体系［J］．人民论坛·学术前沿，2016（18）：41–53.

［31］赵军．全面建成小康社会研究［M］．北京：中国人民大学出版社，2016.

［32］张平，王宏淼，张自然．“十三五”时期全面建成小康社会的短板及其对策［M］．北京：社会科学文献出版社，2016.

［33］张力．补短板：提高教育质量的关键［N］．光明日报，2015–

12-17（11）.

［34］张泳全．构建新型公务员激励与约束机制的思考［J］．中共中央党校学报，2013（11）：59.

［35］张占斌，高立菲．全面建成小康社会：衡量标准与科学内涵［J］．学术前沿，2016（18）：6-16.

［36］卞新民，张卫建，叶飞．我国农村生态环境问题及其对策［J］．红旗文稿，2004（20）：26-28.

［37］高红贵，汪成．生态文明绿色城镇化进程中的困境及对策思考［J］．统计与决策，2014（24）：64-66.

［38］卢智增．我国政府环境绩效评估的实施困境及对策研究［J］．桂海论丛，2015（1）：93-97.

［39］罗贤宇，俞白桦．社会主义新农村生态文明建设思考［J］．沈阳农业大学学报（社会科学版），2013，15（1）：6-10.

［40］史亚楠，佟光霁．浅析城镇化建设中生态环境保护的问题及对策［J］．农业经济，2013（8）：45-47.

［41］田孟清，曾铮．生态环境建设与民族地区的全面小康［J］．中南民族大学学报人文社会科学版，2004，24（1）：12-16.

［42］王成新，李昌峰．循环经济：全面建设小康社会的时代抉择［J］．理论学刊，2003（1）：19-22.

［43］王干，白明旭．中国矿区生态补偿资金来源机制和对策探讨［J］．中国人口·资源与环境，2015（5）：75-82.

［44］王军，钟莉娜．土地整治工作中生态建设问题及发展建议［J］．农业工程学报，2017，33（5）：308-314.

［45］王立华．民族地区全面建成小康社会的挑战与应对［J］．内蒙古民族大学学报（社会科学版），2015，41（2）：62-66.

［46］翁伯琦．试论保护生态环境与建设小康社会［J］．农业现代化研究，2004，25（5）：356–359.

［47］肖祥．“反公共地悲剧”与区域生态文明共享［J］．人民论坛，2012（20）：58–59.

［48］熊欢欢，阮涵淇．雾霾天气治理的生态文明建设路径选择［J］．企业经济，2016（8）：16–20.

［49］薛睿．论全面建成小康社会的生态文明制度构建路径［J］．经济师，2013（9）：32–33.

［50］杨继瑞，黄潇，田杰．生态文明建设的若干思考与对策［J］．经济社会体制比较，2013（3）：119–124.

［51］俞雅乖，高建慧．生态新农村：我国田园环境与城市生活和谐共生的新农村建设模式：浙江省宁波滕头村的实践启示［J］．农村经济，2011（11）：104–107.

［52］袁晓文．以生态文明理念引领全面建成小康社会［J］．贵阳市委党校学报，2013（1）：16–19.

［53］张冬冬，朱继英．论生态文明建设与全面建成小康社会［J］．前沿，2013（2）：4–6.

［54］张永清．生态文明背景下的全面建设小康社会的途径［J］．当代生态农业，2006（Z1）：36–39.

［55］郑娟尔，袁国华，贾立斌，等．资源环境承载力与生态文明建设学术研讨会总结：国土资源管理面临保障发展、保护资源、保障生态建设的机遇与挑战［J］．中国国土资源经济，2013（8）：69–72.

［56］郑娟尔，袁国华，贾立斌，等．资源环境承载力与生态文明建设学术研讨会总结——国土资源管理面临保障发展、保护资源、保障生态建设的机遇与挑战［J］．中国国土资源经济，2013（8）：69–72.

［57］施锦芳，戚洪亮．全球化下世界经济的新特征及新趋势［J］．东北亚学刊，2015（1）：33–38.

［58］唐志超．美国的中东伙伴危机持续加深［J］．世界知识，2017（15）：47–49.

［59］张平，王宏淼，张自然．“十三五”时期全面建成小康社会的“短板”及对策［M］．北京：社会科学文献出版社，2016.

［60］肖宏伟．我国全面建成小康社会评价指标体系研究［J］．发展研究，2014（9）：27–34.

［61］王军旗．全面建成小康社会面临的新形势及对策［J］．中国井冈山干部学院学报，2015（8）：28–35.

［62］王军旗．全面建成小康社会的历史逻辑和现实指向［J］．西安政治学院学报，2015（28）：5–11.

［63］林家彬．基层公共服务供给模式的重要创新［J］．人民论坛，2016（7）.

［64］马超林．新常态下全面建成小康社会的挑战与对策［J］．长春理工大学学报（社会科学版），2016（29）：1–5.

［65］曾红颖．我国基本公共服务均等化标准体系及转移支付效果评价［J］．经济研究，2012（6）：20–32.

［66］王晓玲．我国省区基本公共服务水平及其区域差异分析［J］．中南财经政法大学学报，2013（3）：23–29.

［67］孔凡文，张小飞，刘娇．我国城乡基本公共服务均等化水平评价分析［J］．调研世界，2015（7）：9–12.

［68］顾严，张本波．完善重大决策社会稳定风险评估构建改革发展稳定新均衡［J］．宏观经济管理，2014（3）：29–31.

［69］胡杨玲，周林刚．弱势群体公共文化服务体系建设研究——基

于残疾人公共文化消费状况的调查［J］. 经济社会体制比较，2012（1）：165–171.

［70］戴彦德，冯超. 建设生态文明必须重塑能源生产和消费体系［J］. 中国能源，2015（11）：5–10.

［71］徐学庆，胡隆辉. 全面建成小康社会关键在于补齐短板［J］. 中州学刊，2015（12）：5–10.

［72］曾军，杨灯. 警惕公共文化服务建设中的文化失灵［J］. 探索与争鸣，2011（8）：67–70.

［73］吴穹. 从工匠精神的回归谈国民素质的锻造［J］. 北京教育（德育），2016（11）：66–69.

［74］田霞. 如何做好供给侧改革形势下的职工思想政治工作［J］. 中小企业管理与科技（中旬刊），2016（8）：120–121.

［75］齐勇锋. 文化消费的现状与发展趋势. 前线，2015（3）：42–44.

地　方　篇

第九章
云南省：成绩斐然　难题待解

内容提要

2017年3月5—11日，中国宏观经济研究院云南调研组一行6人赴滇开展重大理论和实践问题调研，着重了解党的十八大以来云南经济社会发展成就和面临问题。调研组对省直部门、昆明市、玉溪市、普洱市进行调研，召开各类座谈会9场，邀请参会人员263人，听取政府官员、企业人员、社区干部和城乡居民97人发言，并深入实地走访园区、社区、贫困户。调研中切身感受到，党的十八大以来，云南经济社会发展成效显著，脱贫攻坚、绿色发展和开放辐射特点鲜明，主要成就体现在：脱贫攻坚在最困难的地区取得了最振奋人心的成果，开辟了我国贫困地区全面建成小康社会的新道路；一系列国家战略和重大基础设施建设显著提升了云南后发展地区的发展能力，人民群众获得感提升明显，用老百姓的话说，就是感觉生活在这个时代很幸福；传统产业向多元化融合发展转型助推了云南经济发展后劲，滇中城市群承载与聚集能力促进了云南区域发展格局加速优化，“穷政府大手笔”保护治理生态环境并摸索出转型发展阶段经济和生态文明建设“双兼顾”的新经验，抚仙湖至今仍保持Ⅰ类水质，滇池水质实现由劣Ⅴ类到Ⅴ类的向好转变；云南边疆民族地区向南亚东南亚开放新棋局有力拓展了国家战略新空间新内涵，区域性辐射中心的作用正在显现；以发展促团结，全力建设民族团结进步示范区。同时，干部观念转变大，以民为本、为老百姓服务意识增强。这些新的成就，必将为党的十九大新征程铺就坚实基础。

调研中也发现，当前和今后一段时期，从云南的实际情况看，尚有七大发展难题亟待破解，分别是：脱贫容易小康难，经济徘徊增长难，创新不足转型难，青山银山转化难，平台不够辐射难，央地不顺财政难，干事创业激励难。结合云南调研实际，本报告提出如下几点建议：加大西部绿色资源富集地区的战略谋划、制度供给与政策创新，促进生态环境优质资源转化为地方发展的财富之泉；积极果断应对经济逆全球化新形势，发挥相对比较优势拓展我国向西向南辐射开放新空间；提升全面建成小康社会含金量，面向2030年新的战略着手研究建设高质量社会；继续加大西部地区重大基础建设，同时加快从硬件基础设施改善向服务于人的社会基础设施建设转变；全面培植干部干事创业、百姓安居乐业的新动力和最大同心圆；采取超常规举措确保困难地区如期同步实现全面建成小康社会目标。

党的十八大以来，特别是2015年习近平总书记视察云南以来，云南全省深入贯彻新发展理念，统筹推进“五位一体”总体布局和协调推进“四个全面”战略布局，打赢脱贫攻坚的决心更大，经济社会各方面展现出一批突出成就和亮点。

一、近五年来云南脱贫攻坚、绿色发展和开放辐射特点鲜明

（一）探索了我国贫困地区全面建成小康社会的新道路

打赢脱贫攻坚战，彻底消除贫困，是党的十八大以来实现全面建成小康社会第一个百年奋斗目标采取的关键举措。云南省贫困面大，贫困程度深，扶贫开发成本高，脱贫攻坚任务重。云南省始终把扶贫攻坚作为全省最大的民生工程，突出“六个精准”和“五个一批”的精准扶贫脱贫基本方略，按照“区域发展带动扶贫攻坚、扶贫攻坚促进区域发展”的思路，以 4 个集中连片特困地区为主战场，全力以赴推进脱贫攻坚。围绕“扶持谁”谁来扶”“怎么扶”“如何退”等问题，配套制定异地搬迁、金融支持、转移就业等精准扶持政策。制定“五查五看三评四定一公示”精准识别程序，实现建档立卡数据从基本精准到比较精准的转变。把握贫困群众增收和实现“两不愁、三保障”，扎实推进温饱安居、产业培育、社会保障等扶贫政策和到村到户措施。聚焦“直过”民族和人口较少民族聚居区，加大扶持力度。“实施精准扶贫，同吃同住同劳动，党委政府重视老百姓呼声，扶贫真正落到实处了。”2011—2015 年，云南省贫困人口从 1 014 万人降至 471 万人，贫困发生率从 27.1% 降至 12.71%，贫困地区农民人均纯收入从 3 747 元提高到 7 070 元，增幅高于全省平均水平。[1] 脱贫攻坚成效显著，突出表现为“最漂亮的房子是贫困户的、最漂亮的村是贫困村、笑容最灿烂的是贫困户、改善最大的是基础设施”。

---

［1］ 2013—2018 年，云南全省有 707 万贫困人口实现脱贫，贫困发生率从 2012 年底的 21.7% 下降至 5.39%（编者注）。

（二）一系列国家战略和重大基础设施建设显著提升了云南后发展地区的发展能力

党的十八大以来，云南经济增速较快，依托基础设施投资驱动的增长特征明显。“十二五”期间，国家在中西部地区建设一批重大基础设施，显著提升了硬件条件水平，不仅通过持续的投资拉动当地经济增长，还极大促进了社会公共服务能力。交通基础设施明显改善，高速铁路、高速公路等重大交通通道建设进展快。云南还结合自身发展需求特点，加大市场基础设施建设，以花卉交易为代表的市场基地建设进展较快。云南全省基础设施的提质改善，有力促进了保障和改善民生取得重大成效，居民幸福指数逐年增加，老百姓获得感和满意度是历史上最好的 5 年，市场活跃了、交通便捷了、生活方便了。

（三）传统产业向多元化融合发展转型助推了云南经济发展后劲

党的十八大以来，云南省经济增速连续 5 年领先全国平均水平，增速分别达到 13.0%、12.1%、8.1%、8.7%、8.7%（见图 9–1），2016 年经济增速位列全国第 6 位，经济后发增长劲头明显。经济发展更加多元化，对传统优势产业烟草和水电的依赖度不断下降，生物医药、新一代信息技术等战略性新兴产业及以旅游为代表的幸福产业增长迅速，年均增速甚至高达 20%。产业结构不断优化，第三产业增加值比重在三次产业结构中的比例提升了 5 个百分点，一二三产业融合发展态势加快，探索出“花卉、茶叶、中药材”特色农业经济 +“农产品精深加工”地域工业经济 +“交易、金融、物流”现代服务经济的融合发展之路。经济快速发展为老百姓带来实实在在的收入增长，调研中，社区居民有感而发，表示党的十八大以来，“老百姓的口袋鼓起来了，日子好起来了，生活富起来了，物质丰富了”，“老百姓感觉生活在这个时代很幸福”。

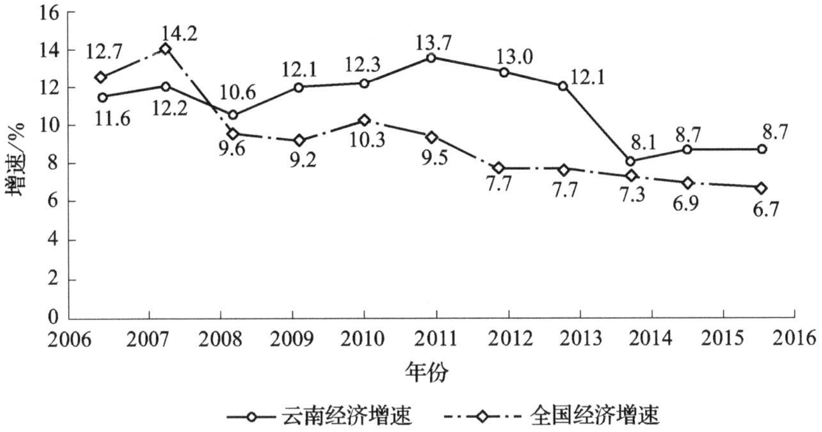

图 9–1　2006—2016 年云南省经济增速与全国经济增速

（四）滇中城市群承载与聚集能力提升促进了云南区域发展格局加速优化

云南山区和半山区面积占 94%，生态环境脆弱，区域人口集中集聚发展能够有效提升生产效率和减缓对生态环境的破坏。党的十八大以来，滇中城市群发展迅速，2015 年 GDP 占全省 GDP 总量的 61.22%，增长了近 2 个百分点，城镇人口占全省城镇人口的比重达 52.66%，增长了 3 个百分点，经济和人口聚集能力显著增强。滇中城市群内交通设施建设成效突出，交通对发展的瓶颈约束基本缓解，以昆明为中心的现代化综合交通网络初步成型；能源保障水平显著提高，电源开发有序推进，电力主网网架不断完善，油气管网建设取得突破，中缅天然气管道建成投产；互联网基础设施保障能力持续提升，互联网网络结构基本形成；滇中城市群经济高速成长，中心城市功能增强。综合来看，滇中城市群承载能力显著增强，成为云南省社会经济发展的主战场，区域发展持续优化的格局已经形成。

（五）“穷政府大手笔”保护治理生态环境并摸索出转型发展阶段经济和生态文明建设“双兼顾”的新经验

滇池治理“四退三还一护”、抚仙湖Ⅰ类级水质保护、深化河长制等方面探索出可复制的经验。昆明市继太湖之后在全国率先建立了河（段）长责任制和公检法环保执法联动机制，治理投融建管一体化运作，滇池生态治理的“四退三还一护”经验（退塘、退田、退人、退房，实现还湖、还林、还湿地，护水）具有示范意义。昆明市水务企业的水质净化治理解决方案开始向南亚东南亚输出，实现了生态环保治理成果“走出去”。发展是硬道理，发展是第一要务，对云南省来说，保增长促发展的需求异常迫切。但云南全省各级干部和各族群众的生态环境保护意识显著增强，“穷政府大手笔”投入九个高原重点湖泊的保护治理。抚仙湖保护治理工作成效显著，至今仍保持Ⅰ类水质。滇池生态治理成效突出，滇池曾被贴上“百年难以治理”标签，但在2016年水质实现了由劣Ⅴ类向Ⅴ类的历史性好转迹象。

（六）云南边疆民族地区向南亚东南亚开放新棋局有力拓展了国家战略新空间新内涵

党的十八大以来，云南大力推进对外开放通道建设，建设六大廊道，加大对周边地区的辐射能力，对外开放水平不断提高。“一带一路”建设扎实推进，云南建设面向南亚东南亚辐射中心地位显著抬升，昆明市正在逐步成为区域性国际中心城市。

（七）以发展促团结全力建设民族团结进步示范区

云南省是一个多民族的边疆省份，少数民族人口占全省总人口的33.4%，民族自治地方面积占全省的70.2%，呈现出少数民族最多、跨界民族最多、特有民族最多、人口较少民族最多、民族自治地方最多的鲜明特征。云南省坚守“各民族都是一家人、一家人都要过上好日子”的信念，坚持“决不让一个兄弟民族掉队，决不让一个民族地区落伍”的承诺，把发展作为解决民族地区各种问题的总钥匙，以共同发展促进民族团结，以边疆繁荣促进边疆稳定。云南省将民族地区作为脱贫攻坚的主阵地，确保少数民族和民族地区农村建档立卡贫困人口如期脱贫，贫困县、贫困乡、贫困村如期摘帽出列，沿边群众安居守边。党的十八大以来，民族自治地方经济增速和城乡居民人均收入增幅高于全省平均水平，交通、能源、水利、信息等基础设施建设力度加大，旅游、高原特色农业等一大批特色优势产业得到培育和壮大，内生发展动力显著增强。义务教育、基本医疗、社会保障等民生条件显著改善，少数民族优秀传统文化得到有效保护和传承，农村人居环境明显提升，各族群众生活水平和质量普遍提高。云南省在民族地区的民生持续改善、发展动力增强、民族教育促进、民族文化繁荣、民族团结创建、民族事务治理等方面取得突出成效，为建成我国民族团结进步示范区奠定了坚实基础。

这些成就的取得，主要得益于几条经验：一是得益于新的发展战略和理念。二是坚强的组织领导，比如扶贫攻坚。三是得益于国家对西部地区基础设施改善和升级效应。四是得益于云南抢抓内外部环境创造的新机遇，五是得益于全面改革创新释放制度红利。

二、云南亟待破解的七大发展难题

从云南省发展的实际情况看，当前仍存在一些不容忽视的困难与矛盾，尚有七大难点问题等待破解。

（一）脱贫容易小康难

云南省贫困面大，贫困程度深，扶贫攻坚任务重，一些地方还面临着吃水难、行路难、用电难、上学难、就医难、贷款难等诸多问题，与全国同步实现全面建成小康社会目标的难度大。在现有扶贫政策支持和工作力度下，“脱贫容易，小康难”“只要努力，就能脱贫，只有努力，才能小康”。脱贫攻坚资金缺口大，扶贫资金整合难，扶贫政策繁杂，就业机会不充足，“扶贫攻坚难点在产业发展，短板在基础设施”。社会事业发展滞后，推进基本公共服务均等化压力巨大。基层优质教育和基本医疗资源不足，教育资源分布不均，学前教育发展严重滞后，医疗从业人员的业务能力偏低，难以满足基层群众的需求。大量教育医疗等优质资源过度集聚在中心城市，快速城镇化进程带来人口迅速向中心城市集中，造成公共服务、基础设施和社会保障能力严重不足，民生领域投资缺口越来越大。城乡居民基础养老金标准较低，“买米钱解决了，买菜钱还没有”。老年群体和弱势群体居住的老旧小区普遍缺乏公共维修资金，成为小区管理的突出问题。云南边境线长，边境地区成为我国扶贫政策的“洼地”，边民生产生活条件差，出现大规模后撤现象，应引起高度重视。

（二）经济徘徊增长难

云南省经济总量相对较小、增速慢，特别是工业化、城镇化滞后，难以支撑全省经济持续快速发展。云南目前处于基础设施投资拉动增长阶段，传统优势产业发展受到制约，新旧动能接续不畅。基础设施虽有突破，但整体落后的局面仍未根本改变，对经济发展的支撑力有待进一步增强。同时，土地征收成本高和交通不便导致企业要素生产成本上升，成为云南以及西部地区实体经济发展困难的重要原因。国家关于电价、烟草税收分成等政策“一刀切”，不利于处于相对劣势的云南等西部地区增强自主发展能力。生态环境保护的硬约束压力大、任务重，比如滇池生态治理面临保护治理资金不足、环湖村民搬迁难度大等问题，还需要国家从政策和资金等方面给予大力支持。

（三）创新不足转型难

产业结构失衡，总体上是原料型产业占主导地位，传统产业占比高，产业层次低，产业增长后劲乏力。新增产业项目少，企业投资意愿下滑现象明显。新兴产业虽然发展速度快，但体量小，新动力支撑经济发展尚需时日，新兴产业引导资金功能没有完全发挥。城市集聚创新资源的能力薄弱，全省创新投入与全国差距明显。2013 年，全省劳动生产率为 4.05 万元 / 人，仅相当于全国平均水平的 54.7%；全省 R&D 经费投入占 GDP 的比重为 0.68%，不及全国 2.08% 的 1/3；全省规模以上工业企业 R&D 经费支出占主营业务收入比重为 0.46%，低于全国 0.34 个百分点；全省大中型工业企业仅 25% 建有企业研发机构，全省每万人拥有的研发人员为 10.6 个，不到全国平均水平的 1/4，全省万人发明专利授权数为 0.39 件，仅为全国的 1/10。企业创新投入不足。现有政策“对民营企业说的多、做的少，支持不够”“大型企业动力不足，不想创新；中型企业怕担风险，不敢创新；小型企业能力有限，不会创新；微型企业融资太难，不能创新”。

（四）青山银山转化难

当前阶段既要发展经济又要保护生态环境之间的矛盾日趋尖锐。尽管保护好绿水青山已成为社会普遍共识，但在经济发展还不富裕的阶段，绿水青山转化为金山银山的途径不明朗、制度不健全，现实中面临痛苦的两难选择。在西部地区、边疆民族等相对落后地区，要发展与要保护的矛盾尤为尖锐。总体来看，西部地区生态环境依然脆弱，生态环境保护缺乏长效机制，保护与发展的矛盾仍然突出。生态风险持续加大、生态整治修复效果不尽理想、保护治理融资压力巨大。以我国蓄水量最大的Ⅰ类水质抚仙湖为例，抚仙湖水生态保护与开发的矛盾突出，退耕还湖、退林还湖等水生态保护给湖区周边经济发展带来损失，群众普遍反映目前水生态补偿的长效机制还不完善。抚仙湖为全国13亿人口每人储备了15立方米Ⅰ类水，但守着这个地球上同一纬度唯一保持Ⅰ类水质的湖泊，老百姓怎么能捧起“金饭碗”，仍是目前亟须破解的难题。

（五）平台不够辐射难

云南对外开放水平不断提高，但相应的平台建设比较滞后，特别是作为我国向西开放的重大战略支点，面向南亚、东南亚的贸易便利化水平仍然较低。全国已分三批设立11个自贸区，承担区域开放桥头堡的云南省尚无自贸区、国家综合配套改革试验区，以及国家自主创新示范区等改革创新平台，区域性的国际化机构、区域性的现代市场体系比较缺乏，难以担当辐射南亚东南亚的重大使命。

（六）央地不顺财政难

目前基层财政收支矛盾突出，事权与支出责任不匹配问题未得到根本改观，新的县乡财政困难正在形成。云南财政“保工资、保运转、保民生”压力大、任务重，同时受养老保险并轨改革和完善收入分配制度政策使基本支出刚性需求增长迅猛，社保、教育等民生增支政策逐年增加，保障省委、省政府重大支出政策筹资任务艰巨，加上偿还政府性债务到期本息等因素影响，基层财政收支压力不断加大。2014 年县级对上级补助依赖程度达 68.5%，对上级补助依赖程度超过 80% 的县达 52 个。地方新增税源少、非税收入占比高，基础设施建造成本高，政府债务余额达 1 670.9 亿元。随着经济进入新常态，财政收入增幅进一步放缓，2014 年全省各县保工资、保运转支出占可用财力比重超过 80% 的县达 37 个，新一轮县乡财政困难正在形成。

（七）干事创业激励难

新形势下谁来为干事者撑腰打气鼓劲十分堪忧，特别是基层干部面临不少现实困惑和难题。改革开放四十年的成就是靠一代代人实干干出来的，但目前对干部的考核机制“问责有余、激励不足，导致干部担当意识下降”。云南地处边境，接壤国家多，又是全国最大多民族地区，各类风险隐患多，干部工作压力大。街道社区工作人员编制严重不足，工作量大、待遇低，目前只有生活补贴，“职业发展没奔头，事业留不住人”。扶贫干部普遍反映压力大。基层干部与贫困群众直接联系打交道，在打赢脱贫攻坚战中发挥主力军作用，但在实际工作中面临着不少难题，主要体现在五个方面：脱贫考核体系执行难、扶贫涉农资金整合难、扶贫机制措施创新难、群众主体作用配合难、业务经办管理落实难。来自基层的种种实情表明，提高国家治理基层和末梢人员队伍的稳定性和积极性需要特别关注。

三、确保云南同步实现全面小康目标的建议

当前，我国全面建成小康社会处于最后攻坚时间，第一个百年奋斗目标即将在2020年如期而至，要坚决贯彻党的十九大以来的发展新理念新思想新战略，积极谋划未来发展新思路。结合云南调研实际，提出如下几点建议。

（一）加大西部绿色资源富集地区的战略谋划、制度供给与政策创新，促进生态环境优势资源转化为地方发展的财富之泉

加快补上生态文明制度供给短板，建立起适应绿色发展要求包括自然资源产权制度在内的整套制度体系，让生态环境等绿色资源的养护者也能致富，把绿色资源转化成经济社会持续发展的财富之泉。探索绿色发展新路径，构建跨区域生态补偿机制，平衡发展与保护的关系。树立保护性开发的基本思路，结合高原湖泊的水生态优势，积极打造低碳绿色的旅游特色小镇，建设区域性健康疗养基地。在生态环境较好的地区，着力培育以旅游、文化、体育、健康、养老为重点的幸福产业。成立新兴产业投资基金，完善政府担保体系，统筹解决新兴小企业融资难、融资贵问题。加快实施农业供给侧结构性改革，完善农产品市场信用担保和金融服务体系，做大做强特色农产品基地。坚持“谁受益、谁补偿”，建立滇池治理的多元化生态补偿机制。科学评估滇池治理的进展，制定滇池治理的长效机制。妥善处置滇池治理涉及的移民搬迁工作，合理解决搬迁安置居民住房、就业、社会保障等问题。将抚仙湖流域纳入“国家公园体制”，建立长效生态补偿机制，协调解决周边基本农田与重点保护区的矛盾。加大对

抚仙湖保护治理工作的帮助支持力度，将抚仙湖流域纳入国家山水林田湖生态保护修复工程试点。

（二）积极果断应对经济逆全球化新形势，发挥相对比较优势拓展我国向西向南辐射开放新空间

加大内陆地区开放力度，借鉴“深圳特区”发展经验，适当下放部分权利，增强边疆内陆地区发展的自主性和积极性。提升云南省面向南亚东南亚的辐射能力，全面构建对内对外双向开发开放的新格局。加快昆明区域性国际中心城市建设，提升金融服务、高等教育、创新孵化等区域性辐射能力。支持云南建设国家自贸区，以“一区多园”的形式支持有条件的地区增强辐射带动作用，鼓励大胆试验，加快构建全面开发开放格局。加快面向越南、老挝、缅甸等地区的开放通道建设，提高经济发展的外向带动能力。配合“一带一路”建设，重点在西部地区建设“科技驿站”。

（三）提升全面建成小康社会含金量，面向2030年新的战略着手研究建设高质量社会

当前阶段，要确保到2020年全国同步实现全面建成小康社会即第一个百年奋斗目标。但对云南这样的西部地区来说，即使宣布了同步建成小康社会目标，到那时的经济社会发展水平与全国其他地区也还是有较大差距，质量不高、水平不高、区域不平衡等问题依然存在甚至还比较突出。因此，要提升云南全面建成小康社会含金量。提高基本公共服务均等化保障水平，继续加大对落后地区民生领域的转移支付力度，促进优质教育资源均衡配置，加快发展学前教育，提升基层社区服务能力。提高城乡居民养老保险的基础养老金标准，关注城市贫困现象，加强征地拆迁形成的新

城市居民的就业技能培训。要着手研究制定和实施面向2030年的战略谋划，建议以提高供给品质、生活品质、制度成熟等为目标，在完成全面小康目标之后推进实施建设高品质社会的战略升级。

（四）继续加大西部地区重大基础设施建设，同时加快从硬件基础设施改善向服务于人的社会基础设施建设转变

基础设施仍然是西部地区全面小康的短板。精准识别如期实现全面建成小康社会目标的短板，在基础设施建设、生态环境保护、重大产业项目布局、扶贫攻坚等方面给予西部地区更大的倾斜性政策支持。边境地区和落后民族地区仍未实现县县通高速，交通路网建设仍有较大空间。顺应人民群众全面小康之后需求升级的新要求，实现扶贫到扶智的战略重心转移，推进基础设施供给侧结构性改革，将投资重点从硬件基础设施转向社会基础设施，全面提升服务于人的质量和获得感。全面提升教育医疗康养等生活服务设施，大力发展信息化、信用、法治等无形基础设施，推进公共服务机构、社会组织等社会主体革新与建设。以社会基础设施建设为重点，形成西部地区新一轮投资接续带动能力。

（五）全面培植干部干事创业、百姓安居乐业的新动力和最大同心圆

建立健全改革创新的容错机制，激励各级干部大胆创新，消除干部后顾之忧。适当增加街道工作人员编制，适度提高基层干部报酬待遇。明确相关部门设立专项基金，解决老旧小区维修资金筹措难问题。完善扶贫攻坚的干部考核机制，坚持严格考核机制与容错激励机制相结合。

（六）采取超常规举措确保困难地区如期同步实现全面建成小康社会目标

对西部地区实施更加精准的差异化举措，提升落后地区的自主发展能力，助推西部地区经济保持高于全国平均增速，确保如期与全国同步实现全面建成小康社会的目标。加大对西部地区生态治理、扶贫攻坚、教育投资等方面的中央转移支付力度。加大对民族地区、边疆地区、高原山区等特殊地区的一般性转移支付力度，尤其注重基础设施建设和脱贫攻坚方面的扶持。引导东部地区的金融服务、信息服务、物流服务等优质资源对口援助西部落后地区，将西部地区的特色资源优势与东部地区的生产性服务优势实现高效对接，培育经济发展新势能。高度重视边境地区边民回撤的严峻形势，在交通基础设施建设、扶贫资金拨付、特色产业扶持等方面，优先给予边境地区倾斜性优惠支持。加大对边境地区和民族连片地区的一般性转移支付力度，简化扶贫烦琐流程。

（执笔人：中国宏观经济研究院全面小康研究课题组）

第十章

云南省普洱市："五效""五难"与"五盼"

内容提要

普洱市脱贫攻坚具有典型性。普洱市扶贫脱贫工作成效明显，集中体现出五大成效，即产业扶贫"置富业"，安居工程"治穷窝"，发展教育"强素质"，生态补偿"保利益"，社保兜底"救困难"。在实际工作中，基层干部也面临着脱贫考核、资金整合、机制创新、群众配合、精准管理等难题。调查显示，贫困群众对政策稳定、收入提高、产业加力、基础设施完善、人居环境改善等五个方面有很大期盼。

云南省普洱市集民族地区、边境地区、贫困地区于一体，贫困面广，贫困程度深，脱贫难度大，是全省脱贫攻坚的主战场，对全国层面打赢脱贫攻坚战也具有较强代表性和典型意义。近年来，普洱市将脱贫攻坚作为发展头等大事和第一民生工程来抓，突出"六个精准"和"五个一批"的精准扶贫脱贫基本方略，建立健全投入增长保障、财政专项资金管理、"三位一体"大扶贫、考核退出激励约束等机制，取得了阶段性成效，同时也面临着一些挑战和难题，贫困群众的期盼仍有待实现。

一、脱贫工作显"五效"

普洱市将全市38.3万建档立卡贫困人口脱贫、368个贫困村和41个贫困乡出列、9个贫困县摘帽的责任全部落到实处，并有针对性地出台了"挂包帮"、贫困县退出、直过民族、易地扶贫搬迁、社会保障、教育扶贫等30余项精准扶贫配套政策，为精准扶贫、精准脱贫提供了组织保障和政策支撑。2016年，全市净脱贫99 685人，11个贫困乡（镇）和111个贫困村出列，宁洱县脱贫摘帽。普洱市扶贫脱贫的工作成效主要体现在五个方面：

（一）产业扶贫"置富业"

普洱市依托农业龙头企业和农民专业合作组织，采取"合作社+基地+党支部+贫困户""企业+基地+党支部+贫困户"等扶持模式，加大产业支持力度，大力发展高原特色现代农业，积极探索发展新产业、新业态，初步形成了"县区有龙头企业、乡镇有支柱产业、村组有主导产业、农户有增收项目"的产业开发格局，有效促进了贫困群众增收致富。宁洱县围绕产业发展，提出"311发展模式"，对龙头企业进行补贴，鼓励龙头企业外出找市场、帮助农产品找出路，每稳定脱贫1人奖励3 000元。镇沅县干部群众认为，解决好老百姓的交通、房子、教育和医疗问题后，能够更好巩固脱贫成效的还是产业发展。景谷县借鉴宁洱县经验，结合自身发展需求提出"2541模式"，进一步突出产业扶贫效果。

（二）安居工程"治穷窝"

普洱市全力推进易地扶贫搬迁工作，2016年全市实施异地搬迁

13 491 户、49 874 人，其中建档立卡 9 480 户、34 404 人，建立集中安置点 227 个，西盟县和孟连县的 24 968 户边境民族特困地区的农村安居工程建设任务全面完成。

（三）发展教育“强素质”

普洱市认识到，教育素质低是造成贫困的重要原因，因此出台教育精准扶贫实施方案，对就读幼儿园的建档立卡户、城乡低保户的幼儿，给予每人每年 300 元补助；对建档立卡贫困户学生，在免除普通高中、中等职业教育学杂费外给予每人每年 2 500 元助学金；对一本院校的贫困家庭学生，在落实国家每人每年 5 000 元学费奖励外给予一次性奖励 10 000 元。

（四）生态补偿“保利益”

普洱市区划公益林面积 1 384.1 万亩，落实森林生态效益补偿资金 1.15 亿元。同时，将全市 2 000 名贫困人口转为护林员，提供补助资金 2 000 万元。

（五）社保兜底“救困难”

普洱市扩大低保救助范围，逐步提高低保标准，率先将宁洱县农村低保标准提高到每人每年 3 120 元，同时实施城乡对口医疗支持，下派医务人员支持贫困县医院和乡镇卫生院，不断提高基本医疗服务和保障水平。

针对脱贫成效，扶贫干部和贫困群众的体会最为深刻。镇沅县扶贫干部的感受是，“最漂亮的房子是脱贫户的，最美丽的村庄是政策脱贫村，笑的最灿烂的是脱贫户，变化最大的是基础设施，最可持续发展的是教育。”宁洱县德化镇贫困户刘少文家的对联是，“政策英明万年乐；脱贫迎来百年福”，横批是“脱贫光荣。”

二、基层干部存"五难"

基层干部与贫困群众直接联系与沟通，在打赢脱贫攻坚战中发挥主力军作用，但在实际工作中也面临着一些困惑和难题，主要体现在五个方面：

（一）脱贫考核体系执行难

目前扶贫脱贫建立起严格的考核体系，但关于贫困户脱贫退出、贫困县脱贫摘帽的具体要求仍不明确，"两不愁三保障"也没有具体标准，有些脱贫政策不连贯、调整频率高，导致基层干部在执行政策上面临各种困惑。特别是脱贫标准出现调整后，按照原来标准已经确定脱贫的贫困户重新被确定为贫困户，同时部分脱贫对象按照新政策又不符合条件，工作上比较被动。景谷县反映，民政政策要求按户施保，脱贫政策要求对建档立卡人员按人施策，二者不衔接。

（二）扶贫涉农资金整合难

普洱市历史欠账多、基础差、底子薄，直过区范围大，劳动者平均受教育程度低，自我发展能力弱，全市财政自给率仅为20.4%，水利化程度仅为25.4%，建制村道路通畅率仅为72.5%，靠自身财力脱贫难度很大，同时扶贫成本相对较高，迫切需要对扶贫涉农资金进行整合使用。政策规定在扶贫过程中，允许县市政府根据实际需要对扶贫涉农资金进行整合使用，以提高资金使用效率。但在政策实践中，各部门对相关资金使用仍有相应要求和考核办法，而且资金审计也比较严格，导致资金整合仍难以有效实现。

（三）扶贫机制措施创新难

扶贫工作千头万绪，机制措施最好因地而异，在全国统筹的既定方针下，允许各地根据实际情况进行一定的灵活安排，以提高扶贫脱贫的针对性和适应性。现行情况是，基层干部必须按照有关部门的统一要求来执行政策，没有容错机制，即使是完全出于扶贫需要，也无法通过目标任务考核。景东县反映，以异地搬迁为例，政策规定建档立卡贫困户搬迁的集中安置率必须达到75%，但有些地方没有足够地块可供合理选址，有些地方产业配套难以跟上，建议对比例要求适当降低。江城县和孟连县均反映，对部分异地搬迁贫困户来说，安居房人均25平方米不够用，因为不愿意也没有财力经常盖房子，希望盖一次房子能够住得更长久些，所以希望房子面积能适当大一些。

（四）群众主体作用配合难

普洱市贫困户增收措施较为单一，产业支撑不强，内生动力不足，要实现持续稳定增收还缺乏长效机制，同时也迫切需要发挥困难群众的主体作用。但实际工作中，有些贫困户因为自身条件限制，难以有效配合扶贫工作开展。澜沧县反映，以安居房建设为例，建设60平方米房子需要7.2万元，县里统筹各级补助共提供4万元，贫困户需自筹3.2万元，加上厨房、卫生间等，个人实际需自筹5万~6万元。同时，部分贫困户的等靠要思想严重，配合不积极，不愿意脱贫，造成基层干部压力很大。江城县反映，边境地区发展能力弱，边民有后撤现象，而邻国边民往边境线上靠近，政府希望边民不要后撤，但容易造成政府与边民的关系紧张。

（五）业务经办管理落实难

具体工作中，相关部门仍存在诸多前置条件，造成很多扶贫工作无法按期开展。同时，基层干部需要花费大量时间来整理各种资料和报表，挤占了很多实际扶贫的时间和精力。需要关注的是，普洱市扶贫队伍人手紧缺，尤其是缺少产业开发和种养殖方面的科学技术指导人才，扶贫队伍有待进一步充实提高。墨江县反映，教育、医疗和农村金融方面的人才最为缺乏，希望国家提供定向生源指标，以培养本土人才。

三、贫困群众有"五盼"

扶贫脱贫使贫困户真正得实惠、谋发展，共享经济社会发展成果，提升获得感和幸福感。贫困群众的盼望主要表现在五个方面：

（一）盼扶贫政策能够稳定持续

扶贫政策给贫困户带来切身实惠，生产生活方式发生巨大变化，使广大贫困户感受在身上、温暖在心里，由衷地感谢党和政府的关怀与帮助。贫困户盼望扶贫政策能够继续实施下去，不仅要实现当前脱贫，而且要巩固脱贫效果。如果扶贫政策不能持续，他们有可能重新返贫。他们希望通过扶贫政策脱贫，更希望通过扶贫政策的持续实施来致富。"只要努力，就能脱贫；只有努力，才能致富"，宁洱县群众道出了脱贫致富的心声。

（二）盼收入水平能够持续提高

增加收入是贫困户脱贫的关键，能够持续稳定增加收入是他们的最大期盼。贫困户希望政府部门帮助他们提高劳动技能，提供就业信息，创造就业机会，通过自身劳动来增加家庭收入。宁洱县德化镇荒田村村民王宝学反映，爱人和小儿子均有不同程度的残疾，希望能在家附近劳动并能获得收入，这样可以照顾家人。特别需要指出的是，边民对稳定增收的期盼尤为迫切，希望能够更加安稳地生活在边境线上，以安心守边。

（三）盼产业扶持力度继续加大

贫困户认为，产业扶持是他们脱贫的关键，希望相关部门能够继续加大对农村特色产业的支持力度，特别是种植和养殖方面，通过资金引导、政策扶持、合作社帮助、龙头企业带动等措施，使他们能够稳定增收并过上安稳生活。同时，他们也希望产业扶持带来的增收能够稳定，因为家庭经济能力有限，经不起收入大幅起落的冲击，迫切需要得到引导和帮扶。

（四）盼基础设施建设继续推进

道路交通、水利等基础设施仍是困扰贫困地区发展的短板，贫困户希望政府加大投入力度，帮助他们改善交通出行条件，加强与外界的沟通和交流，提高农业生产保障水平，提升自我发展能力。特别是没有通高速公路和高等级公路的贫困县，贫困户的呼声更为强烈。

（五）盼农村人居环境持续改善

农村饮用水、垃圾处理等是人居环境改善的主要问题，近年来体现得越来越明显。贫困户希望政府部门能够统筹规划、协调安排，使他们能够喝上安全水，农村垃圾能够得到妥善处理，做到早规划、少污染，为子孙后代留下更好的青山绿水。景东县反映，达到一般饮水条件仅仅是解决生存问题，但饮水安全仍存在很大隐患。

（执笔人：于晓莉、邢伟）

第十一章
四川省广安市：后发地区怎么看、怎么干？

内容提要

“一个都不能少”要求决胜全面小康必须关注后发地区进程。四川省广安市干部群众认为，目前生态和文化方面存在短板，发展质量效益不高和地区差距持续扩大问题较为突出，如期建成全面小康存在严峻挑战。近年来，广安以区域合作、脱贫攻坚、农村建设“三场战役”为抓手，在补短板解难题方面取得明显成效，但决胜全面小康仍面临“低水平均衡”“动力源退化”“制度性障碍”的难题。要坚持新发展理念，消除资源、动力和体制方面的发展障碍，为后发地区决胜小康提供更为坚实的基础。

到2020年全面建成小康社会，是“两个一百年”奋斗目标中的第一个百年奋斗目标。在“一个都不能少”的理念下，迫切需要关注我国后发地区的建设进程。四川广安的案例说明，后发地区全面建成小康不仅面临发展经济、脱贫攻坚等传统挑战，还亟须应对新形势下衍生的新问题。唯有积极落实新发展理念，消除制约后发地区在资源、动力和体制方面的发展障碍，才能打破当前存在的“低水平均衡陷阱”，建成可持续、高水平的全面小康社会。

一、调研目的和方法

距2020年这一关键时间节点仅不足3年，全面建成小康社会依然面临一些短板与难题[1]。但具体的短板和难题可能因时而异、因地而异。这既需要宏观层面的定性分析，更需要微观层面的问计于民，充分体现“让人民有更多获得感”。广安是中国改革开放总设计师邓小平同志的故乡，地处成渝经济区腹心地带，是四川毗邻重庆最近的地级市、出川入渝的“东大门”。但受限于资源和地理条件的约束，广安经济社会发展总体较为落后，全域属于秦巴山区连片扶贫开发特困区域，基础设施欠账多，贫困程度深，因灾返贫现象突出，是典型的后发地区。为此，调研组一行于2017年6月13—15日赴四川广安进行专题调研，深入了解基层干部群众对全面建成小康社会难题与短板如何看、如何干，揭示全面建成小康社会中亟待解决的新问题，客观反映基层干部群众的新诉求。

调研组在广安市召开市级部门座谈会，并赴其下辖的广安区、兴坪坝镇、牌坊村等居民安置点、居住点进行实地调研。其间，调研组还向四川广安市干部群众发放问卷，围绕对小康社会的认识、小康社会存在的短板和难题、干部群众获得感及其影响因素、小康社会建设中的不当做法、首要任务与动力问题等进行深入调研。调研共发放问卷150份，回收112份，有效问卷95份，回收率和有效率分别为74.6%和63.3%。在有效问卷中，男性受访者较多，占比达到92.6%。在政府担任公务员的受访者为

[1] 此处有必要对短板与难题进行一个粗略的界定。其中，短板主要是全面建成小康社会这一多维目标中实现难度相对较大的问题。难题则更强调制约全面建成小康社会的中长期问题。遵循这一定义，难题与短板之间并不存在绝对的互斥的关系，现实中某些短板本身也是长期性的难题。因此，若非必要，后文将不再严格区分短板与难题。

66 人，占比达到 69.5%。拥有大专以上学历的受访者有 80 人，占比达到 84.21%。农村户籍人口 14 人，占比 14.7%。受访者的年龄、收入水平分布情况分别见图 11–1 和图 11–2。总体来看，问卷的质量较高，其中认为比较了解小康的受访者达到 93 人，占比高达 97.9%。

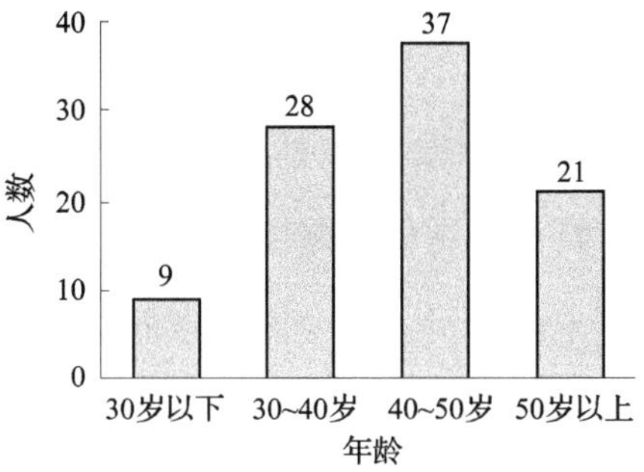

图 11–1 受访者年龄分布

数据来源：根据问卷分析整理。

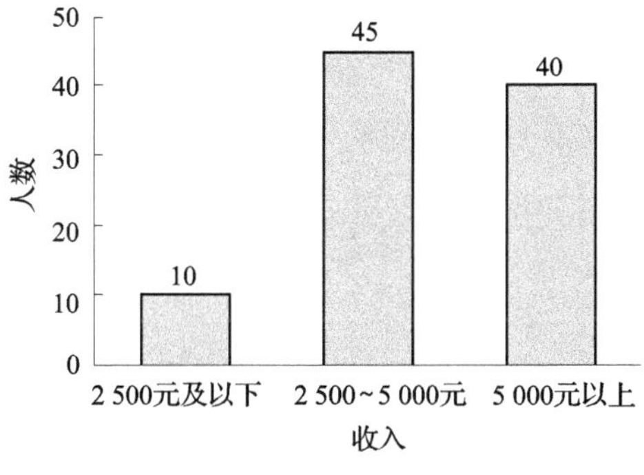

图 11–2 受访者月收入分布

数据来源：根据问卷分析整理。

二、全面建成小康社会：广安基层干部群众怎么看？

与已有研究侧重客观研究小康指标体系与实现程度不同，调研组更加关心基层普通干部群众如何理解与看待全面小康社会，因为后者更能体现“获得感”，让全面建成小康“接地气”。

（一）从内涵看，受访者普遍认为非经济目标在全面小康中具有重要地位

“小康”在传统文化中专指天下为家、温馨和睦与讲究礼仪的社会。邓小平同志提出的“小康”是社会主义初级阶段中的一个发展阶段，其具有的“翻两番、现代化”特征是古代典籍中所没有的。随着经济社会的不断发展，小康的内涵也不断丰富。目前，全面小康的两个核心量化指标是“两个翻番”，基本上体现为经济发展维度。为了深入分析群众眼中的小康主要内涵，问卷用排序方式请受访者作出选择。从问卷结果来看，尽管吃穿无忧、经济实力等仍是排名第一的因素，但生态环境、民主法治、公共服务等内容被近半数以上群众所看重，与经济实力、收入水平不相上下，非经济目标仍在干部群众心中占有极其重要的位置（见图 11–3）。有群众直言道：“没了绿水青山，要再多钱又有什么用呢？”在缺乏社会保障和优质公共服务的情况下，老百姓更是觉得“现在最关心的就是病不起、住不起、学不起”。

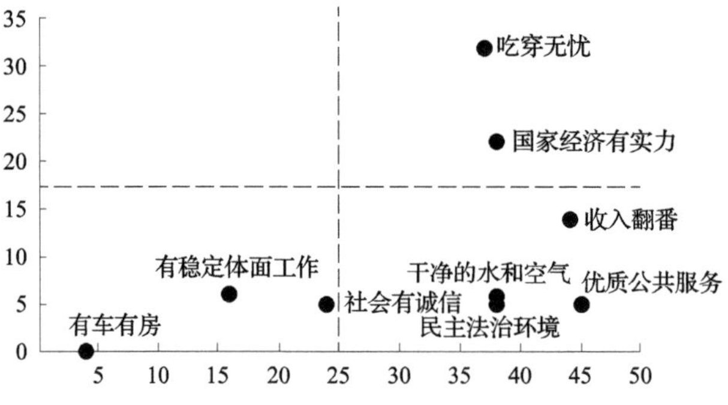

图 11–3　关于“您认为全面小康最主要的内涵包括什么”的选择

数据来源：根据问卷分析整理。

注：横轴为选项在前三中的被选次数，纵轴为选项排名第一的被选次数。

（二）从预期看，近半受访者认为如期全面建成小康社会进程需攻克一些困难

时间节点是全面建成小康社会的一项关键内容。毕竟到2020年全面建成小康社会，是“两个一百年”奋斗目标的第一个百年奋斗目标。但此时距2020年这一关键时间节点仅不足3年，老百姓怎么看这个问题？问卷专门就自身生活是否达到小康与能否如期实现小康两项问题请受访者做出回答。从对自身生活是否达到小康的判断来看，认为尚未达到全面小康的有65人，占比达68.4%，其中还有18人连基本小康都未达到（图11–4）。从能否如期实现全面小康的判断来看，虽然大部分基层同志对如期实现全面小康抱有信心（占比57.9%），但还有近半数受访者对如期全面建成小看社会存在担忧（图11–5）。有群众认为，“虽然脱贫目标有望完成，但距离小康还有很长的路要走”，还有群众提出，“为了真正的全面小康，晚几年也是可以的，我们没意见”。

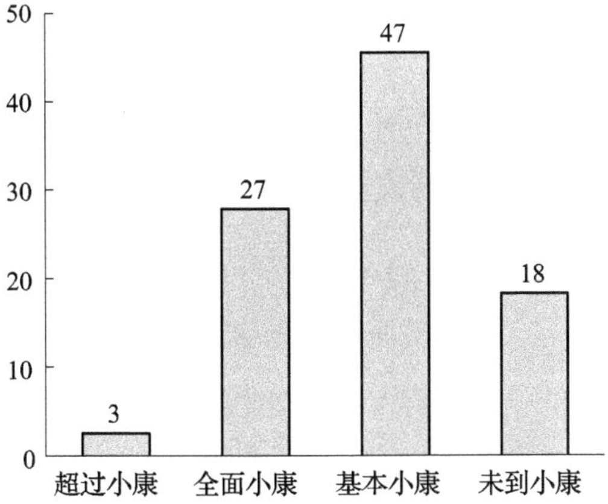

图11–4 受访者对现阶段自身生活是否达到小康的判断

数据来源：根据问卷分析整理。

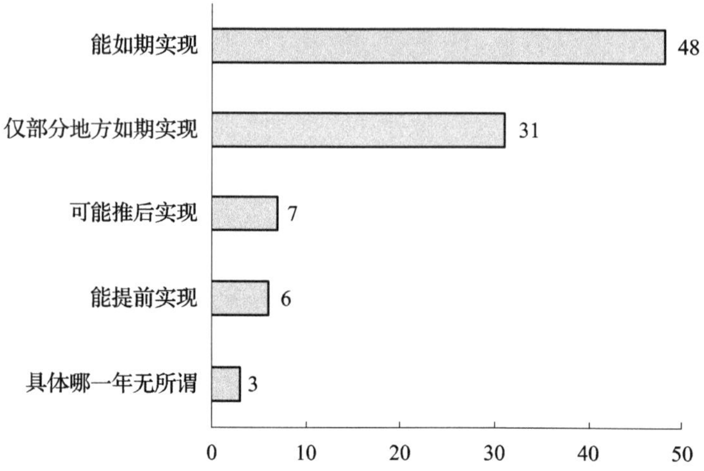

图 11–5　受访者对如期全面建成小康社会的判断

数据来源：根据问卷分析整理。

（三）从短板看，群众普遍认为生态与文化是全面建成小康社会的主要短板

与总体小康相比，全面小康内涵更丰富，是涵盖“经济、政治、文化、社会、生态文明”的五位一体目标，这必然存在一个相对短板的问题。如果忽视短板，其他方面再强也无法称为“全面”小康。问卷分别从“五位一体”、十项具体内容、某一特定维度三个层面展开分析。从“五位一体”来看，受访者对经济建设最满意，对生态文明建设最不满意，同时没有一位受访者对文化建设满意（图 11–6）。若将“五位一体”细化成十项具体内容，则发现诚信问题被提及次数最多而收入问题排序最为靠前（图 11–7）。总体来看，尽管收入是群众最为敏感的因素，但生态与文化成为全面小康的主要短板。高达半数以上的受访者认为缺少向上文化引领健康生活方式和社会存在诚信危机是文化方面的主要短板。

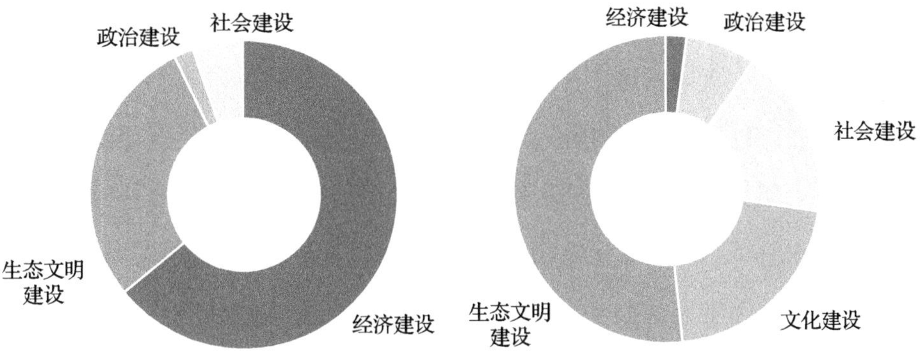

图 11–6　关于“五位一体”中最满意（左）与最不满意（右）的选择

数据来源：根据问卷分析整理。

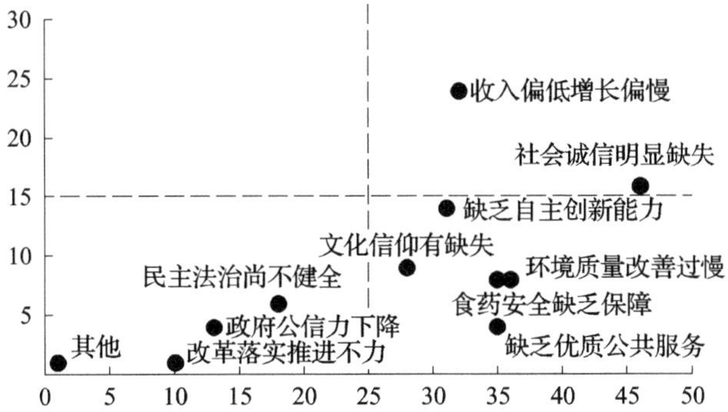

图 11–7　关于“您认为全面小康最主要的短板包括什么”的选择

数据来源：根据问卷分析整理。

注：横轴为选项在前三中的被选次数，纵轴为选项排名第一的被选次数。

（四）从难题看，主要集中在经济发展质量效益不高和地区差距持续扩大

在全面建成小康社会的过程中，不可避免地会遇到一些长期存在且难以短期解决的问题。这些难题并不一定是短板，但却在全面建成小康社会中始终存在并对全面小康形成长期制约。从问卷结果来看，受访者认为难题主要还是经济发展问题，涉及区域分化、贫富差距、经济发展的质量与

效益等方面（图 11–8）。一些干部群众指出，“广安虽身处成渝经济区腹地，但难以有效获得两地的溢出效应，反而在‘虹吸’的过程中逐渐丧失固有优势”。贫富差距问题也一直困扰广安。全市一共 6 个区市县，分布在三个收入类区组里。2016 年末，高收入组与低收入组的区县人均可支配收入平均值相差 7 842 元，短期内缩小财富差距的困难较大。以既是短板也是难题的优质公共服务供给不足为例，干部群众也认同最根本的途径还是发展经济，否则“始终是在低水平上均衡，永远也跳不出来”。这充分说明制约全面建成小康社会的主要症结仍是“发展得不够”。

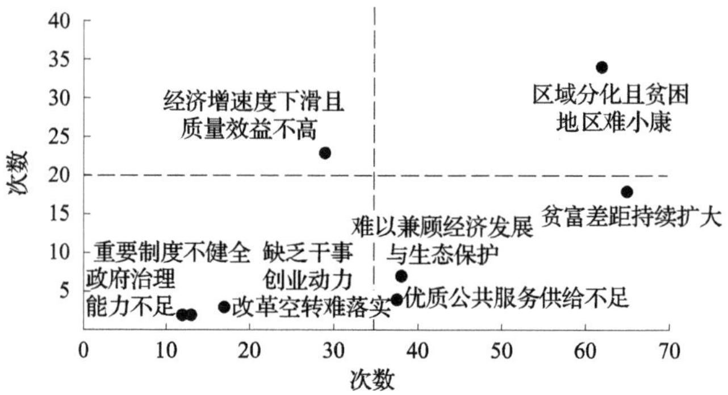

图 11–8 关于“您认为全面小康最主要的难题包括什么”的选择

数据来源：根据问卷分析整理。

注：横轴为选项在前三中的被选次数，纵轴为选项排名第一的被选次数。

三、全面建成小康社会：三场战役助推广安解难题、补短板

为了补齐短板、解决难题，广安以新发展理念为统领，在区域合作、扶贫攻坚、农村建设三个方面大胆探索，形成了颇具特色的做法并取得初步成效。

（一）区域合作战：夯实合作机制，大力“声东击西”

为了落实川渝合作示范区、承接产业转移示范区建设主体责任，广安在 2012 年就设立区域合作办，成为四川省唯一一个设立区域合作办的县级市。立足开放、协调的新发展理念，广安瞄准重庆、深圳、天津、北京中关村等发展热点地区，通过开展市场化合作形成了优势互补、资源互用的跨区域合作机制，探索出了一条声“东”击“西”的区域合作新路（表 11-1）。通过与重庆的合作，使园区积极承接中东部特别是重庆市汽车、装备制造、电子信息等领域的产业转移，着力打造重庆的工业配套基地、农副产品供应基地。通过与深圳的合作，探索市场化的“飞地”园区共建模式，在培育产业的同时也将特区建设发展经验输入广安。通过与天津滨海新区与北京中关村的合作，形成重点产业、技术创新等领域的深度合作。

表 11-1　广安市区域合作的主要内容与成效

合作对象	合 作 内 容	合 作 成 效
重庆	与川渝两省经信委签订《合作共建产业园区协议》，明确在邻水、华蓥、武胜等地成立“川渝合作共建装备制造产业园区”“川渝合作共建电子信息产业园区”“川渝合作共建农产品加工产业园区”等共建园区，共同制定汽车、装备制造、电子信息、农产品加工等领域产业规划	重庆已将广安作为大都市区第 7 个区域性中心城市纳入城市群规划，连接两者的高速公路增加至 4 条、铁路增加至 3 条，科技、教育、医疗、社会保障等公共服务对接全面铺开，建立起水、大气污染协同防治体系，广安逐步在规划、交通、产业、生态、公共服务方面与重庆实现一体化发展

续表 11-1

合作对象	合 作 内 容	合 作 成 效
深圳	签署《广安－深圳合作共建广安（深圳）产业园协议》，约定探索构建高效合理的园区共建共管、利益共享机制，推动两地互动协调发展，深圳市政府投入10亿元，委派深圳市特区建设发展集团进驻广安，引导深圳产业向广安转移	2016年10月28日，深广合作产业投资开发有限公司在广安正式注册成立；12月28日，广安（深圳）产业园临时综合服务中心正式启用。2017年1月12日，产业园引进的第一个重大项目——比亚迪广安“云轨”生产基地项目签约启动建设，首期计划投资20亿元“云轨”生产基地，启动建设四川首条跨座式单轨技术示范线；2月22日，产业园孵化器项目——渠江·云谷建设工作正式启动，计划总投资约12亿元
天津滨海	签署《战略合作框架协议》，两地党政高层和部门频繁互访，召开首届滨海新区、广安市区域合作工作联席会	与天津方面签订合作协议近20个。天津滨海高新区广安创新示范园启动建设，规划在2~3年内建成10万平方米的园区规模；投资约12亿元的天津海泰环保橡胶资源循环利用项目落地建设；平行进口汽车项目顺利实施。成功争取到天津市滨海新区每年500万元专项支持，两地人力资源主管部门签订合作协议，共同推动劳务输出
北京中关村	签署《构建协同创新共同体合作框架协议》，建立日常工作交流机制和季度高层对接机制	将川渝合作示范区枣山物流商贸园区作为承接中关村科技创新示范基地，增划3个乡镇并入枣山物流商贸园区

资料来源：根据调研座谈记录与区域合作办提供资料整理。

（二）脱贫攻坚战：农村“脱贫摘帽”，城市“扶危助困”

广安的脱贫攻坚战具有鲜明特色。一是创新“三种模式”抓好农村精准扶贫（表 11-2）。通过创新“痕迹管理”模式，破解精准管理的难题；探索集中供养模式，破解贫困家庭无法兼顾发展的难题；实施高强度下沉管理模式，破解工作推进中梗阻的难题。另外，广安区还创新设立一系列基金，解决政策无法覆盖人群。例如，创新设立医疗爱心基金，扩大救助覆盖范围，对实施基本医疗保障后仍存在较大困难的重困家庭给予特别救助；创新设立 100 万元区级低保，按照国家低保标准兜底保障所有政策无法覆盖解决的事实孤儿、无户籍人口等特殊群体。

表 11-2　广安农村“脱贫摘帽”的三种模式创新

模式名称	具 体 内 容
“痕迹管理”模式	按照资料档案化、精细化、程序化的工作痕迹要求，推出脱贫攻坚“痕迹化管理模式”，全面建立政策清单、扶贫账簿。推出“精准扶贫”信息管理平台（App），贫困户“二维码”等信息管理模式，实现精准扶贫资源共享、信息互通，确保脱贫攻坚工作有迹可循、全程可控
集中供养模式	针对因病、因残致贫的贫困对象日常管护问题，探索建立了“贫困户家庭成员托管照料中心”扶贫新模式。利用贫困村闲置资产创建养老托管中心，对因病因残丧失生活自理能力的贫困户提供社会化服务，解放贫困户家中的劳动力，破解有劳动力贫困户无法兼顾发展和家庭的难题
高强度下沉式管理模式	创新“六个一”工作方法，实行每天一督查、一例会，每周一通报、一整改，每月一推进、一报表的工作机制，倒逼各项脱贫攻坚任务的落实。市纪委、市委组织部、市督查办牵头成立巡察组、监督组、督查组，有效形成了脱贫攻坚任务推进落实完整闭环。授予督查组“三项权力”，即有权决定干部停职、有权启动问责、有权决定岗位调整。实施“三个挂钩”，即脱贫工作与绩效考核、评优评先、职级晋升相挂钩。执行“四个一律”，对未完成脱贫任务的，科级及以下干部一律就地免职；责任单位、责任人绩效考核一律一票否决；村组干部在“两委”换届中一律不提名为候选人；专业技术人员两年内一律不得晋升专业技术职务

资料来源：根据调研座谈记录与市扶贫移民局、广安区扶贫移民工作局提供资料整理。

二是率先提出统筹解决城乡贫困问题，将扶贫对象、帮扶政策同步延伸至城镇困难群众。广安干部群众意识到，城镇“困难”居民缺乏生产资料，没有宅基地和承包地，基本的住房和基本的口粮都不能保障，属于绝对的赤贫，加之物价上涨、房价攀升、就业严峻、上学贵、看病贵、自然灾害等因素，城镇“困难”人口不仅贫困程度更深，而且脱贫难度更大，严重制约着全面小康的实现。为此，广安制定《广安市低保对象普查和精准识别工作实施方案》，集中 6 个月时间开展低保普查和精准识别行动，共清退城市低保对象 6 348 人，新增低保对象 942 人。城市低保保障标准由 370 元 /（人 · 月）提高到 430 元 /（人 · 月），将符合条件的城市“困难”户全部纳入保障范围。据初步调查，全市有城镇“困难”户 20 657 户、32 307 人，其中广安市所在的中心城区“困难”人口 658 户、1 242 人，其他区市县城镇“困难”人口 31 065 人。广安把 3.23 万名城镇“困难”群众纳入帮扶范围，并通过实施“最低生活保障、公租房租房补贴、就业扶持”等帮扶措施，实现城镇“困难”人口同步脱“困”。经过不懈努力，截至 2016 年底，全市农村贫困人口减至 12.35 万人，贫困发生率降至 3.3%；城镇贫困人口减至 1.29 万人；广安区、前锋区、华蓥市在全省率先摘帽。

（三）农村建设战：实施“分割包围”，实现“成片推进”

广安将农村建设作为支撑农民致富和农村脱贫的重要基础。广安按照“产村相融、农旅结合、标准建设、成片推进”的要求和思路，打造全市现代农业“111”工程，即“一个大环线”“一个单元”和“一条连接线”。该工程涉及广安市六区市县、28 个乡镇，规划拟建农民新村聚居点、提档升级建设新农村综合体和幸福美丽新村、拟新建现代农业产业基地（包括水果基地、粮经基地、蔬菜基地、花卉苗木基地、旅游基地、规模养猪场和祖代种猪场）。创造性运用国家现代农业示范区建设经验，对 820 个贫困村全域系统规划，连线成片建设基础设施和发展增收产业，保证道路不少于 4.5 米宽并全部黑化、装上护栏，农田水利设施全部达到现代农业示范区标准，村村有支柱产业，有电商平台，卫生室、文化室等并配有先进设施。截至调研时，已建成农民新村聚居点 2 012 个、新农村综合体 17 个，建设幸福美丽新村 662 个，“111”工程建设作为新农村建设经验在全国全省推广。

住房搬迁和改造是农村建设的重要组成部分。广安市广安区高质量实施“异地搬迁 + 危房改造 + 基础配套”工程，实现“改善农村居住环境、实现旅游产业发展、重现川东民俗风情”的“三合一”。实行扶贫移民系统与公安户籍系统“双校核”模式确定对象，用户用不超 1 万元的自筹经费进行搬迁建设。实行新居建设与旧房改造并举，实施分类改造，对 C 级危房修旧如旧、除险加固，将 D 级危房建成经济适用、独具特色的川东民居。统计表明，2014 年至调研时，仅广安区就全面完成 11 499 户危房改造任务。预计“十三五”期间，广安可提前完成扶贫攻坚中的危房改造任务。

四、高度重视全面建成小康社会中亟待解决的新问题

当前，我国经济社会发展也出现了一些新变化，全面建成小康社会过程中也遇到一系列新情况、新难题。总体来看，广安调研集中反映出“低水平均衡”“动力源减弱”和“制度性障碍”三大问题亟待解决。

（一）经济发展提质增效任重道远，全面小康需谨防“低水平均衡”

尽管经济社会发展取得长足进步、脱贫攻坚事业取得初步胜利，但广安经济发展的质量与效益仍处在较低层次。例如，507 户规模以上工业企业仅有 55 户设立了技术研发机构，2015 年全市研发强度仅为 0.2%，大多数企业处于两化融合的初级阶段；机场、主城区干线铁路特别是高铁尚为空白，农村地区光纤、宽带及自来水、天然气等基础设施覆盖率低，全市 327 座水库中无一座大型水库；全市还有 28.29 万城乡贫困人口及 820 个贫困村亟待“摘帽”。在经济发展压力增大、财政收支矛盾突出、社会投入刚需持续的多重作用下，广安经济社会发展仍建立在脆弱的“低水平均衡”上。例如，农村养老保险水平远低于城市，还有一部分人没有参保；教育医疗事业发展仅能满足大部分群众基本需求；一些贫困户脱贫主要依靠政策性收入，务工和种养殖收入较少，稳定脱贫持续性较难，部分贫困户务工不稳定，收入时高时低，时有时无；城市与农村扶贫脱困做到了应保尽保，但财政透支较为严重。国家级贫困县广安区为了实现脱贫摘帽，针对中省市政策无法覆盖的问题，最后投入 3 亿元补齐了脱贫攻坚的最后短板。但该区本身高度依赖中央转移支付且工业增加值占比不足 5%，今后势必面临中央转移支付大幅减少和群众就业致富缺少渠道等问题。

产业升级过程艰难、基础建设相对滞后、社会发展欠账较多，仍是摆在地方政府面前的现实难题。在经济发展质量效益不高的情况下实现全面建成小康社会的诸多目标，必然使小康社会诸多方面处于“低水平均衡”。调研中，尽管受访者在“五位一体”目标中普遍对经济建设比较满意，但更多的受访者依然认为“经济提质增效”是当务之急（图 11-9）。

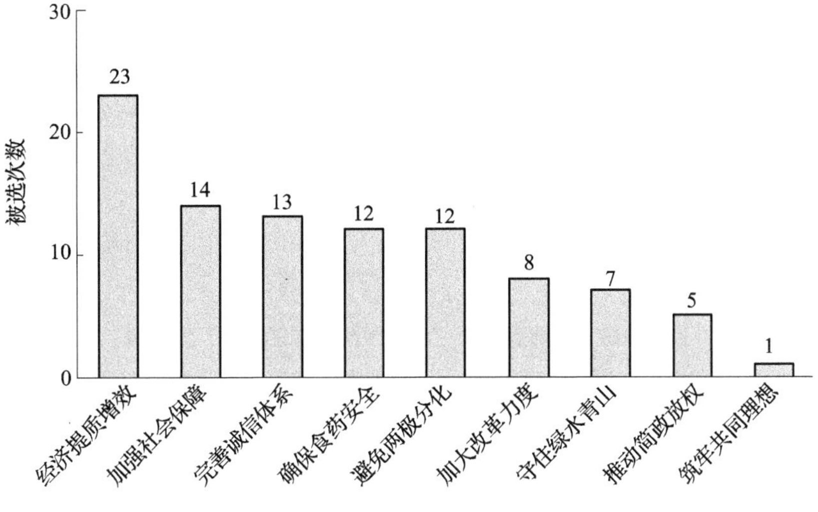

图 11–9　受访者关于“当前最亟须完成的任务”的选择

数据来源：根据问卷分析整理。

（二）干事与创业的内在动力趋弱，全面小康需避免“动力源退化”

受访者集中认为地方政府与普通群众的干事创业动力都需要加强，这反映出推动我国发展的两股关键力量的内在动力趋弱（图 11–10）。一是地方政府没干劲。地方竞争（尤其是县域竞争）往往被认为是中国经济高速增长的重要动力。但近年来，地方政府干事与创业的内在动力出现趋弱现象。调研发现，有超过 40% 的受访者认为当前地方政府的动力最需要调动。现实中，地方政府更多的是受到外部压力来完成相关任务，如脱贫攻坚。二是部分群众等靠要。贫困户攀比、临界非贫困户等现象大量抬头。因国家到村、到户扶贫投入力度逐步加大，贫困户和非贫困户、贫困户和临界贫困户之间的矛盾问题开始凸显，信访呈上升趋势，群众主体作用未有效发挥，扶志与扶智需要持续加强。

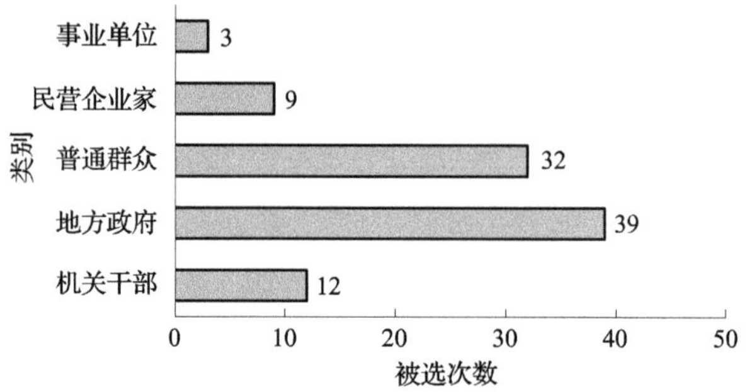

图 11-10 受访者关于“当前要解决谁的动力”的选择

数据来源：根据问卷分析整理。

干事与创业的内在动力弱化，既是经济社会发展处于“低水平均衡”所致，也与政策设计不科学与激励机制不健全有关。以扶贫攻坚为例，调研中能深刻感受到市县扶贫干部工作压力普遍较大，加班加点、超常规付出已成常态。各类扶贫成效考核文件中责任追究条款较多，且往往具有较为明确的惩罚措施，而激励事项表述较少，一定程度上不利于扶贫系统干部工作积极性的提升。

（三）政策衔接与制度设计不完善，全面小康需消除“制度性障碍”

政策衔接与制度设计是影响全面小康建设进程与建设质量的关键因素。近年来，我国出台了大量扶贫攻坚和对农村进行倾斜的优惠政策，但由于政策衔接和制度设计上的不匹配、不完善，给地方推进全面小康社会建设带来了难题。

以农村拆迁补偿方面的政策衔接为例。在 2004 年前后，广安根据当时政策对农转非人员实行较低的补助标准且没有养老保险，建房子还需完全靠自己筹资，这导致当时出现了农转非搬迁后还欠账的情况。而仅仅由于政策变更，目前的补助水平大幅提高，有的甚至高出 10 倍，且建房子仅需自己最多筹资 1 万元。再以贫困户住院报销方面的制度设计为例，由于国家规定实施对贫困户到县级医院看病予以全额报销的政策，基层出现了大量贫困户到县级医院集中住院就诊且住院不出院、陪护一同住院等现象。这不仅占用了大量本就稀缺的医疗资源，还造成严重浪费，严重阻碍分级诊疗的实施。更为严重的是，该现象导致新农合入不敷出、难以为继。广安市统计显示，截至 2017 年 5 月底，新农合报销比上年同期多支出 8 321 万元，其中，对贫困户的支出增加 5 000 万元。根据地方估算，如果不及时调整该政策，预计四川将为此多支出 20 亿元，全国可能新增 1 000 亿元。

政策衔接和制度设计上的瑕疵，不仅改变了基层群众的偏好，还扭曲了他们的信息显示机制，使政府在扶贫攻坚中难以做到有效甄别、精准帮扶。事实上，这也部分反映出地方政府在政策设计上更重视前期的投入，往往认为有了资金就能解决脱贫中的问题，对后续的政策配套甚至是监管措施没有给予充分的考虑。

五、后发地区加速建成全面小康社会的思考

后发地区全面建成小康不仅面临发展经济、脱贫攻坚等传统挑战，还亟须应对新形势下衍生的新问题。唯有积极落实新发展理念，消除制约后发地区在资源、动力和体制方面的发展障碍，才能打破当前存在的“低水平均衡”，建成可持续、高水平的全面小康社会。

一要擅借发达地区外力，以促进经济提质增效为核心破除“低水平均衡”。后发地区应积极贯彻落实创新、开放的新发展理念，积极与周边或跨区域的发达地区合作，通过“飞地”、共建园区等方式破除自身在资源和体制上的障碍。通过构筑基于市场化机制的跨区域合作网络，实现基于

自身比较优势开展产业层面合作，进一步拓宽经济发展的空间，争取实现从低水平向中高水平均衡迈进。

二要激发干群内在动力，以加强巩固有效激励为抓手避免“动力源退化”。要通过重塑激励机制，重点强化地方政府与普通群众的内在动力。加强教育引导，开展扶志教育活动，动员更多贫困群众投工投劳。加强对脱贫一线干部的关爱激励，注重在脱贫攻坚一线考察识别干部，对在脱贫攻坚中工作出色、表现优秀的扶贫干部、基层干部注重提拔使用。要落实好住房保障、工资收入和子女教育政策，改善工作条件。

三是坚持制度化建小康，以健全科学制度体系为目标扫除“制度性障碍”。要优化顶层设计，及时调整和优化政策衔接和制度设计，在重点领域建立更加科学合理的扶持补助举措。

（执笔人：张铭慎）

主要参考文献

［1］陈立．全面建成小康社会的战略意义与改革攻坚［J］．国家行政学院学报，2017（4）：4–10.

［2］何文．欠发达地区全面建成小康社会产业发展路径分析——以江西省贵溪为例［J］．经济研究参考，2016（52）：50–53.

［3］姜英华，王维平．破解西部欠发达地区全面建成小康社会制约因素的现实路径分析［J］．贵州社会科学，2014（8）：74–79.

［4］马建堂，王军．保持中高速　迈向中高端　全面建成小康社会：“十三五”时期我国发展环境、深刻变化和主要任务［J］．国家行政学院学报，2015（3）：4–10.

［5］施凤丹．我国东中西部地区全面建成小康社会发展差异研究［J］．调研世界，2014（2）：8–13.

［6］忻华强，朱伟东．增长极理论与全面建设小康社会：对经济落后地区推进区域经济发展的思考［J］．社会科学，2003（8）：17–20.

［7］辛向阳．破解制约全面建成小康社会的发展短板和问题［J］．中国特色社会主义研究，2017（1）：10–15.

［8］张亚斌，赵景峰．中国经济社会发展质量及对全面建成小康社会的影响：基于五大发展新理念的理论与实证［J］．财贸研究，2017（3）：1–10.

第十二章
滇桂黔石漠化片区：脱贫易，小康难

内容提要

深度贫困地区是我国全面建成小康社会的突出短板，事关我国实现第一个百年奋斗目标的大局。通过滇桂黔石漠化深度贫困片区的扶贫攻坚调研发现，该地区制定“八有一超”的脱贫标准、实施“造血式”扶贫计划、创新“三资配置·二元激活”模式、推行“3+1”扶贫攻坚工作机制，扶贫攻坚成效明显，贫困率明显下降。但脱贫不等于小康，脱贫距离建成小康社会还具有较大的距离。为了推动滇桂黔石漠化片区脱贫奔小康，调研发现还存在“五难”：脱贫攻坚短期目标与经济社会持续发展长期目标之间关系难处理、贫困户脱贫后潜在返贫概率高、贫困恶性循环、央地之间扶贫关系协同困难和石漠化片区内外战略资源争夺。最后针对性地提出了近远结合、标本兼治、软硬并补、上下协同、内外联动“五坚持”的综合施策建议，对全国类似地区扶贫攻坚工作也具有借鉴参考作用。

党的十九大报告明确提出决胜全面建成小康社会的发展要求，让贫困人口和贫困地区同全国一道进入全面小康社会是我们党的庄严承诺。习近平总书记 2017 年在深度贫困地区脱贫攻坚座谈会上的讲话中指出，深度贫困地区是脱贫攻坚的坚中之坚，脱贫攻坚力度之大、规模之广、影响之深，前所未有。为了深入了解深度贫困地区的扶贫攻坚进展、成效和问题，笔者于 2017 年 10 月 24—27 日深入广西壮族自治区 T 县进行了为期 4 天的系统调研，该县是滇桂黔石漠化片区的典型代表，贫困面大、贫困程度深，调研采取座谈会、问卷调查、面对面访谈等多种形式进行，希望以点带面深入了解深度贫困地区扶贫攻坚进展和问题，为破解深度贫困地区发展难题提供研究支撑。

一、调研背景与方式

滇桂黔石漠化集中连片特殊困难地区跨广西、贵州、云南三省区，集民族地区、革命老区和边境地区于一体，是国家新一轮扶贫开发攻坚战主战场中少数民族人口最多的片区，也是我国 11 个集中连片特困地区之一。笔者选取的调研地点广西壮族自治区 T 县地处滇桂黔石漠化片区核心地带，属于典型的农业大县，总人口 30.9 万人，按照国家贫困线标准，现有贫困人口 3.29 万人，贫困发生率高达 10.6%。该县北部为土山（面积占比 51.5%），包括 1 个乡镇，人口 3.81 万人（占总人口比重 12.333%），贫困人口占比 7.6%，贫困发生率 6.56%；中部为平原（面积占比 6.1%），包括 3 个乡镇，人口 9.03 万人（占总人口比重 29.22%），贫困人口占比 4.9%，贫困发生率为 1.80%；南部为石漠化片区（面积占比 42.4%），包括 6 个乡镇，人口 18.08 万人（占总人口比重 58.51%），贫困人口占比 87.5%，贫困发生率高达 15.92%（表 12–1）。因此，可以判断南部石漠化片区贫困人口多、贫困发生率高，是该县扶贫攻坚的重点和难点，表现出明显的“一方水土养育不了一方人”的问题。

表 12–1　广西壮族自治区 T 县贫困人口分布

区域划分	土地面积占比 /%	总人口 / 万人	总人口占比 /%	贫困人口 / 人	贫困发生率 /%
北部土山地带	51.5	3.81	12.33	2 502	6.56
中部平原地带	6.1	9.03	29.22	1 621	1.80
南部石漠化片区	42.4	18.08	58.51	28 785	15.92

为了更深入系统地了解 T 县南部石漠化片区的扶贫攻坚形势，调研采取点面结合等多种调研方式，统筹安排了县扶贫办座谈会、南部 N 镇座谈会、南部 G 村座谈会三场座谈会，选取了 G 村进行蹲点调研，安排面对面访谈 23 次，收集有效问卷 68 份。从调研基本情况来看（表 12–2~表 12–4），深度贫困地区农民受教育程度普遍不高，初中及以下占比高达 80%，履行完九年义务教育的初中文化程度占比 60%。收入来源主要依靠外出务工，占比高达 57.69%，其次为种植业 26.92%，从事乡村旅游、经商等三产比例极低，仅占 7.69%，75% 的村民月收入在 1 000 ~ 2 000 元，25% 的村民月收入在 1 000 元以下。致贫原因比较零散，生态环境恶劣、缺乏资金支持和受教育水平低三个原因占比较高，达到 18.52%，因学致贫、因病致贫也是重要原因，综合来看，深度贫困地区致贫原因是复杂多元的。

表 12–2　调研人群文化程度

文化程度	没上过学	小学	初中	高中	职业技术学校	大专及以上
占比 / %	6.67	13.33	60	13.33	6.67	0

表 12–3　调研人群收入来源

收入来源	种植	养殖	外出务工	乡村旅游	经商	其他
占比 / %	26.92	7.69	57.69	0	7.70	0

表 12-4　调研人群致贫原因

致贫原因	因病致贫	缺少劳动力	受教育水平低	缺乏一技之长	缺乏资金支持	创业通道不畅	因学致贫	生态环境恶劣
占比 / %	11.12	3.70	18.52	11.11	18.52	3.70	14.81	18.52

二、脱贫易：滇桂黔石漠化片区的扶贫攻坚成效

党的十八大以来，T 县将决战贫困、决胜小康作为最大的民生工程和重大政治任务全力推进，取得了一系列扶贫攻坚成效和经验，贫困人口大幅减低。截至 2017 年 10 月，贫困人口减少近 3 万人，贫困发生率下降了 8.57 个百分点。总结来看，扶贫攻坚成效主要包括以下五个方面：

（一）细化“两不愁三保障”标准，“八有一超”精准施策助脱贫

《中国农村扶贫开发纲要（2011—2020 年）》首次提出“两不愁、三保障”的扶贫开发总目标，即不愁吃、不愁穿，保障其义务教育、基本医疗和住房。2015 年 11 月召开的中央扶贫开发工作会议再次强调，“十三五”期间脱贫攻坚的目标是“两不愁、三保障”，同时实现贫困地区农民人均可支配收入增长幅度高于全国平均水平、基本公共服务主要领域指标接近全国平均水平。为了积极落实“两不愁、三保障”的目标要求，落实习近平总书记用“绣花”功夫深化脱贫攻坚的指示精神，广西壮族自治区制定了“八有一超”的脱贫标准，即有稳固住房住、有饮用水、有电用、有路通自然村、有义务教育保障、有医疗保障、有电

视看、有收入来源或最低生活保障、家庭人均纯收入超过国家扶贫标准（图 12–1）。该县参考中央和省市对扶贫攻坚工作要求，参照联合国关于人民生活水平的界定标准，对扶贫攻坚指标进行了细化量化，并进村入户进行宣传解释，得到贫困群众广泛认同。在标准确定后，该县立即进行摸底调查，采取短平快项目扶持、低保政策兜底、社会帮扶等措施，进行靶向精准扶贫，针对每户每人制定扶贫对策，预计年底前可以推动贫困户全部达标。

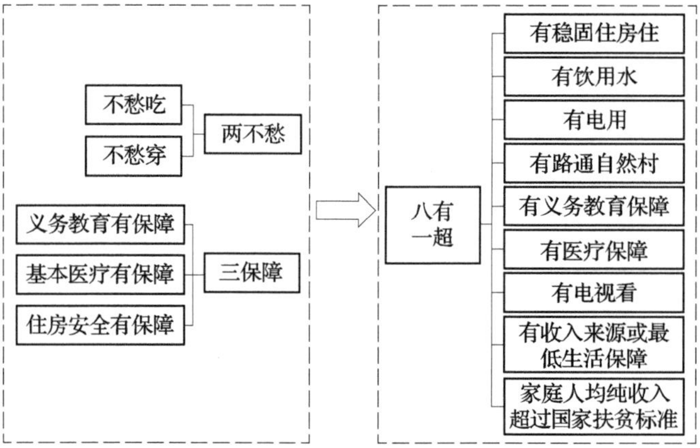

图 12–1　广西壮族自治区 T 县脱贫标准

（二）实施“造血式”扶贫计划，打造“双创双带”产业扶贫模式

为了提高贫困户自主发展能力，该县结合下辖乡镇的资源条件、产业基础，并充分考虑群众意愿，实施了“造血式”扶贫计划，通过产业扶贫推动农民脱贫致富，形成了“双创双带”的产业扶贫模式。首先，创建特色产业基地，引领贫困户发展特色产业。结合自然条件，积极推动土地规模流转，引入种植和养殖企业，大力发展西红柿、芒果、红心蜜

柚、火龙果、柑橘、油茶等特色水果种植和养猪、养鸡、养羊等生态养殖，规模化种植面积达66万亩，覆盖全县10个乡镇5万户农户，年产值11亿元，带动9 000多户15 200多人实现脱贫致富。其次，创造务工岗位，引领贫困户外出务工就业。大规模特色种植养殖创造了大量的农业工人岗位，仅芒果产业就为全县农民工提供了6万多个就业岗位，贫困户参与5 000多人次，西红柿产业提供50.58万人次用工量，贫困户参与5.06万人次。农村危房集中改造创造了大量的建筑用工需求。走访的南部石漠化片区的G村，全村1 233人中有750人常年参与到农村危房改造过程中，外出务工就业收入占家庭收入的比重超过90%。再次，大力引进一批农副产品深加工企业，带动贫困户增加收入。围绕芒果、茄果、柑橘、肉猪、肉羊等农畜产品资源优势，引进了一批以华润为代表的农副食品加工企业，接纳了4 936户贫困户以带资入股方式参与企业经营，并采取复利分红方式，让贫困户能够领“稳定工资”。最后，引进空店、电商，带动贫困户发展家庭经济。实施了“互联网＋精准扶贫”工程，建立了现代农业在线交易平台、淘宝T县馆、京东中国特产·T县馆等电子商务平台，结合农村庭院经济，搭建“空中农贸市场”，推行“农货村卖”空店直销模式，辐射52个贫困村，让贫困户在家门口脱贫增收。

（三）创新“三资配置·二元激活”模式，推动贫困村集体经济建设

为了扭转贫困村集体经济“空壳”现状，T县推行了“三资配置·二元激活”（资金、资产、资源整合配置及激活经营人才队伍、激活经营体制机制）的新模式，利用上级拨付贫困村发展集体经济的转移支付资金，把全县52个贫困村、3个非贫困村按照4个行业模式、4个组团方向，组

建了4个实体公司，开展了村集体经济项目建设，各村按照出资比例进行分红，实现了村集体经济组织年收入达2万元以上的目标。一是贫困村抱团投资教育产业。有一个乡镇16个村联合成立公司，抱团投资1 250万元在县城创建了两所幼儿园并开园运营，第一年即实现了村均7 000元的集体经济收入，随着招生规模扩大，预计村均集体经济年收入可达2万元以上。二是贫困村抱团投资养殖业。两个乡镇21个村联合成立养殖公司，抱团投资1 050万元，并与华润集团进行合作，村集体公司负责建设养殖集中区和养殖生产线，华润公司负责养殖技术及养殖过程，预计村集体经济年收入分红可稳定在7.5万元以上。三是贫困村抱团投资农贸市场。12个贫困村成立公司与县供销社合作，开发农资批发市场项目，每个村年收入2.1万元。四是抱团投资果蔬塑料包装筐产业。8个村成立公司投资经营果蔬塑料包装筐产业，村集体经济年均收入能达到4万元左右。

（四）实行“3+1”扶贫攻坚工作机制，强力推动扶贫攻坚全覆盖

T县高度重视扶贫攻坚工作机制，从程序化、规范化、系统化的要求出发，制定了“三个集中 + 一律入户”的工作机制，确保扶贫攻坚工作扎实、脱贫结果真实。一是扶贫攻坚数据集中录入。组织乡镇领导班子、第一书记、驻村工作队员进行全国扶贫开发信息系统操作培训，抽调各单位业务骨干、志愿者、村干部统一集中办公，对全县贫困户信息进行录入更新，力求信息系统精确到人户，确保经得起国家第三方评估验收。二是帮扶及脱贫台账集中批改。由每个乡镇1名县处级领导指挥，各乡镇、帮扶单位主要领导对本乡镇贫困村、贫困户、退出户和帮扶干部的帮扶手册、脱贫台账、佐证材料集中审核把关，确保各项核验指标达标、群众认可、

数据信息准确。三是脱贫档案集中整理。按照精准识别、动态管理、核验认定、综合文档四大板块设置，对比脱贫要求，逐项收集原始资料凭证，完善脱贫达标全过程台账资料，建立了县级脱贫摘帽档案库。四是联系帮扶干部一律入户。为了提高脱贫户和退出户对驻村工作队、帮扶责任人、帮扶成效的满意度，在岁末开年、法定节假日及传统民俗节日，集中式深入开展干部进村入户活动，与贫困户面对面交流，加强帮扶政策措施宣传，确保扶贫攻坚工作全覆盖。

（五）坚持"多措并举、因人施策"基调，群众对脱贫攻坚满意度高

T县根据不同群体的贫困原因，实施了惠民工程"补短板"行动，坚持"多措并举、因人施策"的工作基调，确保让贫困群众学有所教、病有所医、住有所居。一是实施"雨露计划"，解决"上学难"的问题。2017年，补助贫困户学生共1 056人208.75万元，确保贫困户学生学有所教。二是实施医疗惠民工程，解决"看病难"的问题。在全县所有医疗机构针对建档立卡贫困户开展"先诊疗后付费"活动，推进健康扶贫工程，为建档立卡贫困户建立居民健康档案，确保病有所医。三是实施住房保障惠民工程，解决"住房难"的问题。开展住房保障达标行动，组建10个农村住房安全评定技术小组，历时2个多月对全县81 911户农村住房制定了安全等级评价，建立了农村危房改造数据库，针对1 638户未达标农户房屋进行分类改造。实施易地扶贫搬迁工程，在县城建设了两个集中安置区，建成了3 876套生态移民搬迁房，先后近2万人从石漠化片区搬出，确保住有所居。通过一系列扶贫攻坚举措，群众对扶贫工作满意度较高（图12–2），调查问卷数据显示，93.75%的群众对扶贫工作满意，43.75%的群众满意度达8分以上。

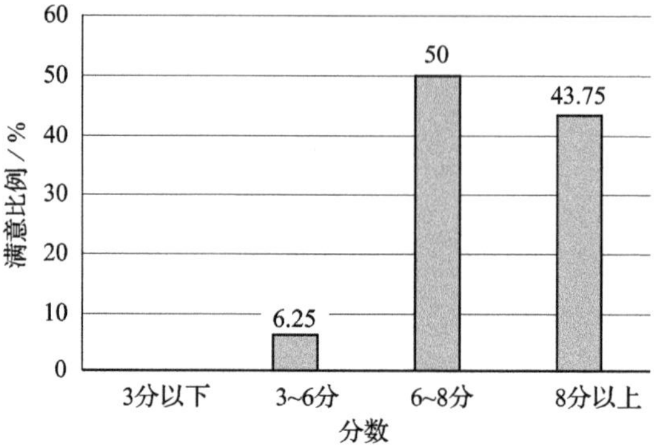

图 12–2　T 县调研群众对扶贫工作满意度评价

三、小康难：滇桂黔石漠化地区扶贫攻坚的难点

从 T 县的扶贫攻坚形势看，滇桂黔石漠化片区扶贫攻坚确实取得了明显成效，贫困发生率明显下降，群众获得感明显提升。虽然贫困群体在多方保障背景下实现脱贫目标并不太难，但距离小康社会的建设仍然还有较长的距离，扶贫工作还存在诸多深层次的难点，总结来看，主要包括以下五个方面：

（一）扶贫攻坚短期目标和经济社会持续发展长远目标之间的关系

2020 年前完成扶贫攻坚任务、实现全面建成小康社会是我国建成第二个百年奋斗目标的重要内容和“十三五”期间的核心目标。深度贫困地区更是将扶贫攻坚作为头号政治任务全力推进，T 县将优质资源、资金、人才全力以赴投向扶贫攻坚领域。调研发现，该县干部平均 80% 以上的工作时间都用在入户扶贫、填制各类扶贫表格、接待各级扶贫考核中，很难顺利推进本部门常规工作，发改、工信、招商等核心经济部门也承担繁重的扶贫攻坚任务，导致推动经济发展的时间和精力大大降低。另外，大量的财政资金和信贷资金投入农村基础设施建设、贫困户融资贷款等方面，导致县域工业园区建设资金、产业引导资金、生产性服务设施建设资金等投入较少，现代产业体系进展缓慢。虽然短期全力推动脱贫攻坚工作，使得贫困群体能够迅速脱贫，但缺乏现代经济体系的支撑，脱贫成效和质量难以提升。调查问卷显示，75% 的受访群体认为“收入增长渠道缺乏”是扶贫攻坚最突出的短板（图 12–3）。虽然 T 县通过发展特色规模农业、农副产品加工业和农房改造建筑业，创造了大量的就业岗位，实现了农民收入的增长，但这种非正规就业收入水平低下，并且工资收入存在极大的不稳定性。比如蹲点调研 G 村，过去 10 年农村危房集中改造创造了大量的建筑工人岗位需求，村里 60% 的劳动力成为村包工头领导下的建筑工人，但由于近年来农房改造任务几近完成，该村建筑工人收入出现明显下降趋势。T 县贫困户普遍受教育水平低，外出务工生存能力不强，收入稳定增长仍然依赖本县非农产业的持续发展。因此，确保农民收入稳定增长是推动滇桂黔石漠化地区由脱贫向小康迈进的关键，如何处理好扶贫攻坚短期考核和经济社会长远持续发展之间的关系，是推动深度贫困地区由脱贫向小康迈进的难点。

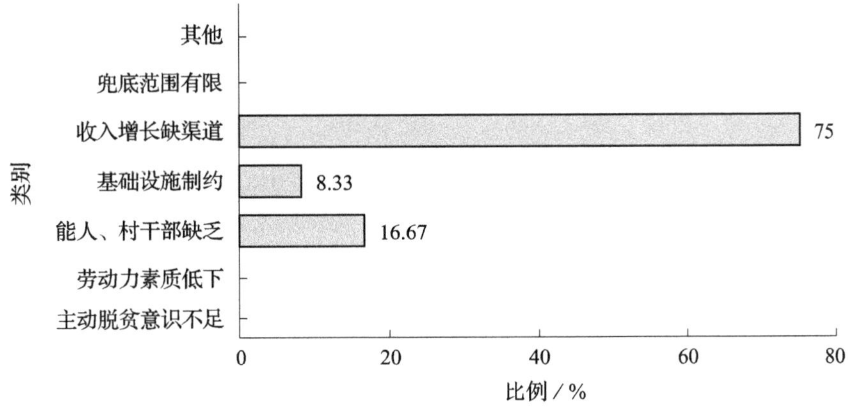

图 12–3　调研群众对扶贫攻坚的短板识别

（二）贫困户脱贫后潜在返贫概率高

扶贫攻坚工程不是单一的经济行为，是一个复杂的系统工程，以贫困户短期物质保障提升和短期收入增长为考核标准的脱贫工作，难以推动贫困户彻底脱贫奔小康，甚至存在极高的返贫概率风险。调研发现，滇桂黔石漠化深度贫困地区扶贫攻坚工作中，贫困户脱贫是在严重依赖政府倾斜性资金投入和“保姆式”呵护下完成的，脱贫后的发展脆弱性特征明显。以蹲点调研的G村为例，贫困户通过精准识别后，66分以上的认定为建档立卡贫困户，66分以下认定为非贫困户，在66分正负五分以内的村民基本处于同一层次，被认定的建档立卡户享受教育、医疗、生态移民、融资等多方面优惠政策，而非建档立卡贫困户由于无法享受上述优惠政策而存在很大的返贫可能性，脱贫出列的建档立卡户由于失去优惠政策扶持，也存在潜在的脱贫风险。“一刀切式”的扶贫攻坚政策，导致贫困户有些政策能享受但用不着，而非贫困户用得着但享受不了，比如5万元以下对贫困户的小额信贷利率优惠政策，贫困户创业意愿和能力低，往往不需要这一优惠，而创业意愿和能力强的非贫困户则享受不到这一优惠。调研发现，在乡村贫困治理体系缺失的背景下，扶贫攻坚出现的问题呈现多元化、复杂化的特点（图12–4），既存在产业增收效益不明显、扶贫资金投入少等经济方面的问题，也存在群众参与度低、对帮扶资金监管不够等制度方面的问题，因此，建设包含经济、社会、文化、制度等在内的现代乡村贫困治理体系，是彻底推动深度贫困地区脱贫奔小康的难点。

（三）石漠化地区贫困的恶性循环

著名经济学家纳克斯（Nurkse）针对发展中国家提出了贫困恶性循环理论，调研发现，石漠化深度贫困地区也存在贫困恶性循环。长期以来，

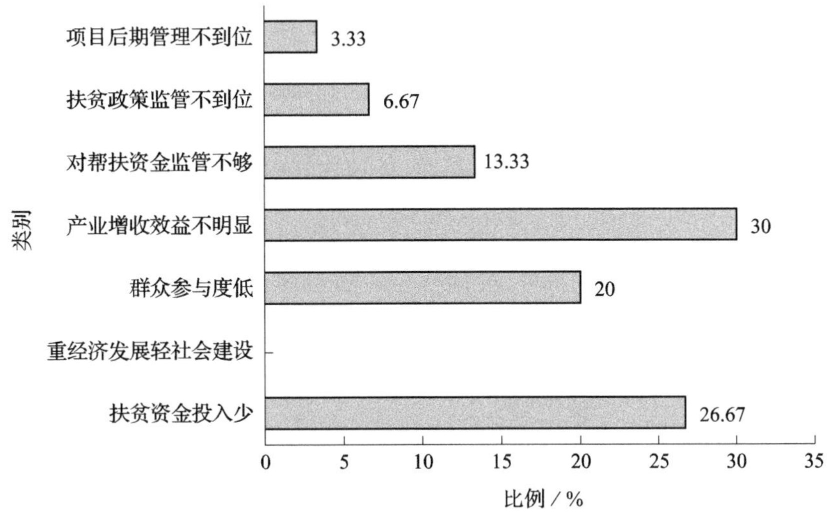

图 12-4　调研群众认为扶贫攻坚中存在的问题

由于生态环境恶劣，本地就业收入水平低下，石漠化片区的优质人才资源不断流出，优秀人才不愿来，导致政府和企业高层级管理人员严重缺乏，乡村教师和医院医生也严重短缺，35 岁以下优秀人才占比持续下降。特别是近年来基层干部队伍的扶贫攻坚任务重、压力大，而收入水平增长慢，造成公务员队伍人才流失严重，也造成不良的示范效应。以 T 县为例，县处级领导扣除各种费用每月工资收入仅有 4 000 ~ 5 000 元，引入的博士月收入 3 200 ~ 3 500 元，硕士月收入 2 700 ~ 2 800 元，难以吸引优秀人才，部分公务员每月入不敷出，甚至出现了基层干部下班后开黑摩的、去农贸市场贩西红柿补贴家用的情况，民间出现了“再不好好学习，就让你长大去当公务员”的戏谑。另外，农田水利硬短板制约也比较明显，部分山区洪涝和干旱对农业种植影响大。软硬短板制约，造成石漠化贫困地区自我积累能力弱，更难以吸引优质生产要素，因而陷入了贫困恶性循环。虽然扶贫攻坚工作对打破贫困地区恶性循环起到了较强的干预作用，一定程度上改善了贫困地区的落后面貌，但总体来看，在重硬件、轻软件的扶贫工作思路指引下，贫困地区自我发展能力不强、内生动力不足的问题没有根本改变，仍然是制约其脱贫奔小康的难点。

（四）中央与地方在扶贫攻坚工作中的协同

深度贫困地区完成扶贫攻坚任务，对中央转移支付资金具有极强的依赖度，同时也接受中央、省市各级层面的考核监督。调研发现，在深度贫困地区扶贫攻坚过程中，央地关系不协同是制约其脱贫奔小康的重要难点。比如中央层面的各类专项转移支付资金对资金用途、地方配套资金等都有严格的使用规定和问责机制，专项资金条块分割明显，地方政府对专项转移支付资金基本没有自主使用权利，出现专项资金用不完、其他用途资金不够用的困境，进而导致扶贫资金使用效率不高问题。在蹲点调研的G村，发现在上片区一个自然屯，仅有8名老人常驻村内，为了实现“有路通自然村”的目标，投入240万元专项资金修建了8千米连接县道的进村公路，而8名老人日常出行方式却是采取步行方式，造成扶贫资金严重浪费，如果地方政府有整合使用专项资金的权利，仅需不足100万元即可完成生态移民安置，彻底解决8名老人的深度贫困问题。此外，中央脱贫考核标准不明确和脱贫考核的严肃性，导致地方政府在扶贫攻坚中存在迷茫，也存在重复填表等低效劳动。因此，如何构建和谐的央地关系，进而提高转移支付资金使用效率和提升转移支付资金的监管水平，是推动深度贫困地区脱贫攻坚的难点。

（五）石漠化地区内外部战略资源的争夺

滇桂黔石漠化地区生态环境恶劣，种养殖条件差，交通可进入性不强，存在明显的“一方水土养育不了一方人”的问题，因此，实施生态移民搬迁，引导人口就近转移，是推动石漠化深度贫困地区脱贫奔小康的重点。调查问卷显示，扶贫攻坚最有效措施评价中（图 12–5），易地搬迁扶贫占比高达 40.91%，转移就业扶贫占比也达到 22.73%，可见，生态移民搬迁对推动石漠化地区脱贫攻坚的重要性。但 T 县调查案例显示，石漠化片区面积广、贫困人口多，向中部平原地区转移，将使得平原地区面临土地、空间、设施等战略资源的竞争压力。此外，生态移民搬迁还面临巨大的资金缺口压力，在现有扶贫攻坚政策体系框架下，只有贫困户才能享受生态移民搬迁的优惠政策，而非贫困户却难以享受同步搬迁的待遇，全部实现移民搬迁将面临巨大的资金压力，单纯依靠县级财政是难以解决的。因此，如何协调好石漠化片区内外部战略资源的配置，提高石漠化片区资源的变现能力，妥善推进生态移民搬迁工作，是推动石漠化贫困地区脱贫奔小康的难题。

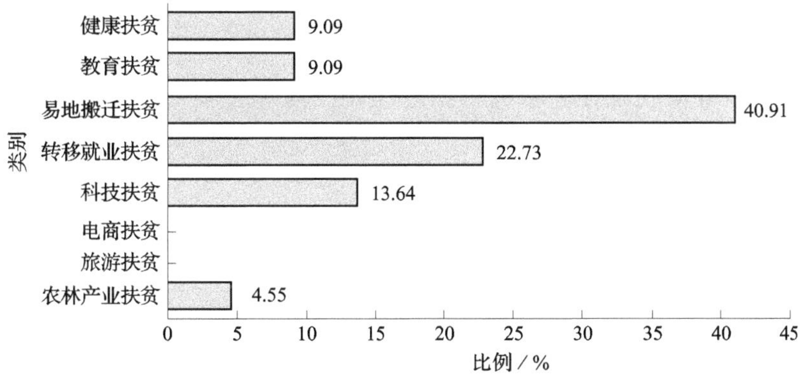

图 12–5 调研群众对扶贫攻坚的最有效措施评价

四、推动滇桂黔石漠化地区扶贫攻坚的对策与建议

滇桂黔石漠化片区是深度贫困地区，扶贫攻坚工程是一项艰巨的政治任务，也是一项复杂的系统工程，需要树立系统思维，从近远结合、标本

兼治、软硬并补、上下协同、内外联动五个维度出发系统施策，提出了扶贫攻坚的对策和建议。

（一）坚持近远结合，重点构建推动农民收入稳定增长的长效机制

农村居民收入稳定增长是滇桂黔石漠化深度贫困地区脱贫奔小康的关键，牢固树立以农民收入增长为核心的发展目标，坚持近远结合的发展思路，着力构建推动农民收入稳定增长的长效机制。近期采取生态补偿、就业扶持、兜底保障等以转移支付为主、以市场化手段为辅的发展机制，快速提升农民收入水平。远期应着力构建市场化手段起主导作用、行政手段为辅助的农民收入稳定增长机制，针对农民家庭经营性收入、工资性收入、财产性收入、转移性收入增长的制约因素，重点推动健全生态移民机制、健全农村集体经营组织机制、健全农民资产收益机制、健全农民金融扶持机制、健全农民社会保障机制等建设，构建健康可持续的推动农民收入增长的长效机制。

（二）坚持标本兼治，重点建立现代化乡村贫困治理体系

滇桂黔石漠化深度贫困地区致贫原因错综复杂，孤立零碎的政策尽管可以产生短期效应，但难以持续有效地发挥作用，建立思想先行、多元共治、完备有效的现代化乡村贫困治理体系显得尤为必要。坚持标本兼治的发展思路，首先，树立符合现代国家贫困治理的价值理念，引导贫困群众树立勤劳致富改善生活的观念，激发贫困群众脱贫致富的主观能动性，不断提高发家致富的本领和能力，将脱贫由外在推动转变为内生发展。其次，从经济、政治、文化、社会、生态“五位一体”谋划建立健全了贫困

治理制度体系，构建产业扶贫、基层党建扶贫、文化精神扶贫、社会保障扶贫和生态扶贫的系统机制。最后，推动构建党委政府、市场、社会和贫困户多元共治的治理体系，党委政府通过农村金融改革、集体产权制度改革等改革措施，以市场带动产业发展，助力扶贫开发；积极动员各类社会组织和社会企业开展社会帮扶、公益募捐、公益宣传、贫困地区人才培训、定向提供就业岗位等扶贫活动；开发设计参与式扶贫项目，逐步让贫困户成为贫困治理的核心主体，最终形成了党委政府、市场、社会和贫困户相互配合、相互促进的多元共治的贫困治理体系。

（三）坚持软硬并补，提高深度贫困地区的自我发展能力

破解滇桂黔石漠化深度贫困地区的恶性循环难题，必须以提高贫困地区的自我发展能力为着眼点，深入分析贫困地区脱贫奔小康的软硬短板，坚持软硬并补，以补短板为抓手促进贫困地区自我发展能力的全面提升。首先，着力补齐贫困地区在水利交通设施和教育医疗设施方面的硬短板，加快完善居民饮用水设施、农田水利设施、重大区位性交通设施等建设，重点提升优质教育医疗设施的配置能力，全面提升贫困地区发展的基础条件。其次，着力补齐贫困地区发展的软短板，积极实施医疗扶贫，对6个月～6岁孩子进行营养干预，全力阻断贫困的代际传递；实施教育扶贫，全面普及小学到高中的12年义务教育，促进下一代全面发展，提升居民受教育水平；全面提高贫困地区公务员、乡村教师、医生的收入待遇水平，合理引导优秀人才向贫困地区流动；继续完善贫困地区老弱病残幼的兜底保障功能。通过软硬短板精准识别、协同弥补，全面提高深度贫困地区自我发展能力，彻底推动由“输血式”扶贫向“造血式”扶贫转变。

（四）坚持上下协同，提高扶贫攻坚资金的综合使用效率

滇桂黔石漠化深度贫困地区扶贫攻坚存在上下联动机制不完善、项目资金整合不顺畅、扶贫资金利用效率不高、扶贫监管考核不匹配的难题，坚持上下协同，构建统筹协调、上下联动的大扶贫格局，是深度贫困地区扶贫攻坚的必然要求。首先，建议中央加大对深度贫困地区的一般性转移支付力度，提高地方政府对专项资金的支配权力，引导地方政府按照“区域集中、项目集中、投入集中、效益集中”的原则，集中财力解决扶贫攻坚中的重大难题，从程序上和制度上推动由资金使用去向监管转向资金使用效率监管，提高扶贫资金使用效率。其次，适当简化脱贫攻坚的考核程序和流程，加强对关键核心指标的考核，砍掉边缘性指标考核，减少考核次数，注重考核实效。最后，加大中央对深度贫困地区的倾斜式产业布局，结合深度贫困地区的资源禀赋和产业基础优势，优先布局带动能力强、增收效应明显的产业，提高贫困地区的产业基础支撑。

（五）坚持内外联动，创新贫困地区生态移民搬迁新模式

滇桂黔石漠化深度贫困地区人口承载能力低下，就地实现脱贫奔小康的难度极大，逐步实施生态移民搬迁是扶贫攻坚工作的重要方向，但面临着土地、资金和政策方面的难题制约，需要坚持内外联动的发展思路，创新生态移民搬迁的新模式。首先，依靠扶贫政策搬迁一批，将建档立卡贫困户尽快实施生态移民搬迁，集中统一安置在搬迁县城周边的集中安置区。其次，依靠石漠化片区内外村组织之间的对接搬迁一批，发挥村基层组织作用，主动对接平原地带基础条件良好的村庄，在政府引导下，石漠

化片区内的村庄利用耕地占补平衡政策，在平原地带新建村庄，租用平原地带村庄土地，形成生态移民就业安置一体模式。最后，依靠石漠化片区农民资产变现搬迁一批，充分发挥社会资本的力量，将自然生态旅游资源良好地区的村庄进行有序搬迁，由社会资本负责搬迁成本，农民搬出地由社会资本接管，统一打造生态旅游景区进行资金平衡。

（执笔人：王利伟）